AF163599

kailash

Dorothee Röhrig

Aus und vorbei!

Woran Frauenfreundschaften zerbrechen und wie wir daran wachsen

Mit zahlreichen Erfahrungsberichten

Sollte diese Publikation Links auf Webseiten Dritter enthalten, so übernehmen wir für deren Inhalte keine Haftung, da wir uns diese nicht zu eigen machen, sondern lediglich auf deren Stand zum Zeitpunkt der Erstveröffentlichung verweisen.

Dieses Buch ist auch als E-Book erhältlich.

Verlagsgruppe Random House FSC® N001967

2. Auflage
Deutsche Erstausgabe
© 2019 Kailash Verlag, München
in der Verlagsgruppe Random House GmbH
Neumarkter Str. 28, 81673 München
Lektorat: Dr. Antje Korsmeier
Umschlaggestaltung: ki 36,
Sabine Krohberger Editorial Design, München
Satz: Satzwerk Huber, Germering
Druck und Bindung: CPI books GmbH, Leck
Printed in the Czech Republic
ISBN 978-3-424-63187-6
www.kailash-verlag.de

Besuchen Sie den Kailash Verlag im Netz

Für Josefine zum Nachfühlen

Für Caspar zum Staunen

Inhalt

Vorwort 11

Wie das Buch entstand 16

Warum?
Eine kurze persönliche Betrachtung 18

Zum Ausheulen war ich gut genug
Alexandra und Cora 23

Es ging nie um Freundschaft, es ging um ihr Projekt
Katarina und Claudia 30

Kapitel 1
Du gehörst zu mir
Warum die Freundin der Anker in einem Frauenleben ist 39

Nach dem Coaching war meine Freundin wie ein fremder Mensch
Margaux und Elena 59

Inhalt

Sandra war mein Herzenszwilling
Karin und Sandra.......................... 67

Kapitel 2
Du bist wie ich
Über unseren heimlichen Wunsch nach
Übereinstimmung........................... 76

Als ich kein Geld mehr hatte, spielte sie mir
böse mit
Anke und Lena............................. 91

Sie hat eine Ausländerin denunziert.
Fünfundvierzig Jahre Freundschaft waren
in Sekunden ausgelöscht
Sabine und Angela.......................... 99

Kapitel 3
Du kannst mich mal ...
13 Klippen, an denen es kritisch wird............. 108

Aus der Familienfreundschaft wurde eine
Zweckgemeinschaft
Martina und Ulla........................... 131

Man will doch nicht später am Grab stehen
und denken: Hätten wir bloß geredet!
Konstanze und Clara......................... 138

Kapitel 4
Was hat das mit mir zu tun?
Den eigenen Anteil am Konflikt sehen und verstehen 145

Für ihren Egoismus habe ich Anna insgeheim bewundert
Anne und Anna 156

Wir sind mit altem Ballast in die neue Freundschaft eingestiegen
Susanne und Silvia 164

Kapitel 5
Abtauchen, weitermachen, konfrontieren?
Wie wir am Ende Klarheit gewinnen und gut voneinander Abschied nehmen 173

Unser Versöhnungsgespräch lief auf einen Machtkampf hinaus
Alice und Nicola............................ 194

Julia ist mein Herzensmensch geblieben. Unser Krach hat daran nichts geändert
Harriet und Julia 200

Inhalt

Kapitel 6
Lass mich in Frieden!
Über die Chancen und das Glück der Pause 208

Mein Mann betrog mich mit meiner Freundin.
Meine Freundin betrog mich mit meinem Mann.
Ich habe gelitten und daraus viel gelernt
Nora und Liv. 221

Ich wünsche dir alles Gute
Abschiedsbrief an eine Freundin 231

Nachwort. 243

Mein Dank. 245

Literatur / Zitate 247

Vorwort

Lass los, lebe jetzt, folge deinem eigenen Weg – so lautet das Credo unserer Zeit. Die Bereitschaft zur Veränderung scheint wichtiger denn je zu sein. Wir wechseln die Stadt für den Job. Den Mann für eine neue Liebe. Wir wechseln die Kollegen, den Freundeskreis, die Familien. Beweglichkeit auf allen Ebenen.
Nur nicht bei den engsten Freundinnen. Sie sollen beständig an unserer Seite sein. Auf unsere Soulsisters müssen wir uns verlassen können. Egal, was ist und was kommt. Das wollen wir so.
Umso schmerzhafter, wenn sich die Erwartung nicht erfüllt und Verbundenheit verloren geht. Weil Lebenswege in unterschiedliche Richtungen führen. Karriere, Männer, Kinder dazwischenfunken. Interessen sich verlagern. Gemeinsame Themen wegfallen. Neue Charakterzüge hervortreten und sich die Freundschaft anders anfühlt als früher. Der sichere Boden wackelt.
Dabei ist es das Wesen von Freundschaft, dass sie nicht sicher ist. Und nicht unbedingt für ewig. Freundschaft ist freiwillig. Und deshalb Gefahren ausgesetzt. Freundinnen kommen und gehen. In Zeiten von gesellschaftlichen Umbrüchen durch Mobilität und Internet vielleicht mehr denn je.
Nichts ist so fragil wie eine innige Frauenfreundschaft. Weil wir uns so gut kennen – vor allem unsere wunden

Vorwort

Punkte. *I know how you feel* – ich weiß, wie du fühlst nennt die amerikanische Psychoanalytikerin F. Diane Barth ihr aktuelles Buch über Freundschaften unter Frauen. Wir scheinen so sehr aufeinander angewiesen zu sein, dass wir Liebeskummer besser ertragen als die Trennung von der besten Freundin.

Freundschaften unter Frauen werden beherrscht von einer erstaunlichen Sehnsucht nach Harmonie. Wir stellen unsere Freundinnen aufs Podest, machen sie zu unserer besseren Hälfte – obwohl sie uns verletzt haben. Wir ignorieren Enttäuschung, Konkurrenz, Illoyalität, weil die Wahrheit so wehtut. Genauso weh wie die Einsicht, dass sich Lebensumstände verändern können und der Gesprächsstoff von früher schwindet wie die Sonne am Horizont. Statt zu reden, schlucken wir unseren Frust herunter und lächeln dabei tapfer. In Liebesbeziehungen oder im Job treten wir selbstbewusst auf. Doch Krisen mit der besten Freundin werden ängstlich verdrängt, bis es irgendwann grausam kracht.

Dieses Buch ist ein Plädoyer für eine erwachsene Form der Frauenfreundschaft. Für eine Freundschaft, die sich etwas zutraut. In der Entwicklung möglich ist. Klarsicht statt watteweicher Harmoniesucht. In der man sich und seine Gedanken der Freundin mutig zumuten darf, auch und gerade die liebevoll-kritischen. In der wir ehrlich miteinander sein können und Konflikte nicht ängstlich überspielen. In der man Verantwortung für sich wie für die Freundschaft übernimmt. In der Veränderung respektiert und angenommen wird. Auch – und darum geht es – auf die Gefahr hin, dass die Beziehung kippt. Eine echte Frauenfreundschaft ist nichts für Feiglinge.

Und falls ein Bruch unvermeidlich ist, sollten wir den Verlust der Freundschaft in Kauf nehmen, wenn sie nicht mehr ins Leben passt. Den bohrenden Schmerz zulassen, den ein Schlussstrich nach sich zieht. Wir können traurig und dabei doch zuversichtlich sein. Weil wir wissen, dass zur Weiterentwicklung auch das Loslassen gehört. Kein Scheidungskrieg zwischen Freundinnen! Wir können es besser machen als in den Beziehungen zu unseren Männern. Gerade weil sich Freundinnen in- und auswendig kennen. Nachempfinden, wie die andere sich fühlt. Empathischer sind. Deshalb kein nerviger und sinnloser Rosenkrieg! Fragen wir uns lieber: Was war gut zwischen uns? Was hat sie mir gezeigt? Was konnte ich durch sie über mich lernen und als Erfahrung mitnehmen? Freundschaft kann ein gutes Ende finden! Frieden ist möglich. Mit mir. Und mit der Freundin. Gerade diese Chance sollte eine Frauenfreundschaft auszeichnen.

Ein gutes Ende bedeutet neben dem Verlust auch den Gewinn von neuem Raum, neuen Erkenntnissen, von persönlicher Entwicklung. Ein gutes Ende schließt die Möglichkeit ein, dass ehemalige Freundinnen sich neu begegnen können. In einer anderen Lebensphase. Mit den Erfahrungen, an denen sie in der Zwischenzeit gewachsen sind.

In diesem Buch geht es nicht um virtuelle Freundschaften und Kontakte, die das Etikett Freundschaft als Label zur Schau tragen. Es geht um echte, leibhaftige Freundschaften, um tiefe Verbindungen, die uns für immer oder eine Zeit lang durchs Leben tragen.

Ich habe mit dreizehn Frauen, die anonym bleiben wollen und deren Namen ich geändert habe, ausführlich über ihre zerbrochenen Freundschaften gesprochen. Die Bereitschaft, offen, engagiert und nachdenklich zu erzählen, kann ich nur bewundern. Nicht wenige Gespräche begannen stockend. Der Schmerz über den Verlust war noch zu spüren, auch

Vorwort

wenn der Bruch schon länger zurücklag. Manchmal flossen Tränen. Immer war Herzklopfen im Raum. Gleichgültigkeit hingegen nie.

Ihre Geschichten vom Ende einer innigen Freundschaft sind subjektiv. Die andere Seite kenne ich nicht. Sie spielt auch keine Rolle. Es geht nicht um Recht oder Unrecht, Schuld oder Unschuld, Bewertung oder Urteil. Es sind Erfahrungsgeschichten, die das Leben schreibt und die jede Frau betreffen.

Ich bin in der Vorbereitung auf das Buch und während des Schreibens niemandem begegnet, den das Thema kaltließ. Die meisten hatten sofort ein Beispiel parat, eine zerbrochene Freundschaft, von der sie erzählen wollten. Das hat mich und Audrey Lobo-Drost ermutigt, den Beziehungen zwischen Frauen tiefer auf den Grund zu gehen. Auch mein Mann hat mich bestärkt, ohne es zu ahnen. »Was ist bloß bei euch los?«, fragte er ratlos nach dem Lesen der ersten hundert Seiten. Und murmelte leise: »Frauen machen mir beinahe Angst.« Männerfreundschaften sind tatsächlich ein völlig anderer Kosmos.

Ich bin jeder meiner Gesprächspartnerinnen unsagbar dankbar für die Überwindung, die sie auf sich genommen, und den Mut, den sie gezeigt hat. Als mehr oder weniger fremde Journalistin kam ich zum Treffpunkt und knipste das Mikrofon an. Eins, zwei, drei, los. Es ist eine enorme Herausforderung, das eigene Gefühlsleben zu reflektieren und öffentlich zu machen. Mein herzlichster Dank gilt an dieser Stelle von ganzen Herzen diesen dreizehn einzigartigen Mutmacherinnen!

Bei Ihnen, meine lieben Leserinnen, bedanke ich mich dafür, dass Sie dieses mein zweites Buch erworben und aufgeschlagen haben. Ich wünsche Ihnen eine berührende, erkenntnisreiche und tröstliche Reise durch das weite Land unserer weiblichen Seelen. Ohne Freundinnen wäre es ein armes Land. Mit ihnen entfaltet sich eine vielschichtige, zuweilen steinige, doch immer faszinierende Landschaft, die ganz einfach *Leben* heißt.

Dorothee Röhrig, Pollença 2019

Wie das Buch entstand

Am Anfang war Zwist. Eine plötzliche, nie vermutete Verhärtung zwischen mir und meiner besten Freundin. Ich war ratlos, unsicher und vor allem traurig. Aus der Ohnmacht heraus entstand der Impuls, ein Buch über Frauenfreundschaften zu schreiben.

Ich suchte nach einer Expertin, wie es für eine Journalistin üblich ist. Traf verschiedene Psychologinnen und Psychoanalytikerinnen, aber es funkte nicht. Ich wurde nicht fündig und wollte schon aufgeben. Bis mir eine liebe Freundin eine Telefonnummer von der Freundin ihrer Freundin gab. Sie kenne sie nicht, meinte sie, aber von Erzählungen her könne sie sich vorstellen, dass wir zusammenpassen.

Ich wählte die unbekannte Nummer und erwischte Audrey auf dem Fahrrad, beim Familienausflug in Amsterdam. Es brauchte nur wenige Sätze, um zu wissen: Ja! Wir beide packen es gemeinsam an. Zwei fremde Frauen, die sich nur auf ihre Stimmen verließen und auf die Begeisterung, die sich in dem kurzen, vom Wind verwehten Gespräch durchs Telefon mitteilte. Der Zufall hatte uns zusammengewürfelt. So geht Leben.

Eine Woche später fuhr ich von Hamburg nach Kiel. Audrey holte mich vom Bahnhof ab und führte mich zielsicher in ein nahegelegenes Restaurant. Wir waren vom ersten Moment an ins Gespräch vertieft und bemerkten dabei gar nicht, dass dieses Lokal eigentlich geschlossen und komplett im Umbau war. Erst als wir fünf Meter weit im Raum standen, auf feuchtem Beton zwischen Leitern, Eimern und Handwerkern, trauten wir unseren Augen nicht. Für jenen Moment, in dem man alles um sich herum vergisst, prägten wir einen neuen Begriff: der »Vapiano-Effekt«.

Audrey und ich haben uns in großer Sympathie aufeinander eingelassen. Psychologische Sachkenntnis, Lebenserfahrung, Freude am Schreiben ergänzten und beflügelten sich. Audrey ist zu mir nach Pollença gekommen, nächtelang haben wir in der »Straße des Warum« diskutiert, geschrieben und wieder verworfen. Was es mit dieser auf sich hat, lesen Sie übrigens auf der nächsten Seite.

Ob aus der kreativen Verbindung zwischen Audrey und mir eine langjährige Freundschaft wird? Wir wissen es noch nicht. Warten ab. Lassen uns Zeit. Auch das ist eine wichtige Erkenntnis der Beschäftigung mit dem Thema Frauenfreundschaften.

Warum?

Eine kurze persönliche Betrachtung

Porquer. Auf Mallorquin, so wurde mir gesagt, heißt das: warum. Das kleine Stadthaus über den Dächern von Pollença, in dem ich gerade zu schreiben beginne, steht in der Carrer de Porquer. Abgesehen davon, dass ich den Ort wunderschön finde und das Häuschen genau meinen Vorstellungen entspricht, habe ich mir diesen Platz auch deshalb ausgesucht, weil mich der Name der kleinen Straße angesprochen hat. Die Straße des Warum. Danach kann ich in Deutschland lange suchen.
Ich habe mich gefragt, welche Bedeutung so ein ungewöhnlicher Straßenname haben könnte. Die Carrer de Porquer ist eine Sackgasse, sie endet an der 193. Stufe einer langen Treppe, die vom Dorf hinaufführt zum Kalvarienberg, zur weißen Pilgerkirche über Pollença. Die Hälfte des Aufstiegs ist auf der Höhe der Carrer de Porquer geschafft. Vielleicht hat man sich hier früher ausgeruht und innegehalten. Sich genau hier, in der Mitte, auf die Steinmauern am Rand gesetzt und überlegt: Soll ich noch bis ganz nach oben gehen? Oder umdrehen? Vielleicht doch lieber runter ins Dorf, zurück auf die Plaza, zu den Menschen? Was will ich dort oben überhaupt? Warum nehme ich die steilen Treppen? Warum?

Eine kurze persönliche Betrachtung

Keine Ahnung, ob meine Vorstellung von der Carrer de Porquer historisch richtig ist. Ehrlich gesagt interessiert mich das auch nicht besonders. Für mich ist das so. Ich kann mir die Menschen vorstellen, die hier Rast machten, nachdachten über das Vorwärts und das Rückwärts, über das, was ihnen im Leben wichtig ist. Bis heute bleiben Menschen hier stehen. Biegen in meine kleine Straße ein, gehen den Berg weiter hinauf oder treten wie beiläufig den Rückweg an. Das beobachte ich. Also scheint etwas dran zu sein an meiner Idee.

Die Carrer de Porquer ist meine »Straße des Warum«. Ein guter Platz, um ein Buch zu schreiben über Freundschaft. Freundschaften zwischen Frauen. Enttäuschte Freundschaften. Über das Ende von Gefühlen, Illusionen und falschen Hoffnungen und den Anfang von etwas Neuem, Eigenem. Es sind immer die Brüche und Umbrüche im Leben, die mich besonders interessieren. Sie fühlen sich für mich lebendig an. Hier in Pollença bin ich auf einer Insel, an einem Ort, wo ich fast niemanden kannte. Der mir spontan ein zweites Zuhause geworden ist und dabei genug Abstand einräumt, um den Blick zu schärfen. Auch auf meine Freundschaften, mein starkes Bedürfnis nach Nähe und Austausch, auf bittere Niederlagen und geplatzte Träume, auf geglückte wie glücklose Neuanfänge. In jeder Erinnerung, in jedem Gedanken verfolgt mich hier die Frage des Warum.

Die ursprüngliche Idee war, nicht über mich zu schreiben, sondern ein lupenreines Sachbuch zu verfassen. Doch ich stellte fest: Der Anker vieler Überlegungen und Fragen zu dem Thema liegt in mir selbst. Nun ist dieses Buch, auch dank meiner besonderen Begegnung mit der Verhaltenstherapeutin Audrey Lobo-Drost, ein persönliches Sachbuch geworden.

Warum?

Ich war und bin bis heute eine »Frauenfrau«. Obwohl mich männliches Denken und Fühlen immer fasziniert und angespornt hat, vor allem das meines Mannes, brauche ich ganz stark die Begegnung mit Frauen. Auch wenn wir alle individuell und einzigartig sind und ich bei Weitem nicht mit jeder Frau klarkomme, glaube ich an eine unbewusste Verständnisebene, die mich in mein Geschlecht einbettet und die mir weibliche Heimat gibt. Um es mit den Worten der Psychoanalytikerin F. Diane Barth zu sagen: Ja, ich bin auf Frauen angewiesen. Mehr noch, auf Freundinnen. Ein Vorbild für lebenslange, treue Frauenfreundschaften bin ich nicht. Dazu hat mich die Neugier, der Lebenshunger zu sehr angetrieben. So empfinde ich meine engen Freundinnen, auch die, die ich verloren habe, als Teil dieses rastlosen, manchmal widersprüchlichen und auf jeden Fall farbenfrohen Lebens. Als Teil meiner Suche nach mir selbst. Jede von ihnen hat meine Entwicklung in einer bestimmten Phase begleitet und beeinflusst. Nicht, dass ich meine Freundinnen absichtlich benutzt hätte. Aber ich habe sie genau zu diesem Zeitpunkt gebraucht. Wahrscheinlich würden wir tiefere und ehrlichere Freundschaften haben, wenn wir das eigene, möglicherweise egoistische Interesse aneinander erkennen und vielleicht sogar aussprechen könnten.

Das Ich entsteht am Du, sagen die Philosophen. Für mich trifft das zu, auf meine Frauenfreundschaften mindestens so wie auf die Liebesbeziehungen mit Männern.

Ich überlege: Welche Seiten meines Ichs haben sich entfalten können mithilfe meiner Freundinnen? Welche Bereicherung erfuhr ich aus den Gesprächen, dem Lachen, den Tränen, dem gegenseitigen Zuhören und Mitfühlen von Frauen? Welche Charakterzüge hat eine Freundin aus mir herausgelockt, die einmal nah an meinem Leben war und jetzt weit weg ist? Fragen, die mir den Wert von Freundschaft vor Augen führen und meinen Blick auf die zerbrochenen Freundschaften verändern, hier in der Carrer de Porquer. Fragen, die Groll, Unverständnis oder trübe Gleichgültigkeit durch ein Gefühl der Dankbarkeit ersetzen und das Warum ins Zentrum rücken. Warum sind Freundinnen irgendwo auf meinem Lebensweg ausgestiegen? Und: Würde ich sie gern noch einmal treffen? Mich mit ihnen aussprechen? Wieder vertragen? Die Zeit lässt sich nicht zurückdrehen. Selbst wenn das möglich wäre: Ich verspüre kein Bedürfnis danach. Lieber möchte ich mich der ständigen Bewegung meines Lebens überlassen. Nicht stehenbleiben, nicht klammern. Dazu gehört, dass ich akzeptiere, dass es Wegbegleiterinnen gibt, die mal ein Stück mitgehen und irgendwann auf der Lebensstrecke abbiegen. Auch die engste Freundin hat darauf ein Recht. Wie oft hat sich mein Leben, habe ich mich in meinem Leben verändert. Im Älterwerden treten die unterschiedlichen Abschnitte deutlicher hervor. Ich kann jetzt besser verstehen, dass Freundinnen nicht immer zusammenbleiben müssen. Meine Bedürfnisse, meine Interessen wandeln sich. Entsprechend wechseln auch die Freundinnen, die sie bedienen und mich bereichern. Ihnen bin ich dankbar. Ist der Hunger gestillt, können wir uns voneinander lösen. Neue Freundschaften treten an die Stelle von alten. Raum entsteht. Und möglicherweise wird aus der alten wieder eine neue Freundschaft. So ist Leben. Das ist das Spannende daran.

Wer behauptet, dass es mit den Jahren immer schwieriger wird, neue Freundschaften zu knüpfen, hat Unrecht. Ich erlebe das Gegenteil. Auch wenn dieses wunderbare »Weißt Du noch?« des Erinnerns fehlt, das mich mit meinen Zeitzeuginnen verbindet, ist doch der Motor jeder neu gespon-

Warum?

nenen Annäherung die gegenseitige Offenheit und die Idee einer gemeinsamen Zukunft. Das macht mich glücklich. Ich bin ruhiger geworden. Die bedürftige Unruhe von früher, die Sorge, keine Freundin zu finden, hat mich verlassen. Ich habe in den vergangenen Jahren viele liebenswerte Frauen getroffen, engagierte, sensible, spirituelle, bodenständige, mutige, zweifelnde, mitfühlende. Diejenigen, die meine Freundinnen wurden, haben von allem etwas. Und ganz wichtig: Ich kann mit ihnen lachen. Im Unterschied zu früher ist die Not verflogen. Der Druck ist raus. Stattdessen schätze ich die Freiwilligkeit, die zwischen mir und meinen Freundinnen existiert. Ich bin inzwischen mutiger darin, mich anderen zuzumuten. Und gelassener im Loslassen. Warum? Das bleibt – ein klein wenig – das Geheimnis meiner Carrer de Porquer.

Zum Ausheulen war ich gut genug

Alexandra und Cora

Cora und du habt euch in Hamburg bei einem Praktikum kennengelernt. Was hat dich zu ihr hingezogen?
Cora war blitzgescheit und mit vielen Talenten ausgestattet. Ich war von ihr fasziniert. Sie konnte nicht nur toll schreiben, sondern auch sehr gut zeichnen und im Nu neue Sprachen lernen. Ein durchweg kreativer Mensch, sprudelnd, mit immer neuen Ideen. Dazu sehr unternehmungslustig. Wir sind zusammen verreist, nach Thailand, nach Australien, und konnten wunderbar miteinander lachen. Ich habe mich von ihrer Lebendigkeit anstecken lassen. Wir waren wie im Flow miteinander. Passten zusammen wie der Schlüssel ins Schloss. Ich mochte Cora unheimlich gern.

Sie hat deine Lebensfreude gekitzelt?
Absolut. Sie hat mich immer gut draufgebracht. Aber es war mehr. Uns verband eine ziemlich komplizierte Kindheit. Cora war Einzelkind, ihre Mutter hatte große psychische Probleme und musste oft in die Klinik. Cora fühlte sich zuständig, sie war allein damit und total überfordert. Ihre Mutter hat sich später umgebracht. Bei mir war es nicht so krass. Aber auch ich komme aus einer Familie, die keine war. Meine Mutter hat meinen Vater verlassen und uns Kinder zu-

rückgelassen. Cora und ich konnten uns über diese belastenden Erlebnisse sehr gut austauschen. Eine verstand die andere. Im Glück wie im Unglück waren wir uns ganz nah.

Jede war für die andere der Anker ...
Ja, so kann man es sagen. Wir hatten beide keine Stabilität und definierten uns stark über unsere jeweiligen Probleme. Ängste, Spannungszustände, Selbstzweifel, darüber kann man sich endlos austauschen. Wo will ich mit mir hin?, das war so eine der Fragen. In dieser Gefühlslage brauchst du einen Verbündeten. Es hat lange gedauert, bis ich im Leben angekommen bin. Bis ich etwa dreißig Jahre alt war, habe ich nur gesucht. Genau wie Cora. Die Kombination aus negativen Erfahrungen und Fröhlichkeit hat uns zusammengeschweißt. Nur, dass ich mich stabilisiert habe und irgendwann ein normales Leben anfing. Ich begann regelmäßig zu arbeiten, während Cora nie Boden unter die Füße bekam und weiter nach sich suchte. Ich bin sicher, sie hatte wie ihre Mutter eine Form von Depression.

Wie hast du das bemerkt?
Es gab Phasen, in denen sie kaum gegessen hat und nicht schlafen konnte. Sie machte verschiedene Therapien, doch ohne erkennbares Ergebnis. Ständig kreiste sie um sich und ihre eigenen Probleme. Cora blieb stehen, während ich mich weiterentwickelte. Schade, denn im Grunde war sie begabter als ich.

Konntest du ihr helfen?
Das habe ich mit allen Kräften versucht. Ich ließ sie bei mir wohnen, wenn es ihr schlecht ging. Besorgte ihr einen Job. Borgte ihr Geld, wenn sie pleite war. Auf Dauer war das an-

strengend. Als Coras beste Freundin bin ich da, dachte ich. Ohne Einschränkung. Trotzdem hatte ich das Gefühl, dass sich langsam unser Gleichgewicht verschob.

Wie das?
Ich fühlte mich langsam nur noch wie ein emotionaler Mülleimer. Zum Ausheulen war ich gerade gut. Oder zum Geld pumpen. Wir haben darüber gesprochen und uns auch gestritten. »Es geht in unserer Freundschaft nicht nur um dich«, versuchte ich ihr klarzumachen. Aber sie ließ nichts an sich ran. Ich habe unser Ungleichgewicht durchaus als Problem empfunden, aber wusste nicht, was ich dagegen tun sollte. Ständig habe ich nachgefragt, getröstet, Hilfe angeboten. Das gibt es bei mir jetzt nicht mehr.

Hast du eine Idee, warum du dich so aufgeopfert hast?
Ich weiß es nicht genau. Sicherlich zum einen, weil ich mich hundertprozentig als Freundin empfand. Da steht man einfach zusammen. Vielleicht genoss ich aber auch das Gefühl, Cora moralisch überlegen zu sein. Der Gutmensch sozusagen. Das könnte für mich der Gewinn gewesen sein. Ich habe mich schon gefragt, ob das bei mir strukturell ist. Ob ich öfter in diese Falle tappe. Aber so ist es nicht mit anderen Freunden. Dieses wahnsinnige Verantwortungsgefühl habe ich nur Cora gegenüber erlebt. Sie schien mir so schutzlos in der Welt zu sein. Ich hatte das Gefühl, sie retten zu müssen. Auch noch, als sie nach dem Tod ihrer Mutter ziemlich viel Geld erbte.

Da brauchte sie deine Hilfe?
Wie ein Kind! Sie wusste nicht, was sie mit dem vielen Geld machen sollte. Sie hat ihr Erbe letztlich verprasst. Cora hat

sich teure Wohnungen geleistet, ist ständig durch die Welt gegondelt. Sie hat das Geld nach Strich und Faden rausgeworfen. Irgendwann war alles weg. Dabei hätte sie so viel aus ihrem Leben machen können, mit ihrer finanziellen Unabhängigkeit.

Hast du auch mal gedacht, Cora geht es ganz schön gut?
Ich ticke völlig anders. Ich verdiene mein Geld und komme damit aus. Ich habe Cora ihren Geldsegen total gegönnt. Aber wir waren in unterschiedlichen Welten unterwegs. Cora meinte wohl, sie bekommt den Jackpot, und ich habe nur so ein kleines, spießiges Leben. Doch neben Abwertung empfand sie mir gegenüber auch Neid. Bei mir war alles auf der Reihe. Ich hatte schon lange meinen Freund, mit dem ich heute noch glücklich zusammen bin. Cora dagegen ist wild gereist und wechselte ständig ihre Begleiter. Sie fühlte sich zu Höherem berufen und fand mein geregeltes Leben bestimmt unendlich öde. Ich war nicht mehr spannend für sie. Da bin ich sicher.

Hat das Thema Geld eure Krise ausgelöst?
Nein, als sie erbte, dachte ich: Wenn die Familie nicht hilft, dann wenigstens das Geld, damit sie in die Pötte kommt. Allerdings, es war schon sehr befremdlich, wie sie mit ihrem Vermögen umging. Wenn ich sie darauf ansprach, wurde sie aggressiv. »Das ist mein Geld, das steht mir zu. Es geht dich nichts an, wofür ich es ausgebe«, so in der Art.

Aus welchem Grund seid ihr sonst gescheitert?
Wie gesagt, da war schon länger dieses Ungleichgewicht. Und gekippt ist das Ganze, als ich selbst einmal eine schreckliche Krise hatte und Cora brauchte. Ich hatte meinen Job

verloren, die Arbeitsagentur machte mir keine allzu große Hoffnung, mein Vater wurde plötzlich pflegebedürftig, und ich musste mich obendrein noch operieren lassen. In dieser angespannten Verfassung verabredete ich mich mit Cora zu einem Spaziergang.

Was passierte da?
Sie wusste über meine Situation Bescheid, wir hatten telefoniert. Dann bei unserem Treffen fragte sie nicht ein einziges Mal, wie es mir geht. Mein Zustand war ihr total egal, sie zeigte null Interesse an mir. Stattdessen erzählte sie mir, dass sie keine gescheiten Klamotten habe und unbedingt etwas Neues bräuchte. Cora war total auf dem Egotrip. Ich konnte das nicht glauben. Von einer Sekunde auf die andere war bei mir der Stecker gezogen. Ich ging nach Hause und dachte mir: Das war's.

Du hast ihr keinen Vorwurf gemacht?
In diesem Moment nicht. Ich war ehrlich gesagt sprachlos. Danach habe ich mich komplett zurückgezogen und mich nie mehr gemeldet. Für mich war klar, das ist aus. Irgendwann hat Cora mich angerufen und aufs Band gesprochen: »Wo steckst du denn?« Ich habe ihr daraufhin einen Brief geschrieben. »Vielleicht wunderst du dich, dass ich mich nicht mehr melde. Aber ich habe das Gefühl, unsere Freundschaft ist zu Ende. Wahrscheinlich vermisst du mich gar nicht.« Der Brief war nicht lang. Ich hatte erwartet, dass Cora sich meldet. Irgendeine Art von Reaktion. Aber es kam nichts außer einer Facebook-Anfrage, viel später. Coras gnadenlose Egozentrik hat mich unfassbar geschmerzt. Die Tatsache, dass ich ihr überhaupt nicht wichtig war, gab unserer Freundschaft den Rest.

Warum?

Wie lange ist das jetzt her?
Zehn Jahre. Wir waren über zwanzig Jahre eng befreundet. Ich habe viel eingesteckt in dieser Zeit. Mit Sicherheit zu viel. Aber Freundschaft ist ein wertvolles Gut für mich, ich gebe nicht schnell auf. Auch möglich, dass ich aus Angst vor Verlust darin verharrt habe. Und mich mit den guten Momenten getröstet habe, die es zwischendurch ja auch immer gab. Die beste Freundin zu verlieren ist extrem schmerzhaft. Meine Mutter hat mich verlassen. Seitdem habe ich wahrscheinlich eine Macke. Alleingelassen zu werden ist für mich eine Erfahrung, die ich nur schwer aushalte. Es braucht viel, bis ich aktiv sage: »Jetzt reicht es.« Das Herz wieder zu verschließen, wenn es einmal offen war, ist eine harte Sache.

Du bist mit Freundschaften vorsichtiger geworden?
Sagen wir so: Ich würde mein Visier nie mehr komplett öffnen. Lieber behalte ich einen Rest Distanz. Heute habe ich sehr gute Freundinnen, aber es ist nicht mehr so symbiotisch. Mein Bedürfnis nach Ausschließlichkeit hat sich verändert. Das ist auch eine Frage des Alters. Der Reifung. Diese Aufregung, diese Unsicherheit in mir hat sich gelegt. Ich kann besser bei mir bleiben als früher.

Möchtest du den Kontakt mit Cora wieder aufnehmen?
Nein. Das ist vorbei. Ich wüsste nicht, wo wir ansetzen sollten. Wir haben keine Basis mehr. Ich habe zu lange in einer nur halb zufriedenstellenden Situation ausgehalten. Cora war eiskalt bei unserem letzten Treffen. Sie interessiert sich nicht für mich, das muss ich einfach zur Kenntnis nehmen. Dass unsere Freundschaft keinen Abschluss gefunden hat, nagt allerdings schon an mir. Ich bin nicht verbittert, aber es ist verdammt traurig nach über zwanzig Jahren. Wenn

Cora nach meinem Brief auf mich zugegangen wäre, hätte ich ihr sicherlich verzeihen können. So gibt es nichts mehr zu verzeihen.

Weißt du, was aus ihr geworden ist?
Sie lebt in Frankreich, hörte ich. Und ist Mutter. Vielleicht hat sie sich ja mal alte Fotos angeschaut und an uns gedacht ...

Wofür bist du Cora dankbar?
Für die gute Zeit. Für zwanzig einzigartige Jahre. Und dafür, dass ich jetzt weiß, was Freundschaft für mich ist und was nicht. Ein Ungleichgewicht, eine einseitige Freundschaft lasse ich mir von niemandem mehr gefallen.

Es ging nie um Freundschaft, es ging um ihr Projekt

Katarina und Claudia

Es gibt diesen Augenblick zwischen zwei Menschen, in dem man spürt: Jetzt passiert etwas ganz Besonderes. Das lässt sich nicht erklären, nicht verstehen, nur fühlen. Die Geschichte zwischen Claudia und mir begann so. Von einer Sekunde auf die andere empfand ich eine ungewöhnliche Nähe. Das war vor acht Jahren in Rumänien, meiner Heimat. Wir wurden einander bei einem Konzert in Bukarest vorgestellt. Claudia gab mir die Hand. Sie war sehr schön, sehr feminin, mit interessanten Gesichtszügen. Ihre Ausstrahlung imponierte mir. Die Art, wie sie ihre Lippen nachzog, sich kleidete, mit welcher Nonchalance sie auf Menschen zuging. Sie war in ihren Vierzigern, etwa zehn Jahre jünger als ich. Schon bei unserer ersten Begegnung empfand ich ein wohliges Gefühl von Wärme. Ich schloss sie sofort in mein Herz. Weil ich diese Frau näher kennenlernen wollte, lud ich sie und ihren Mann in unser Ferienhaus an der rumänischen Küste ein. Sie sagten zu und besuchten meinen Mann und mich wenig später.

Claudia ist Radiojournalistin. Doch vor allem kümmert sie sich um vernachlässigte Kinder, die in Waisenhäusern leben. Sie holt sie am Wochenende in eine Werkstatt, bastelt, malt und näht mit ihnen und bringt ihnen soziales Verhalten bei. »In den Waisenhäusern gibt es zwar Kleidung und Essen, aber die Kinder lernen nichts«, erklärte sie mir. Um finanzielle Unterstützung zu bekommen, spricht Claudia unermüdlich bei Behörden vor, sitzt stundenlang vor verschlossenen Türen und kassiert in der Regel Absagen. Aber sie gibt nicht auf. Nach Theatervorstellungen stehen sie und ihre Mitstreiter am Ausgang und sammeln Spenden. Mehr als umgerechnet einen Euro können die meisten Besucher nicht aufbringen. Trotzdem kommen am Abend schon mal hundert Euro zusammen. Claudia verströmt eine enorme Kraft und kann andere schnell für ihr Anliegen begeistern. Die Waisenkinder sind ihr eine Herzensangelegenheit, sie kämpft mutig und unverdrossen. Das habe ich bei ihrem Besuch verstanden. Voller Bewunderung hörte ich ihr zu. Ich wusste sofort: Dieses Projekt werde ich unterstützen.

Zu Hause in Berlin gaben mein Mann und ich eine Einladung, um Claudias Arbeit vorzustellen. Für die Spendenbox hatte ich eine lustige Idee: Ich verkaufte Küsschen! Wer eines von mir wollte, musste zahlen! Das hat fantastisch funktioniert, alle Gäste erwiesen sich als großzügig. Mein Schwiegervater wollte gleich viermal geküsst werden und holte jedes Mal dicke Geldscheine heraus, bis meine Schwiegermutter ihn ermahnte: »Genug! Jetzt hör endlich auf!« Wir haben viel gelacht auf dieser Party.

Eintausendfünfhundert Euro kamen zusammen. Mein Mann und ich gaben noch fünfhundert dazu, und ich brachte die Summe nach Bukarest zu Claudia. Sie war vor Glück ganz aus dem Häuschen. Die Freundschaft schien für immer besiegelt. Claudia führte uns in ihren Freundeskreis ein. Wir lernten sehr interessierte, gebildete Menschen kennen, unter ihnen Künstler, Theaterleute, Schriftsteller.

Warum?

Im Sommer organisierten mein Mann und ich in der Nähe unseres Ferienhauses ein Filmfestival. Über zweihundert Leute kamen, darunter Claudia. Sie schlug vor, ein Festival mit Kinderfilmen zu veranstalten. Es hat geklappt, wir fanden einen kleinen Saal. Claudia brachte fünfzehn Waisenkinder mit, zwischen sechs und vierzehn Jahren. Sie waren glücklich, zum ersten Mal in einem eigenen Zimmer im Gasthof schlafen zu dürfen. Mit Fernseher und Fernbedienung! Ich zeigte ihnen den Strand und machte voller Freude Programm rund um die Uhr. Wir befragten die Kinder mit der Kamera. Sie erzählten uns ihre Geschichten und malten, was sie in den Filmen sahen. Danach sprachen wir über die Bilder, und es wurde deutlich, wie persönlich die Kinder den Film erlebt hatten. Da sind tolle, sehr berührende Sachen entstanden. Die Kinder hatten Spaß, entdeckten ihre Lebensfreude und fühlten sich anerkannt. Claudias Idee ging auch diesmal voll auf, obwohl das Geld wie immer knapp war. In Berlin, wo ich lebe, kenne ich einige reiche Rumänen, die in meine Arztpraxis kommen, unter ihnen die Chefin einer Bank. Ich fragte sie nach einer Spende für Claudias Projekt. Zu unserer Überraschung spendete die Bankerin zweieinhalbtausend Euro zu Weihnachten. Claudia und ich waren überglücklich. Es war die Blütezeit unserer Freundschaft.

Monate später rief Claudia mich an, sie wollte mit den Kindern in die Ferien fahren, aber das Geld dafür fehlte mal wieder. Sie bat mich, noch einmal mit der Bankerin zu sprechen. Ich lehnte ab, weil ich das zu fordernd fand. Immerhin ist sie in erster Linie meine Patientin. Ich schlug Claudia vor, selbst zu fragen. Das tat sie, doch ohne Erfolg. Der Fond war leer. Die Bank konnte nicht helfen. Claudia begann daraufhin, mich unter Druck zu setzen. Wie schlimm das sei für die Kinder. Wie verzweifelt sie selbst sei. Ob ich denn keine Ideen hätte und so weiter. Ich empfand sie als sehr penetrant. Was will Claudia von mir?, fragte ich mich. Warum insistiert sie so? Erwartet sie, dass ich persönlich den Betrag aufbringe? Ich sprach sie darauf an. Aber Claudia reagierte beleidigt wie ein Kind. Sie sei tief enttäuscht, dass ich ihr nicht helfe, erklärte sie unwirsch. Ich empfand das als einen schwerwiegenden Vorwurf. Das ist drei Jahre her, wir hörten erstmal wochenlang nichts voneinander. Als ich mir ein Herz nahm und sie irgendwann anrief, wirkte Claudia verschlossen.»Was ist los? Ist es noch die Sache mit dem Geld?«, fragte ich.»Ja«, antwortete sie knapp. Und:»Du hilfst mir ja nicht.« Sie gab mir also eindeutig die Schuld an unserer Missstimmung. Ich war wie vor den Kopf geschlagen. Schlagartig war mir klar: Claudia denkt, wer aus dem Westen kommt, ist reich. Sie hat keine Ahnung, wie hart ich arbeiten muss, und erwartet, dass ich mehr Geld für sie lockermache, weil ich ja sowieso genug davon habe.»Dein Vorwurf kränkt mich«, gab ich Claudia zu verstehen. Mir war elend zumute. Wenn ich nicht funktioniere und ihre Erwartungen nicht erfüllen kann, dachte ich, verstößt sie mich.»Ich bin nur deine Freundin, wenn ich Geld gebe. Damit fühle ich mich nicht gut. Überlege dir, was das für unsere Freundschaft bedeutet«, sagte ich noch am Ende des Telefonats. Wieder entstand eine wochenlange Pause.

Umso erstaunlicher erschien mir unser Wiedersehen im Sommer in Rumänien. Claudia zeigte sich so herzlich, als ob alles in Ordnung wäre zwischen uns. Ich war erleichtert und überzeugt, wir hätten den Konflikt gemeistert. Versuchte, mich in Claudias Lage zu versetzen und sie besser zu verstehen. Sie ist mit ihren Gedanken ständig bei den Kindern, sagte ich mir, sie setzt sich selbst so unter Druck. Und vielleicht denkt sie wirklich, ich bin eine wahnsinnig reiche Frau und kann schnell mal fünftausend Euro beisteuern. Ich entschied mich, das Vergangene zu vergessen. Doch ich hatte mich getäuscht, der Konflikt schwelte weiter. Unser Verhältnis kühlte zunehmend ab, wir wurden immer steifer miteinander. Claudia war nicht mehr so spontan und unbefangen wie früher. Ich konnte mich nicht gegen den Eindruck wehren, sie benutze meinen Mann und mich lediglich als renommiertes Aushängeschild für ihre Projekte. Tatsächlich konnte sie mit unserer Unterstützung noch einmal einen größeren Betrag für die Ausbildung von Betreuern und Erziehern sammeln. Darüber entstand wieder ein Film, aber diesmal wurden mein Mann und ich nicht wie früher als Berater hinzugezogen. In dem Film wurden die Kinder auch nicht kommentarlos gezeigt, sondern ihr Verhalten wurde von den Erziehern bewertet und ihre oft tragischen Lebensgeschichten offengelegt. Aus unserer Sicht war das ein unzulässiger Eingriff in die Privatsphäre. Mein Mann und ich standen mit unseren Namen für den Film. In unserer früheren Arbeit war es nur um Filmwahrnehmung gegangen – jetzt plötzlich war öffentliche Therapie daraus geworden. Wir konnten ihn nicht akzeptieren. Mein Mann schrieb eine entsprechende Mail an Claudia.

Die Endphase unserer Freundschaft war in diesem Moment eingeläutet. Zurück kamen aggressive, boshafte Zeilen, sie waren an mich gerichtet. Darin stand, ich hätte meinen Mann aufgehetzt und hinter Claudias Rücken schlecht geredet. Sie zweifele schon länger an uns und sei nun endgültig fertig mit dieser Freundschaft. Heute bin ich sicher, es ging Claudia nie um Freundschaft, es ging ausschließlich um ihr Projekt. Ich war für Claudia nur wichtig, solange ich

Geld einbringe. Aber selbst wenn ich tausend Euro spende, irgendwann ist auch das nicht mehr genug. Erwartungen steigern sich bekanntlich. Unser Verhältnis hätte sich komplett verändert. Ich hätte akzeptiert, nur gemocht zu werden, weil ich zahle. Für mich ist das eine Freundschaft ohne Wert. Ich schrieb ihr zurück: »Ich verstehe, dass du unsere Freundschaft beenden willst. Es ist tatsächlich keine. Es ist Business. Freundschaft bedeutet für mich etwas anderes.«

Wenig später in Bukarest machte ich noch einmal einen Versuch. Ich wollte den Bruch mit ihr einfach nicht wahrhaben. Und sagte mir, komm, du bist die Ältere, mach den ersten Schritt, obwohl sie dich verletzt hat. Also ging ich auf Claudia zu: »Lass dich umarmen!« Aber sie stand steif wie ein Stock da und wollte nicht reden. Sie sei zu beschäftigt, erklärte sie. Ich spürte etwas Endgültiges in ihrer Stimme. Das Ende unserer Freundschaft war gekommen. Claudia und ich schaffen den Weg zurück nicht mehr, den Weg zueinander. Die Wahrheit ist: Wir haben uns verloren.

Ich kann nicht beschreiben, wie unendlich traurig mich das macht. Als ob mir der Boden unter den Füßen weggezogen wird. Mein Heimatboden. Vor dreißig Jahren musste ich Rumänien verlassen, noch unter dem kommunistischen Regime. Das Land hat mich damals ausgestoßen, ich fühlte mich wie aus meinem Elternhaus gejagt. Jahrelang wollte ich mit meiner Heimat nie mehr etwas zu tun haben. Besuche bei meiner Mutter, die in Bukarest lebt, habe ich jedes Mal gehasst. Mein Herz war wie aus Beton. Nichts Rumänisches sollte hineindringen. Als ich meinen zweiten Mann, einen Deutschen, kennenlernte, kauften wir uns ein einfaches Haus am Meer und eine kleine Wohnung in Bukarest. Liebevoll meinte er: »Ein Stück Heimat für dich. Ich glaube, du brauchst das.« Aber immer noch fühlte ich mich unbehag-

Warum?

lich, um nicht zu sagen fremd in Rumänien. Obwohl ich nach wie vor oft rumänisch spreche und schreibe und in Deutschland viele rumänische Freunde habe.

Erst durch Claudia, also vor acht Jahren, bekam ich allmählich wieder Zugang zu meiner ehemaligen Heimat. Langsam konnte ich mich öffnen und entdecken, was das Land mir zu sagen hat. Als ich Claudia und ihre Freunde kennenlernte, atmete ich auf und dachte: Es gibt ein modernes Rumänien. Ein Land mit neuen Menschen. Mit Hoffnungsträgern. Hier passiert etwas, worauf ich stolz sein kann. Mit Claudia glaubte ich, meine Beziehung zu meiner Heimat reparieren zu können. Ich durfte wieder Nähe fühlen. Sie hat mich mit Menschen zusammengebracht, die Mut haben und Mut machen. Die unglaublich viel auf die Beine stellen. Die meisten Leute sind ausgewandert und arbeiten im Ausland. Wer bleibt denn noch in diesem Land? Dass es Menschen wie Claudia und ihren Freundeskreis gibt, hat mich beflügelt.

Meine Seele jubelte. Meine Freundin konnte mir dabei helfen, eine positive Beziehung zu meiner Heimat aufzubauen. Doch meine Hoffnung war übertrieben groß. Am Ende habe ich entdeckt, das Einzige, was ich geben soll, ist Geld. Wenn ich das nicht kann, bin ich sofort raus. Das tut furchtbar weh. Denn es ist doch so: Als Mensch bin ich nicht wichtig, sondern als Bank.

Tausendmal habe ich meinen Mann gefragt, was ich falsch gemacht haben könnte. Er ist durchaus kritisch mit mir, aber er sieht keinen Fehler in meinem Verhalten. Er meint, Claudia könne irgendetwas an mir nicht ertragen. Und wolle mich dafür strafen. Vielleicht ist sie wirklich neidisch. Klar, ich stehe materiell besser da als sie. In Rumänien ist der allgemeine Lebensstandard im Vergleich zu unserem sehr bescheiden. Die Menschen müssen oft mehrere Jobs machen, um zu überleben. Einige können ins Ausland fahren oder in Konzerte gehen, aber unter ganz anderen Voraussetzungen als wir. Das ist so. Und ich glaube, das war letztlich das Problem. Vielleicht denkt Claudia, ich habe so viel Geld, warum gebe ich es ihr nicht? Aus ihrer Sicht verständlich. Aber für mich verletzend. Ich will kein Geld geben, um geliebt zu werden. Auch ihr Freundeskreis ist zu mir auf Distanz gegangen. Ich habe mit niemandem über Claudia und mich gesprochen. Aber wir werden plötzlich nicht mehr eingeladen. Wenn ich jemanden aus ihrem Kreis zufällig treffe, ist es immer nett, aber unverbindlich. Ich weiß nicht, was passiert ist, aber seit einem Jahr gehören mein Mann und ich nicht mehr dazu.

Ich habe mit Claudia sehr viel verloren. Eine Schwester, die mir meine Heimat zurückgebracht hat. Eine Freundin mit einem unendlich großen Herzen für andere. Und mit viel Humor, die Sätze blitzschnell wie Pingpong hin- und herspielen kann. Einen modern denkenden, lebensfrohen Menschen. Und eine auffallend schöne und spontane Frau, die mit hohen Absätzen zu einer Wanderung kommt, weil sie ihre Turnschuhe vergessen hat, und dann stillvergnügt auf einem Baumstamm auf unsere Rückkehr wartet. Ich muss lachen, wenn ich daran denke. Wir hatten so viel Spaß. Ich kannte auch ihre Familie, bin da richtig hineingewachsen. Alle haben mich mit offenen Armen aufgenommen. Ihre Freunde ja auch. Wenn ich in Bukarest war, hatte ich grundsätzlich einen Abend für Claudia reserviert. Selbst wenn ich nur zwei Nächte dort war. Wir sind essen gegangen und haben uns über alles ausgesprochen. Mit und ohne Männer.

Die Freundschaft zwischen Claudia und mir war auf ewig angelegt. Wir wollten im Alter zusammenwohnen. Ich hatte

Warum?

wirklich gehofft, dass uns beide etwas Unvergleichliches verbindet. Es ist schrecklich, wenn ich bedenke, dass sich alle Pläne in Luft auflösen, nur weil Claudia in erster Linie Geld von mir will. Sie hat eine Freundin in London, deren Kontovollmacht sie besitzt. Sie betonte oft, sie könne sich jederzeit von diesem Konto bedienen. Wahrscheinlich hat Claudia erhofft, dass ich auch so eine Freundin werde. Ihre Bank. Und konnte nicht ertragen, dass ich ihr meine Grenzen gezeigt habe.

Ob ich noch einmal Kontakt zu ihr aufnehme? Ich weiß es nicht. Zugegeben, in diesem Punkt bin ich ambivalent. Einerseits will ich ihr zeigen, dass ich nicht so bin, wie sie vielleicht denkt. Dass ich ein guter Mensch bin und nicht kalt oder geizig. Ich würde ihr gern zeigen, dass ich sie wirklich ins Herz geschlossen hatte und ihr helfen wollte und jetzt sehr verletzt bin. Andererseits habe ich keine Hoffnung mehr, dass sie mich versteht. Ich will ihr auch nicht nachlaufen. Das bringt nichts.

Schön ist, dass ich inzwischen wieder meine Heimat lieben kann. Dafür bin ich Claudia von Herzen dankbar. Unser Bruch ändert auch nichts an meiner Bewunderung für sie.

Claudia ist ein sehr besonderer Mensch, mit wunderbaren Qualitäten. Der Verlust unserer Freundschaft ist für mich ein ganz großes Unglück.

Kapitel 1

Du gehörst zu mir

*Warum die Freundin der Anker
in einem Frauenleben ist*

Ein kalter Wintertag. Minusgrade in Hamburg. Ich gehe über den Gänsemarkt, vorbei an zwei jungen Mädchen. Teenies, vielleicht vierzehn Jahre alt. Beide haben ihre dicken Daunenjacken ausgezogen, tragen weiße T-Shirts, auf denen eine rote Rose zu sehen ist und darunter die Aufschrift »best friends forever«. Die Mädchen drehen ein Selfie-Video, das Handy ist auf einem Mauerstück platziert und nimmt die beiden auf. Kopf an Kopf, Arm in Arm tanzen sie zu ihrer Musik und recken dabei die Daumen siegessicher in den Himmel. Mehr Optimismus, mehr Lebensfreude geht nicht, denke ich und muss im Vorbeigehen lächeln. Wie lange ihre Freundschaft wohl halten wird? Ein paar Monate, bis ein Junge dazwischenkommt? Ein paar Jahre, bis sie Abitur machen und verschiedene Wege gehen? Ein ganzes Leben lang? Ich gebe zu, solche Fragen wären mir ohne das Buchprojekt nicht in den Sinn gekommen.

Die Beschäftigung mit dem Thema »Zerbrochene Freundschaften« hat mein Interesse und meinen Blick geschärft. Ich weiß, dass man die beiden Glücklichen auch »bff« als Abkürzung für »best friends forever« oder schlichtweg »Besties« nennen kann. Die Besten eben. Besties sind Mädchen in der Pubertät, die sich einander mit Haut und Haar verschreiben. Zwischen die kein Blatt passt. Zwei Mädchen, die sich gegenseitig alles anvertrauen, die zusammen lachen und weinen und gemeinsam aufs Klo gehen. Ihre Botschaft an die Welt lautet: Wir sind unzertrennlich! Was im Teenageralter demonstrativ ausgelebt wird, beginnt in der Kindheit. Schon kleine Mädchen neigen zu wenigen, aber deutlich engeren Kontakten als Jungen. Während Jungen sich mit Vorliebe in Teams beweisen, etwa beim Fußball, bauen Mädchen exklusive Freundschaften auf. Bereits im Kindergarten entstehen enge Zweierbeziehungen. Auch in der Schule lösen Mädchen Aufgaben lieber zu zweit als in größeren Gruppen, ergaben psychologische Forschungen. Das Bedürfnis nach emotionaler Verbundenheit scheint beim weiblichen Geschlecht existenziell zu sein. Fast jedes Mädchen und später jede Frau hat eine beste Freundin, die einen besonderen Platz in ihrem Leben einnimmt.

Auch ich kenne den Wunsch nach der einen, allerbesten Freundin. Teil einer Mädchenclique war ich nie. An sogenannten »Mädelsabenden«, zu denen sich manche noch mit Mitte fünfzig verabreden, war ich auch nicht besonders interessiert. Meine besten Freundinnen habe ich mir ein Leben lang einzeln herausgepickt.

Lisa zum Beispiel. Wir waren neun Jahre alt und erlebten aufregende Sachen, von denen nur wir beide wussten und zu denen wir uns heimlich verabredeten. Mit Lisa verbinde ich eine große Schafherde und einen Schäfer, den wir auf den Wiesen in der Umgebung besuchten und begleiteten. Bis wir eines Tages aufflogen und unser Abenteuer von den Eltern verboten wurde.

Mit Charlotte hörte ich im Dachzimmer Musik. Nach dem Tod ihrer Mutter waren wir oft allein bei ihr zu Hause, und die Freiheit schien unendlich zu sein. Wir konnten die Boxen richtig laut aufdrehen und den ersten Zigarettenrauch miteinander aushusten, ohne dass wir peinlich auffielen.

Karla, die dritte Freundin aus meiner Schulzeit, wohnte direkt am Rheinufer. Ich traf sie, als wir sechzehn waren. Stundenlang gingen wir spazieren und verglichen Karlas erotische Erlebnisse mit meinen, die dagegen eher spärlich ausfielen. Ich schminkte mich besser als sie, aber in Sachen Sex war mir Karla weit voraus. Von ihr konnte ich etwas lernen. Ich vermute, aufgrund dieser intimen Einblicke blieb Karla bis zum Abitur meine beste Freundin.

Was mir erst jetzt beim Schreiben klar wird: Die drei Wegweiserinnen meiner Kindheit und Jugend haben sich nie kennengelernt. Obwohl das durchaus möglich gewesen wäre. Lieber wollte ich wohl meine Freundinnen für mich allein haben. Wenn Frauen in ihren Freundschaften tatsächlich zu Exklusivverträgen neigen, scheine ich dafür ein gutes Beispiel abzugeben.

In wundersamer Geschwindigkeit bauen wir Freundschaften auf

Warum ist der Wunsch nach Exklusivität und Zugehörigkeit bei Frauen deutlich stärker ausgeprägt als bei Männern? Warum bedeutet uns die beste Freundin so viel, dass ein endgültiger Bruch mit ihr manchmal mehr wehtut als das Ende einer Liebesbeziehung?

Das Bedürfnis nach Bindung ist aus psychologischer Sicht ein seelisches Grundbedürfnis, das jeder Mensch empfindet.

Ohne Bindung und Berührung wären wir als Säuglinge nicht überlebensfähig. Nur drückt sich dieses Bedürfnis im Erwachsenenleben unterschiedlich aus. Männer schweißen vor allem gemeinsame Erlebnisse zusammen und das Gefühl, sich aufeinander verlassen zu können. Großer emotionaler Austausch ist nicht gefragt. Frauen suchen nach der einen besten Freundin, mit der sie alles besprechen und ihre Gefühle teilen können. Es geht ihnen darum, angenommen und verstanden zu werden. Enge Freundschaften sind die Grundpfeiler im Leben einer Frau. »Das Verbundenheitsgefühl ist der Schlüssel für alle Frauenfreundschaften«, schreibt die amerikanische Psychoanalytikerin F. Diane Barth in ihrem Buch *I know how you feel.*

Ich kann das nachempfinden. Wie oft greife ich zum Telefon, nur um kurz die Stimme meiner Freundin zu hören. Um mir meine Verbundenheit mit ihr zu bestätigen. Aber warum ist mir das so wichtig, frage ich mich. Von meinem Mann kenne ich das nicht. Männer sehen ihre Freunde mitunter jahrelang nicht und pflegen kaum Kontakt. Es bleiben trotzdem ihre Freunde. Das Gefühl, einen guten Freund zu haben, ist frei von Erwartungen. Männerfreundschaften sind anspruchsloser als Frauenfreundschaften. Und wahrscheinlich weniger kompliziert. Frauen konzentrieren sich aufeinander, sie fühlen sich in ihre Freundin so sehr ein, dass sie deren Probleme bis zur Schmerzgrenze miterleben können. Sie telefonieren nicht nur, am liebsten verabreden sie sich miteinander, um sich alles von der Seele zu reden. Im Fachjargon werden Frauenfreundschaften als »Face-to-face«-Freundschaften bezeichnet.

Gemeinsam verbrachte Zeit, Geborgenheit und eine unerschütterliche Harmonie mit der seelenverwandten Freundin: Darauf scheinen wir angewiesen zu sein. »Frauen enthüllen quasi ihr Selbst und geben ihre Schutzmechanismen nach und nach auf«, erklärt die Verhaltenstherapeutin Audrey Lobo-Drost. So entsteht ein besonderes Maß an Nähe und Intimität, das Männer in dieser Ausprägung nicht kennen. Nur so kann sich die lebenswichtige Vorstellung entwickeln, eine verlässliche Gefährtin an der Seite zu haben und nie mehr allein zu sein.

Eine beste Freundin steigert das eigene Wohlbefinden und die Lebensqualität und fördert sogar die Gesundheit. Doch an zu großen Erwartungen und zu viel Vertrautheit können wir auch besonders schmerzhaft scheitern und die Freundin verlieren. Das kann schlimmer sein als Liebeskummer. Eine ganze Welt bricht dann zusammen. Ohne die Geborgenheit bei der Freundin, ohne ihre Wärme und ihr Verständnis fühlen wir uns verlassen, emotional hilflos und einsam. Eine Freundschaft, die nicht funktioniert, kann bei Frauen deutlich stärker als bei Männern großes psychisches Leid auslösen. Kummer, vor allem, wenn er unterdrückt wird, führt zu emotionaler Anspannung, bis hin zu depressiven Verstimmungen. Freundinnen können hoch fliegen und tief fallen. Anders als Männer reagieren sie untereinander auf feinste Schwingungen. Darin liegen der Reiz einer Frauenfreundschaft und gleichzeitig ihre Gefahr.

Das Bedürfnis nach Nähe und nach Autonomie widerstreiten einander

Viele Herzensfreundschaften beginnen so furios wie eine Liebesbeziehung: »Es war Liebe auf den ersten Blick.« »Ich habe sie gesehen und mochte sie sofort unheimlich gern.« Überwältigt vom ersten Eindruck können sich Frauen ineinander verlieben, ohne dass Sexualität im Spiel wäre. »Ich liebe dich«, »Ich bin so froh, dass es dich gibt«, »Ich will dich nie verlieren«, schreiben Teenagerinnen wie erwachsene Frauen ihren Freundinnen zärtlich. Das Wort lieb wird gern noch betont, indem man die Vokale in die Länge zieht: »Ich hab dich liiiiieb!«

In wundersamer Geschwindigkeit, getrieben von Neugier und bereit, unser Innerstes nach außen zu kehren, bauen wir Freundschaften zu anderen Frauen auf. Nach kürzester Zeit sind wir unzertrennlich, zum Erstaunen unserer Umgebung. Telefonieren dreimal täglich und treffen uns am liebsten je den Tag. »Freunde fragten sogar, ob wir ein Paar sind«, erfahre ich von einer Gesprächspartnerin. Schnell entwickelt sich die schöne Vorstellung: »Du gehörst zu mir. Wir gehören zusammen.« Unsere Emotionen überschlagen sich, und mit jedem Tag vereinnahmen wir uns gegenseitig noch ein bisschen mehr. Die Erwartungen an die Freundin erhöhen sich in jedem Gespräch, mit jeder gemeinsamen Unternehmung. Besitzansprüche entstehen, ohne dass darüber gesprochen wird. Über Jahre können enge Freundinnen einander genügen. Bis es an irgendeinem Punkt zu viel wird. Bis eine von beiden sich eingeengt fühlt und nach Luft ringt. Dann wird es kritisch. Ist die exklusive Zweisamkeit einer Frauenfreundschaft bedroht, kocht schnell Eifersucht hoch. Eine besonders enge Freundschaft ist auch besonders anfällig für Störungen.

Es geht schon damit los, dass wir mit zwei auseinanderstrebenden Bedürfnissen geboren werden. Nähe auf der einen, Eigenständigkeit auf der anderen Seite. Eines kann nicht ohne das andere existieren. Dieser Konflikt existiert ein Leben lang, in jedem Menschen. In engen Frauenfreundschaften herrscht anfangs ein übergroßes Bedürfnis nach

Nähe und Verschmelzung vor, nach Identifikation mit der anderen. »Wird das natürliche Streben nach Autonomie jedoch längerfristig unterdrückt, entsteht ein Bedürfnisgefälle«, so Audrey Lobo-Drost. Dann kann das intensive Nähebedürfnis der einen Freundin eine geringere Zugewandtheit oder manchmal sogar die Abwendung der anderen auslösen. Zu viel Nähe weckt das Streben nach Autonomie. Der unersättliche Wunsch nach Zusammensein und das Sich-Abgrenzen-Müssen stehen sich quasi im Weg. Geht die Bedürfnisschere zeitgleich auseinander, kommt es zu Missstimmungen und Krisen. Besonders gefährdet sind echte Seelenfreundinnen, weil sie so viel füreinander empfinden. Männer können damit anscheinend besser umgehen. Sie einigen sich unkompliziert und meist wortlos, zu welchem Zeitpunkt sie gemeinsam etwas unternehmen möchten oder wann jeder allein sein will. In ihren Bedürfnisphasen stimmen sie sich besser ab als Frauen.

Ich erinnere mich. Als ich nach dem Studium anfing zu arbeiten, tauchte plötzlich eine Kollegin auf. In der Kantine, Tablett an Tablett, standen wir Schlange. Eva und ich wurden dickste Freundinnen. Ich fand sie wunderschön. Mit ihren dunklen Haaren, die sie zum Bob frisiert trug, den großen blauen Augen und rosa schimmernden Lippen. Sie benutzte über Jahre nur diese eine Farbe. In Windeseile machten wir unsere Herzen auf, teilten miteinander die Themen des Lebens und vor allem unsere Hoffnungen und Wünsche. Meine Hochzeit, ihre Hochzeit, meine Tochter, ihr Sohn. Eine Nähe entstand, die ich so noch nie erlebt hatte. Unsere Seelen schienen im Gleichklang zu sein.

Bis andere in unsere Zweisamkeit einbrachen. Besonders diese eine neue Freundin, mit der ich Eva häufiger besuchte, war zu viel für sie. Vielleicht auch der neue Mann an meiner

Seite. Während ich naiv von großer Harmonie zwischen uns allen träumte, stauten sich in Eva Eifersucht und Wut auf mich an. Sie grenzte sich immer mehr von mir ab. Unsere jahrelange Freundschaft endete in einem handfesten Streit. Welche Vorwürfe wir uns machten, als wir uns bei einem Spaziergang fürchterlich anschrien, kann ich nicht mehr sagen. Vermutlich waren wir nicht einmal ehrlich zueinander. Erinnern kann ich mich gut an den beißenden Schmerz und die panische Angst, Eva zu verlieren. Und daran, dass mich plötzlich der Gedanke durchfuhr: »Ich werde Eva in meinem Leben nie mehr wiedersehen.« So ist es gekommen. Der Streit liegt inzwischen zwanzig Jahre zurück, und wir haben keinen Kontakt mehr.

Bei der besten Freundin legen wir unsere Maske ab

»Du hörst mir zu, wenn ich dir stundenlang das Gleiche erzähle. Du schweigst, wenn ich dich bitte, ein Geheimnis zu bewahren. Du rufst mich zurück, wenn ich mal wieder Dummheiten machen will. Du baust mich auf, wenn ich am Boden liege. Du bist da, wenn ich dich brauche. Du bist einfach die beste Freundin der Welt. Danke!«

Der Eintrag auf Facebook berührt mich. So, genau so muss sich die ideale Freundschaft anfühlen. Verstanden und geliebt werden von der Freundin, ohne Wenn und Aber. Danach haben wir uns schon als kleines Mädchen gesehnt. Was wir von Mutter oder Vater nicht bekommen, erhoffen wir uns später von unserem Partner. Und wenn er uns dieses Bedürfnis nicht zufriedenstellend erfüllen kann? Dann ist immer noch die beste Freundin da. Sie wird es schaffen und uns den lebenswichtigen Rückhalt geben. Als Frau findet sie mit feinem Gespür heraus, was ihre Freundin braucht, und kann sich schnell in sie einfühlen. »Ich weiß, wie es dir geht«, sagt sie zärtlich und mitfühlend, wenn wir uns wieder mal bei ihr ausheulen. Wenn wir ehrlich sind, nehmen wir diesen Satz von einer Frau eher an als von einem Mann.

Könnte die emotionale Beziehung zu der besten Freundin in Wirklichkeit tiefer sein als die zum eigenen Mann? Es gibt Untersuchungen, nach denen Frauen eher auf den Partner verzichten würden als auf ihre beste Freundin. Wärme, Herzlichkeit, Zuneigung und tiefes Verständnis bekommen Frauen meist von anderen Frauen, von ihren Freundinnen. Sie sind die wichtigsten emotionalen Bezugspersonen füreinander.

Jeder ist auf andere Menschen angewiesen, um herauszufinden, wer er ist. Als Frauen sind wir es noch ein bisschen mehr. Für die Bildung unserer Identität benötigen wir enge emotionale Kontakte. Auch das könnte ein Grund sein, dass wir beste Freundinnen brauchen. Weil wir ähnlich fühlen und bei der Freundin, anders als bei einem männlichen Partner, ganz wir selbst sein können. Einer echten Freundin gegenüber müssen wir nichts zur Schau stellen, um sie zu beeindrucken. Vor ihr gibt es keinen Leistungsdruck. Vor Männern dagegen schon. »Da bin ich nicht immer die, die ich eigentlich bin. Ich schaue schon, dass ich gut bin und gefalle«, verriet mir eine ehemalige Kollegin. Um Männer zu beeindrucken, spielen wir gern etwas vor. Geben uns gelassener, selbstbewusster, interessanter, als wir uns in Wirklichkeit fühlen.

Die italienische Autorin Elena Ferrante hat vier dicke Bände über eine komplizierte Frauenfreundschaft geschrieben. Jeder einzelne wurde ein Bestseller. »Wahrscheinlich gibt es eine uralte Angewohnheit, sich der Autorität eines Mannes zu beugen. Oder Verhaltensweisen anzunehmen, die vortäuschen, dass wir diese Autorität akzeptieren, obwohl wir in Wahrheit unsere eigenen Ziele verfolgen«, mutmaßt sie in einem Interview. Ich konnte das beobachten, im Job wie im Privatleben. An mir selbst, an Freundinnen oder weiblichen Kolleginnen.

Gegenüber Männern strengen wir uns mehr an. Setzen Masken auf, die natürlich erstmal verhindern sollen, dass wir unser Inneres komplett nach außen tragen. Das kann hilfreich sein und auch angemessen. Denn man kann durchaus authentisch durchs Leben gehen, ohne jedem gleich tiefe Einblicke in sein Innerstes zu ermöglichen. Wir alle tragen unterschiedliche Masken gegenüber unterschiedlichen Menschen in unterschiedlichen Situationen. Bei der besten Freundin legen wir diese Masken ab. Da dürfen wir ganz einfach wir selbst sein. Lachen, weinen, plaudern, Unsinn reden, peinlich sein. Ungeschminkt und ehrlich. Ohne Gefahr zu laufen, orientierungslos durchs Leben zu treiben. Bei der Herzensfreundin finden wir jederzeit die notwendige Bodenhaftung. Unseren Halt, unsere Sicherheit. Weil wir bei ihr einfach mal loslassen können und sie uns in den Arm nimmt, ohne Wenn und Aber.

Worin noch besteht die Magie einer Freundin, will ich wissen und bitte eine treue Gefährtin meines Lebens um Antwort. Sie schreibt mir: »Die Freundin kann ausgleichen, was ich glaube, woanders nicht zu bekommen. Sie betrachtet mich grundsätzlich wohlwollend und bestätigt mich. Ihr kann ich bedingungslos vertrauen, von ihr bekomme ich Hilfe, sie fühlt mit, wenn es mir schlecht geht und feiert mit mir, wenn ich glücklich bin. Sie hält mir im richtigen Moment den Spiegel vor und bringt mich darauf, die Dinge auch mal aus einer anderen Perspektive zu sehen. Für meine Schwächen und Widersprüchlichkeiten zeigt sie Verständnis. Schließlich gehören sie zu mir und machen meinen Charakter aus. Und auch sie, meine beste Freundin, hat ja ihre Macken. Wir wissen beide um uns, weil wir über uns reden. Unser Innenleben analysieren, unsere Gefühle teilen. Wir verstehen uns ohne Worte. Reden auch über Beziehungsprobleme. Habe ich Ärger mit meinem Partner, spreche ich als Erstes mit ihr. Vor der besten Freundin ist mir nichts peinlich, sie ist ein Teil von mir. Unentbehrlich und unersetzlich. Deshalb gehört sie zu mir. Deshalb ist sie mein Anker. Würde ich sie verlieren, wäre ich verloren.«

Wir verbuchen die Erfahrungen der Freundin auf unserem eigenen Erlebniskonto

»Dadurch, dass es beste Freundinnen gibt, ist weniger Angst im Leben«, schreibt die Schweizer Professorin und Psychotherapeutin Verena Kast in ihrem Buch *Die beste Freundin*. Freundinnen können aneinander wachsen, weil die Beziehung zur besten Freundin verknüpft ist mit der Entdeckung der eigenen Persönlichkeit. Bei diesem Abenteuer geht die Freundin Schritt für Schritt mit. Mit ihrer Hilfe lernen wir uns selbst besser kennen. Verena Kast: »Die beste Freundin scheint die zu sein, die einem im Moment besonders guttut und die Lebensbedürfnisse oder die Entwicklungsbedürfnisse, die man hat, am besten abdeckt.«

Die Freundin kann auch wertvolle Impulse geben. Manche Frauen interessieren sich gerade deshalb füreinander, weil sie offensichtlich nicht zusammenpassen. Weil die andere Frau so ganz anders zu sein scheint als man selbst.

Gegensätze ziehen sich an, auch in Frauenfreundschaften. Die Faszination kann rein äußerlich sein oder sich auf eine bestimmte Charaktereigenschaft beziehen, die wir bewundern. Audrey Lobo-Drost: »Es mag anziehend sein, zum Beispiel als eher zurückhaltende Frau eine starke, unangepasste und irgendwie verrückte Freundin zu erleben und auch zum Teil zu verinnerlichen.« Man könne deren Verhalten dann auf dem eigenen »Erlebniskonto« verbuchen, so die Expertin, ohne Konsequenzen befürchten zu müssen. Heißt, an der Freundin können wir attraktive Verhaltensweisen ausloten, ohne selbst eine Veränderung zu riskieren. Die Erfahrungen der Freundin werden wie eigene erlebt. Die beste Freundin scheint manchmal unsere persönliche Lebenstesterin zu sein.

Ich kenne die Anziehungskraft des Andersseins aus eigener Erfahrung. Mit gerade zwanzig Jahren, von rötlichen Locken und Sommersprossen genervt, befreundete ich mich mit einer südländischen, mondänen und in meinen Augen wunderschönen Frau. Ihre olivgetönte Haut war so unerreichbar wie die glänzende Pracht ihrer schwarzen langen Haare. Die offensive Weiblichkeit, die Esther ausstrahlte und die sie mit Schminke, Schmuck und engen Kleidern unterstrich, hatte mit meinem eigenen Erscheinungsbild wenig zu tun. Ich fühlte mich von Esther angezogen, obwohl ich mich in ihrer Gegenwart oft als Mauerblümchen empfand. Unscheinbar, verunsichert und unzufrieden. Da halfen kein lachsroter Knautschlackmantel und keine bestickte Felljacke. Brav oder gar bieder aussehen wollte ich auf keinen Fall. Mir fehlten nur die Idee, die Alternative, der Mut. Alles das fand und bewunderte ich in Esther. Sie machte mir vor, was es bedeutet, eine Frau zu sein. So glaubte ich damals jedenfalls. Unsere Freundschaft begleitete mich in der Übergangsphase vom Teenager zur Frau und bestärkte mich in dem Wunsch, meine Weiblichkeit auszuspielen und eine möglichst attraktive Erscheinung aus mir zu machen. Irgendwann hatte sich dieses Bedürfnis erfüllt. Als wir beide Männer gefunden hatten und Mütter wurden, begann ein neues Kapitel. Es brachte andere Themen und neue Freundschaften mit sich.

Eine tolle Freundin wertet uns auf

So gern ich mich mit den positiven, heilsamen Aspekten von Frauenfreundschaften beschäftigen würde, die ich erlebt habe und erlebe und die mir so unendlich viel bedeuten, geht es in diesem Buch doch um die Brüche. Um Frakturen, die wehtun, manchmal heilen und manchmal nicht. Die Abschied bedeuten und im besten Fall Aufbruch. Immer hinterlassen sie Spuren im Leben einer Frau, einer Freundin. Es geht um den Zündstoff, der zwischen Frauen lodert und seelisches Leid und Gefühle von Einsamkeit auslösen kann, wenn er explodiert. Der zerstören kann, was über Jahre zusammengewachsen ist. Auch den Glauben, für immer zusammenzugehören.

Du gehörst zu mir. Wir sprechen diesen Satz gegenüber der Freundin vielleicht nicht aus, aber wir denken ihn. Wir empfinden die Wahrheit, die in ihm steckt. Diesen typisch weiblichen Wunsch, eine Einheit zu bilden mit der allerbesten Freundin. Sich gegenseitig durchs Leben zu tragen. Um diesen Wunsch besser zu verstehen, möchte ich erfahren, aus welchen Quellen er sich noch speist. Was haben wir von dieser Freundin? Gibt es so etwas wie einen Nutzen, jenseits von geteiltem Leid und doppelter Freude?

»Es geht bei Freundschaften immer auch um die Erhöhung des eigenen Persönlichkeitswertes«, erklärt mir Audrey Lobo-Drost. Wer eine tolle Freundin vorweisen kann, signalisiert den anderen: Seht her, ich bin die Auserwählte. Ich denke nach. Wie oft war ich in meinem Leben schon stolz, großartige Freundinnen zu haben. Woher kommt dieses Gefühl? Ist ein Körnchen Wahrheit an der Vermutung, dass meine Freundinnen mich aufwerten? Ihre besondere Ausstrahlung auf mich übergeht? Wähle ich meine Busenfreundinnen also nicht nur aus, weil sie wunderbare Menschen sind, sondern auch, weil sie mir das Gefühl geben, selbst wunderbar zu sein? Die Freundin kann mein Image steigern und den Status, den ich bei anderen habe, verbessern. Freundschaften entstehen aus dem Bedürfnis nach Zusammengehörigkeit und Selbstbestätigung. Wer eine allerbeste Freundin hat, kann kein Langweiler sein, sondern muss selbst etwas zu bieten haben.

Die Erhöhung des eigenen Wertes ist der egoistische Anteil in einer Freundschaft

Eine Freundin verschafft uns beides, mehr Selbstachtung und mehr Anerkennung von außen. Auch deshalb könnte sie der Anker in unserem Leben sein. Denn wie positiv wir uns selbst einschätzen, hängt stark von der Bewertung durch andere ab. Ob wir gemocht oder abgelehnt werden. Ob wir in Ordnung sind, so wie wir sind. In der Freundin wird uns gespiegelt, ob wir es wert sind, dass man sich mit uns befreundet. Wir sind ständig auf der Suche nach Bestätigung, wenn auch unbewusst. Die Erhöhung des eigenen Wertes ist der egoistische Anteil in einer Freundschaft. Wer uns in dem, was wir sein wollen, akzeptiert und bestätigt, wird unsere beste Freundin. Indem sie uns versteht und liebt, schenkt sie uns das höchste der Gefühle: angenommen zu werden. Ein zentraler Faktor in Frauengesprächen ist die gegenseitige Bestätigung. Wir hören uns zu, lösen gemeinsam Probleme und bauen uns auf. Oft sieht die Welt nach dem Treffen mit der Freundin schon nicht mehr ganz so schlimm aus.

Wie das Streben nach Bindung und nach Autonomie zählt auch das Bedürfnis nach Anerkennung in der Psychologie zu den Grundbedürfnissen eines Menschen. Im Normalfall tut es uns gut und treibt uns positiv zu Leistungen an. Kritisch wird es, wenn das Streben nach Selbstwerterhöhung ausufert. Dann kann sich ungesunder Narzissmus entwickeln mit der Vorstellung: »Ich bin die Größte. Folglich müssen alle anderen kleiner sein als ich.« Experten nennen das eine »dysfunktionale Grundannahme«. Dabei handelt es sich um unbewusste Gedanken und Verhaltensmuster, die sich früh einprägen und immer wieder zu Problemen führen. Typisch für Frauen ist die Grundannahme: »Ich bin nur etwas wert, wenn ich helfe und brav bin.«

Wie sich solche falschen Grundannahmen herausbilden, erzählt eine Frau mit bewegenden Worten: »Ich bin die älteste von vier Schwestern. Meine Eltern trennten sich, als ich vier Jahre alt war. Die Schwestern stammen aus der zweiten Ehe meiner Mutter. Meinem Stiefvater konnte ich es nie recht machen. So liebevoll er mit seinen leiblichen Kindern umging, so kritisch und ungnädig war er zu mir. Ich bemühte mich um Liebe und Anerkennung, indem ich stets versuchte, ihm seine Wünsche von den Lippen abzulesen. Würdigung und Wertschätzung bekam ich aber nie. Ich spürte nur Ablehnung und das Gefühl, keine wirkliche Daseinsberechtigung zu haben.

Ich liebte meine Geschwister, beneidete sie aber auch um ihre Beziehung zu meinem Stiefvater. Ich tat alles für sie und glaube, sie nutzten meine Gutmütigkeit auch oft aus. Es war für alle selbstverständlich, dass ich als große Schwester die Verantwortung trug für die Kleineren, auch für ihr Fehlverhalten. Ich hätte halt besser aufpassen müssen, wurde mir dann vorgeworfen. Umso mehr versuchte ich, wenigstens das Lieblingskind meiner Mutter zu werden. Ich überraschte sie, indem ich die Wohnung aufräumte. Irgendwann wurde das ganz normal, da ich mich angeblich so gern nützlich machte. Ich war auch der Babysitter meiner Geschwister, meine Eltern mussten nie jemanden holen, wenn sie ausgehen wollten. Sogar am Geburtstag meiner Freundin musste ich zu Hause aufpassen, weil meine Eltern Theaterkarten hatten.

Wie ungerecht ich das fand, traute ich mich nicht zu sagen. Hoffte stattdessen, meine Mutter würde meine Traurigkeit und meine Bedürfnisse bemerken. Ihr geflügeltes Wort war jedoch: ›Dafür haben wir doch dich, meine Große.‹ Dann fühlte ich mich sogar bedeutsam. Zwei Schwestern waren ziemlich bockig und frech meinen Eltern gegenüber, deshalb bemühte ich mich, besonders artig und freundlich zu sein. Die erhoffte Gunst meines Stiefvaters erhielt ich dadurch nicht. Der ständige Versuch nach Harmonie in der Familie rückte mich immer weiter von dem ab, was ich selbst wollte. Wenn andere zufrieden waren und ich dafür gesorgt hatte, musste ich mich nicht schlecht fühlen. War hingegen aus irgendeinem Grund jemand aus der Familie unglücklich, fühlte ich mich gleich verantwortlich und schuldig.

Den Wunsch, dem anderen alles abzunehmen, um selbst das Gefühl zu haben, bedeutsam und etwas wert zu sein, erkannte ich erst in meiner Therapie. Frauenfreundschaften waren bei mir stets sehr eng, und ich spielte die Rolle, die ich gelernt hatte. Es gab Freundinnen, die mir viel Wertschätzung und Vertrauen entgegenbrachten, aber ich konnte das nicht annehmen. Wonach ich mich mein Leben lang sehnte, war mir nicht zugänglich. Je mehr meine Freundin sich um mich bemühte, umso mehr vermutete ich, es sei bestimmt nur eine Laune von ihr, und ließ die Nähe nicht zu. Ich konnte keine Freundschaft auf Augenhöhe führen.

Inzwischen habe ich eine wertvolle Frauenfreundschaft geknüpft, in der ich mich innerlich frei fühle, in der ich nehmen darf und auch mal eigenwillig bin. In der Wertschätzung und Liebe nicht an Bedingungen geknüpft sind. Bei dieser Freundin ist der unbewusste Satz ›Ich bin nur etwas wert, wenn ich helfe und artig bin‹, ungültig. Ich arbeite daran, das auch in anderen zwischenmenschlichen Beziehungen zu glauben.«

Es geht bei unseren Frauenfreundschaften nicht nur um Herzenswärme, Anteilnahme und Geborgenheit. Es geht auch um Anerkennung, die wir eher durch die Freundin bekommen als durch andere. Würdigung und Resonanz sind elementare Bedürfnisse, die Mädchen und Frauen aller Emanzipation und Frauenpower zum Trotz immer noch brav zurückstellen. Viele Frauen lernen heute noch in erster Linie Unterordnung. Die Erziehung dient der Bescheidenheit, nicht dem Selbstbewusstsein. Sobald Frauen sich für ihre Erfolge feiern, löst das schnell Kritik und abwertende Bemerkungen aus. Also lassen wir es lieber. Audrey Lobo-Drost: »Kleine Kinder, egal ob Jungen oder Mädchen, beklatschen sich selbst, wenn sie etwas gut gemacht haben.« Bleibt ein Turm aus Klötzen stehen, schenkt sich das Baby Beifall, und die Erwachsenen klatschen mit. Mit den Jahren, so die Expertin, verschwindet die Freude am Eigenlob, und Selbstzweifel treten auf, bei Jungen wie bei Mädchen. Jungen beweisen sich dann meist in der Gruppe, Mädchen suchen Bestätigung durch ihre Freundin. Bei ihr bekommen sie, was sie brauchen. »Wir sind trainiert auf Selbstzweifel und die Notwendigkeit zu gefallen«, schreibt F. Diane Barth. Obwohl wir, was schulische Leistungen, Universitätsabschlüsse und berufliche Karriere angeht, längst auf der Überholspur sind. Und obwohl wir, oberflächlich betrachtet, durchaus selbstbewusst auftreten und anderen imponieren können. Warum tun wir uns trotzdem schwer, Komplimente zu akzeptieren? Warum neigen wir stärker als Männer zu Selbstkritik und Herabsetzung, statt stolz auf uns zu sein? »Weil wir in dem Gefühl leben, nichts zu haben, worum wir zu beneiden wären«, so die Psychoanalytikerin F. Diane Barth. Auch wenn ihre Meinung provoziert: Die psychologische Forschung bestätigt das Klischee, dass Frauen sich weniger positiv einschätzen als Männer. Sie nehmen ihre Selbstzweifel deutlicher wahr und sprechen oft darüber. So reden sie sich zusätzlich klein. Viele Frauen fühlen sich im Kern unsicher. Freundschaften kompensieren diesen Mangel.

Doch in dem weiblichen Drang, sich ständig zu hinterfragen, steckt auch eine Chance. Anders als jemand, der vor Selbstbewusstsein strotzt, bilden unsichere Menschen feine Sensoren aus. So können sie ihre Situation besser einschätzen und Risiken klarer erkennen. Ein kleiner Riss im Selbstvertrauen macht empfänglich für den Rat von anderen und kreativ. Im besten Fall erwächst aus dem Mangel eine tiefe, unterstützende Frauenfreundschaft.

Die Freundin schenkt uns Urvertrauen

Der Selbstwert, behaupten viele Forscher, sei etwa zu einem Drittel angeboren. Daneben spiele die elterliche Erziehung eine große Rolle. Immer noch werden Mädchen stärker zu Empathie und Anpassungsbereitschaft erzogen und unterschwellig dafür verantwortlich gemacht, dass es den Eltern gut geht. Frauen gelten als die besseren Pfleger. Die Bereitschaft, etwas für andere zu tun, scheint traditionell bei der Tochter größer zu sein als beim Sohn. Frauen wird ein besserer Instinkt für die Bedürfnisse anderer nachgesagt. So werden wir in der Sozialisierung auf diese Rolle festgelegt und oft darauf begrenzt. Unbewusst senden wir der Freundin gegenüber ein Versprechen aus: Ich gebe dir den besten Rat, die beste Pflege, die du dir vorstellen kannst. Ich sorge für dich und bin für dich da. Dafür stehst du mir und meinen Belangen zur Verfügung. Ich gebe dir, also nimm.

Unsere Identität, unser Wohlfühlen hängt stark von der Bindung zur Freundin ab. Sie schenkt uns eine Art Urvertrauen, ohne das wir nicht glauben leben zu können. Die Beziehung erscheint deshalb so zerbrechlich, weil wir so sehr auf sie angewiesen sind und große Angst haben, verlassen zu werden.

Umgekehrt fällt es uns schwer, eine Freundschaft zu beenden, die sich schon längst nicht mehr gut anfühlt. Wenn wir ehrlich sind, können wir mit unserem Partner besser in den Konflikt gehen als mit der Freundin. Mit ihr scheuen wir die Auseinandersetzung. Das kam auch in meinen Gesprächen für dieses Buch zum Ausdruck. Lieber idealisieren wir sie, als ehrliche Worte zu finden und Unstimmigkeiten oder Enttäuschungen anzusprechen. Verlustängste machen uns stumm. Ohne die Freundin fürchten wir eine entsetzliche Leere in unserem Leben. Fühlen uns schuldig, machen uns Vorwürfe. Es kann so weit gehen, dass wir uns für den Verlust der Freundin schämen: Mit mir stimmt etwas nicht. Wer sich schämt, fühlt sich ausgestoßen. Wieder einmal sind wir es nicht wert, geliebt zu werden. Ich kenne diese Verlustängste. Ich kenne das Verstummen. Ich kenne den Rückzug und das Schweigen. Ich kenne Angst vor Auseinandersetzung und faule Kompromisse. Ich kenne den Schmerz und das bittere Gefühl der Leere. Ich kenne aber auch die innere Klarheit, eine Freundin nie, wirklich nie mehr wiedersehen zu wollen. Ohne Vermissen. Vor allem aber kenne ich das wunderbare Gefühl, Freundin sein zu dürfen. Von wunderbaren Frauen, die mich unerschütterlich begleiten, auch auf kurvigen oder steilen Lebensstrecken. Dieses Gefühl ist so intensiv und vielschichtig, dass es schwer zu beschreiben ist. Vielleicht ist es genauso komplex wie eine Frauenfreundschaft. Es gibt mir Geborgenheit und positive Energie, es fängt mich auf, hält mich fest und bringt mich weiter. Es befeuert meine Neugier auf das Leben. Weil Freundschaft in jeder Phase möglich ist. Immer wieder begegne ich Frauen, bei denen ich ankern darf, wenn ich schwimme. Die mir die ruhige Gewissheit schenken, dass ich bei ihnen einen Liegeplatz habe. Jede Erfahrung, auch die schmerzhafte, war im Nachhinein eine gute. Jeder Freundin, egal wie lange sie in meinem Leben war oder ist, bin ich von Herzen dankbar.

Nach dem Coaching war meine Freundin wie ein fremder Mensch

Margaux und Elena

Seit sieben Jahren lebe ich auf Mallorca. Mein Mann arbeitet dort für eine große Firma. Als wir ankamen, kannte ich niemanden. Das Gefühl, in der Fremde allein zu sein, war mir vertraut, wir sind ja oft umgezogen. Yoga ist eine gute Möglichkeit, um neue Menschen kennenzulernen. Gleich in der ersten Stunde traf ich Elena. Sie ist Physiotherapeutin, und ich erzählte ihr von meinen Rückenbeschwerden. Elena war einfühlsam, sie stellte mir viele Fragen. Wir hatten spontan einen guten Draht zueinander, waren auch im selben Alter, beide Mitte dreißig.

Elena war ein Jahr vor mir auf die Insel gekommen, ihrem spanischen Freund zuliebe. Doch nach wenigen Wochen schon hatte sie sich getrennt. »Lieber allein als unglücklich«, erklärte sie mir. Sie ging putzen, um sich finanziell über Wasser zu halten. Ich bewunderte ihre Überlebenskraft. Elena ist Polin, blond, burschikos und rundlich. Ich bin Südfranzösin, dunkel, ein zarter, eher mädchenhafter Typ. Wir wirkten so unterschiedlich und waren uns doch so nah. Teilten die Liebe zur Natur, fuhren miteinander ans Meer und erzählten uns unser

Du gehörst zu mir

Leben, unsere Kindheit, Geschichten aus zwei Heimatländern. Elena hatte eine schwierige Jugend, die Mutter war Alkoholikerin. Sie wurde streng erzogen und musste ständig Sport machen. Ein Kind des kommunistischen Systems eben. Ich war in der Sonne und mit viel Herzenswärme aufgewachsen und konnte mir ein Leben ohne Freiheit gar nicht vorstellen. Bücher, Kino, Musik – für meine Hobbys hatte Elena keinen Sinn. Uns beide verband etwas viel Größeres, wie mir schien. Es war das Interesse an der Seele, am Kern des Menschen. Was den wohl ausmacht, mit dieser Frage waren wir beschäftigt. Wir analysierten unsere Gefühle und die der anderen, waren ständig im Austausch. Trafen uns jeden Tag und telefonierten so oft wie möglich. Fünf Jahre waren wir unzertrennlich. Wir konnten unser Glück kaum fassen, in der Fremde eine so innige Freundin gefunden zu haben.

Ein Tauchlehrgang in Ägypten, mein Geschenk zu Elenas vierzigstem Geburtstag, leitete die Krise ein. Vom Tauchen hatte sie immer geträumt. Ich weiß noch, wie sie meinem Mann und mir um den Hals fiel und vor Dankbarkeit weinte. Doch als Elena nach drei Wochen von dem Kurs zurückkehrte, schien sie wie ausgewechselt. Alle ihre Selbstzweifel, die Unzufriedenheit mit ihrem Äußeren, aber auch die Feinheit ihrer Gedanken waren verschwunden. Plötzlich verhielt sie sich wie die schönste, tollste, vollkommenste Frau der Welt. Sie trug ein umwerfendes Selbstbewusstsein zur Schau, als ob ihr alles im Leben zustünde und niemand sie stoppen könne.»Ich bin die Größte, für mich gibt es keine Grenzen«, so trat sie überall auf. Ihr Verhalten wirkte komplett unecht. Ich war ehrlich gesagt schockiert.

Die Tauchlehrerin war zugleich Persönlichkeitscoach, erfuhr ich. Sie hatte intensiv mit Elena gearbeitet. Wie kann man einen Menschen in so kurzer Zeit umkrempeln? Elena hatte nach ihrer Rückkehr nur ein einziges Ziel: so viel Geld wie möglich zu verdienen. Sie wollte mit mir ein Gesundheitscenter gründen. Doch mein Bauchgefühl riet ab. Ich spürte, sie will ihren Kunden vor allem Geld abknöpfen. Und dabei konnte ich nicht mitmachen. Materielles war mir nie sehr wichtig. Also haben wir ihren Plan nicht umgesetzt, und es entstand zum ersten Mal eine Kluft zwischen uns. Eine Verschiebung der Werte.

Wochen später wurde unsere Freundschaft erneut auf die Probe gestellt. Elena und ich hatten besprochen, einer Freundin zur Hochzeit gemeinsam etwas zu schenken. Ich hatte ein antikes Tintenfass mit Feder besorgt. Als ich Elena bat, mir die Hälfte des Betrags zu geben, fragte sie unvermittelt: »Bist du nicht mehr mit deinem Mann zusammen?« Ich wusste gar nicht, was sie meinte. »Wenn er mitkommt zu dem Fest, zahle ich nur ein Drittel«, sagte sie und legte ohne zu zögern das Drittel auf den Tisch. Wieder mal dachte sie nur ans Geld. Ich sah ihr in die Augen und sagte: »Stopp! Wenn du so weitermachst, verzichte ich auf deinen Anteil und gebe dir meine Freundschaft zurück!« Das schien sie nicht zu beeindrucken. Bei dem Fest hatte ich Magenschmerzen. Elena dagegen wirkte vergnügt und wollte sogar mit mir tanzen, aber ich winkte ab und hielt sie auf Abstand.

Lass uns einen Kaffee trinken, schrieb Elena mir am nächsten Tag. Wir trafen uns, und sie meinte, sie sei gestern eifersüchtig gewesen. Ich war so perplex, dass ich sie nicht mal nach dem Grund fragte. Eifersüchtig? Auf mich? Was habe ich getan?, ging mir danach durch den Kopf. Wahrscheinlich hätte sie ihr Gefühl gar nicht begründen können. Von diesem Moment an ahnte ich, unsere Freundschaft würde sich verändern. Nach außen blieben wir Freundinnen. Aber ich versuchte, sie nur mit anderen Leuten zu treffen, nicht mehr allein.

Du gehörst zu mir

Im Winter fuhren wir wie jedes Jahr mit meinem Mann und Freunden nach Frankreich zum Skifahren. Diesmal fühlte es sich anders an. Die Leichtigkeit zwischen Elena und mir fehlte. Dauernd musste sie beweisen, dass sie die Beste auf der Piste war. Sie jagte als Erste den Berg hinunter und wollte bewundert werden. Es war mir richtig unangenehm. Vielleicht glaubt sie nicht so an sich, wie sie vorgibt, kam mir in den Sinn. Nach einem Schneesturm konnten wir tagelang nicht vor die Tür. Wir kochten zusammen, spielten Karten, hatten Spaß. Herrlich entspannend.

Nur für Elena nicht. Sie kam mit der Situation nicht zurecht und wirkte frustriert. Ich nehme an, weil sie ihre Leistung nicht zeigen konnte. Meist schwieg sie, und wenn sie sprach, dann ausschließlich über sich und ihre Begabungen und um uns über verschiedene Coaching-Methoden aufzuklären. So hatte ich sie noch nie erlebt. Elena langweilte mich. Nein, sie machte mich traurig. Jahrelang waren unsere Gespräche so anders, so innig und wesentlich gewesen. Wo war die Nähe, die wir mal hatten? Das Vertrauen? Wohin war das tiefe Gefühl entschwunden, das wir vom ersten Tag an miteinander teilten?

Die Freundschaft mit Elena war mir heilig gewesen. Ich hatte diese blinde Vertrautheit bisher nur mit meinem Mann erlebt, er ist mein bester Freund. Und mit meiner großen Schwester, die für mich von Kindheit an meine beste Freundin war. Mein Leben mit vielen Umzügen machte es schwer, Freundschaften zu schließen. Ich redete mir all die Jahre ein, Freundinnen seien nicht so wichtig. Mit Elena war das anders. Zum ersten Mal fühlte ich, wie schön es ist, eine richtige Freundin zu haben. Jeden Tag mit ihr sprechen zu können, sie zu umarmen und anzufassen. Meine Schwester lebt ja weit weg. Elena war immer da.

Meine Schwester mochte Elena nicht. Vielleicht sind sich die beiden zu ähnlich. Ich bin eher zurückhaltend, meine Schwester steht wie Elena mit beiden Beinen im Leben. Sie hat ihr eigenes Business aufgebaut, sich scheiden lassen und einen neuen tollen Mann gefunden. Elena ging schon beim ersten Kennenlernen mit ihr in Konkurrenz. Sie versuchte ganz offensichtlich, sich an den Lebensgefährten meiner Schwester heranzumachen. Wenn die beiden zu Besuch kamen, hatte sie nur Augen für ihn und verwickelte ihn jedes Mal in endlose Diskussionen, von Politik bis Spiritualität. Er ließ sich darauf ein, und ich sah, wie meine Schwester fast explodierte.

Trotzdem, ich glaube nicht, dass Elena einen schlechten Charakter hat. Sie leidet vielmehr an einem Mangel, denke ich. Sie hat zu wenig Liebe und Aufmerksamkeit bekommen. Das versucht sie auszugleichen, mit allen Mitteln. Sie ist ja sehr ehrgeizig und erreicht auch meistens, was sie will.

Elena ist jetzt zweiundvierzig Jahre alt und hat nie Liebe gefunden. Ich habe mich immer geliebt gefühlt und kann mir mein Leben ohne Liebe gar nicht vorstellen. Vielleicht hat sie durch unsere Freundschaft überhaupt erst erkannt, wie wichtig das ist. Vielleicht war ich für sie eine Herausforderung. Und sie muss sich deshalb vor mir schützen.

Wir haben oft darüber gesprochen, dass sie niemanden findet, den sie lieben kann. Ich habe ihr etwas Einfaches, aber Wahres gesagt: »Wenn du dein Herz nicht öffnest, wirst du ihn nicht finden. Mit offenem Herzen findest du eine Seele, die zu dir passt. Aber nicht, wenn du ein Interesse, ein Ziel vor Augen hast.« Sie hatte nach ihrer Ägyptenreise kurz einen netten Freund, aber er war ihr nicht reich genug. Also hat sie ihn verlassen. Elena öffnet ihr Herz für Menschen, von denen sie etwas möchte. Das habe ich inzwischen verstanden. Deshalb bin ich die falsche Freundin für sie. Ich bin nicht die, die sie reich macht. Doch Elena ist schlau, sie wird jemanden finden. Und ich wünsche ihr wirklich das Beste. Nur habe ich nichts mehr mit ihr zu teilen. Sie ist nicht mehr die Freundin, der ich vor sieben Jahren begegnete. Ich dachte, Elena und ich sind im Innersten miteinander verwoben. So fühlte sich das an. Wir hatten die gleiche Wellenlänge, waren beide in derselben Energie. Inzwischen hat sie andere Werte als ich. Das Materielle steht für sie eindeutig im Vordergrund. Vielleicht ist es doch die andere Kultur, die den Unterschied zwischen uns ausmacht.

Auf jeden Fall brachten die Coaching-Workshops, die sie nach ihrer Tauchreise immer wieder buchte, uns noch weiter auseinander. Elena ist leicht zu manipulieren, vor allem von Menschen, die sie bewundert. Von einem Coach zum Beispiel. Elena möchte berühmt werden. Sie braucht die Bühne. Das erklärt auch ihr Interesse an reichen Menschen, die ihre Kunden werden könnten. In diese Kreise möchte sie hinein. Ich habe mit denen nichts zu tun. Elenas Ziel ist nicht meines. Keine Frage, sie macht das mit Erfolg und hat inzwischen mehr Geld als ich. Mein Mann und ich waren nie so hinter dem Materiellen her. Vielleicht denkt sie auch, bei uns stimmt etwas nicht. Elena möchte mehr sein als das Leben, das sie hat. Aber ich bin zufriedener als sie. Ich liebe meinen Mann, meine Familie, habe ein schönes kleines Haus. Nichts Besonderes. Ich lebe ein ehrliches, normales Leben. Das ist ihr zu wenig.

Weh tut mir der Gedanke, dass Elena so viel gutes, mitfühlendes Potenzial in sich trägt. Ich habe erlebt, wie sie arbeitet, wenn sie sich auf einen Menschen einlässt. Bei ihren Massagen oder in Yogastunden kann sie alles geben, wirklich alles. Das hat mich fasziniert und berührt. Sie hat meinen Rücken behandelt, ich ihre Füße. Ich bin ihr auch sehr dankbar, denn sie hat mich motiviert, Reflexzonentherapie zu lernen und daraus meinen Beruf zu machen. Ich verdanke ihr ganz großes Glück. Wir haben intensive, emotionale Momente miteinander geteilt, unsere beiden Mütter sind während unserer Freundschaft gestorben. Wir haben zusammen geweint und endlos gesprochen und gaben uns gegenseitig Halt. In diesen Augenblicken fühlte sich unsere Freundschaft an, als sei sie für die Ewigkeit gemacht. Kein Tag mehr ohne die andere. Aus diesem Paradies sind wir beide gefallen.

Als wir uns begegneten, hat sich keine um die Freundschaft der anderen bemühen müssen. Wir haben uns getroffen und verbunden. Das ist einfach so passiert. Jede von uns hat etwas gebraucht, was die andere hatte. Manchmal denke ich, Elena hat nie eine Jugend gehabt und keinen Raum für Emotionen. Sie hält viel in sich zurück. Vielleicht suchte sie bei mir Schutz für ihre unbekannte Gefühlswelt, und ich brauchte jemanden, mit dem ich fern der Heimat meine Gedanken teilen konnte. Bei dem meine Geheimnisse gut aufgehoben sind. Elena würde mich nie verraten. Bis heute nicht. Sie würde auch nie schlecht über mich sprechen, und ich nicht über sie. Aber sie würde auch nichts Gutes über mich sagen, glaube ich. Ich respektiere sie immer noch. Aber ich gebe zu, neulich sollte ich eine Physiotherapeutin empfehlen und habe Elenas Namen nicht genannt. Ich bin sicher, sie macht es mit mir genauso.

Ich kann mir Freundschaft nur vorstellen, wenn sie sich frei anfühlt, keinen Druck macht. Wo keine versucht, der anderen etwas vorzuspielen. Jede sein kann, wie sie ist. Und wenn ich ehrlich bin, war das bei Elena und mir nicht immer so. Es gab Momente, da konnte ich spüren, wie ich in eine Rolle schlüpfte. Die der aufmerksamen Zuhörerin, die ich aber gar nicht war. Ich tat nur so. Vielleicht auch aus Dankbarkeit, weil Elena mir beruflich so geholfen hat. Wahrscheinlich haben wir uns beide geholfen. Ich war für sie eine Quelle von Inspiration. Meine Offenheit für Gefühle, mein freies Denken zogen sie an. Ich war eine Stufe, ein Zwischenschritt auf ihrem Weg in ein neues Leben. Ja, so mag es gewesen sein.

Vor wenigen Tagen klingelte sie unerwartet an meiner Tür, an einem Samstagmorgen. Wir hatten uns einige Monate nicht gesehen. Sie wollte mir meinen Katzenkorb zurückgeben. Ich war überraschend ruhig. Habe sie gefragt, ob sie kurz auf einen Kaffee hereinkommen möchte. Ich müsste aber bald aus dem Haus. Das war gelogen. Ob Elena das gespürt hat? Auf jeden Fall lehnte sie ab und meinte, sie würde mehr Zeit vorziehen. Ich denke schon, sie will mit mir sprechen. Diese Chance gebe ich ihr nicht. Für mich ist die Geschichte zu Ende. In meiner Freundschaft mit Elena war Liebe. Die ist vorbei. Alte Gefühle kann man nicht wieder aufwärmen.

Der Punkt ist, ich vermisse Elena nicht. Das ist interessant. Denn ich bin ein sehr emotionaler Mensch. Ob mein Mann oder meine Schwester mein Bedürfnis nach Freundschaft abdecken? Hatte Elena keine Chance? Vielleicht liegt auch viel an mir, und ich muss Freundschaft erst noch üben. Es stimmt ja, ich habe die Aussprache mit ihr nicht gesucht. Bin ich deshalb feige? Ich glaube nicht. Unsere Freundschaft ist in meinen Augen wie ein Blumenstrauß, aus dem man nacheinander die verwelkten Blüten zupft. Zunächst sieht der Strauß noch schön aus, irgendwann bleiben nur Stängel übrig. Bis man die dann auch wegwirft.

Sandra war mein Herzenszwilling

Karin und Sandra

Sandra und du, wie lange kennt ihr euch schon?
Ein Leben lang, also mittlerweile neununddreißig Jahre. Sandra und ich waren ein Jahr alt, als wir zusammen in die Betriebskinderkrippe kamen. Unsere Eltern arbeiteten damals in der gleichen Firma. Wir wurden auch am selben Tag in derselben Schule eingeschult. In unserem Dorf in Thüringen, damals noch DDR.

Welche Erinnerung aus eurer Kinderzeit hat sich am tiefsten eingeprägt?
Der Tod von Sandras Vater. Da waren wir, glaube ich, in der zweiten Klasse. Meine Eltern hatten mir davon erzählt. Als Kind wusste ich natürlich nicht, was da wirklich passiert ist. Wie man mit so einer Situation umgeht. Ich sah Sandra auf der Schultreppe stehen und bin einfach zu ihr gegangen. Das war der erste Moment, an dem wir uns ganz eng und verbunden fühlten. Wo sich ein Vertrauen aufbaute, das unsere Freundschaft die nächsten zehn Jahre trug.

Weißt du noch, was du gesagt hast?
Nicht genau. Wahrscheinlich, dass es mir leidtut. Ich kannte ja ihren Papa. Aber es ging in diesem Moment nicht um

Worte, sondern um die Geste. Dass ich auf sie zuging und wir etwas teilen konnten, was sonst vielleicht unteilbar ist. Wenn man als Kind seinen Vater verliert, ist man ja selbst verloren. Ich habe Sandra intuitiv aufgefangen. Beziehungsweise wir haben uns gegenseitig aufgefangen. Niemand hat uns gesagt, wie wir das machen sollen. Das ist einfach passiert.

Wie erklärst du dir eure Nähe?
Wir waren wie aus einem Holz geschnitzt. Vom Charakter bis zu unseren Gefühlen. Beide sind wir Menschen, die sehr intensiv empfinden, darüber konnten wir uns immer austauschen. Auch später, als es um Jungs ging. Wir waren nie eifersüchtig. Im Gegenteil, die Pubertät hat unsere Verbundenheit noch verstärkt. Wir hatten ein feines Gespür füreinander. Eine Antenne fürs Detail. Wenn uns etwas auffiel, konnten wir ohne Worte miteinander kommunizieren. Ein einziger Blick genügte, und die andere wusste sofort Bescheid. Das war der Motor unserer Freundschaft. Sandra war mein Herzenszwilling.

Was macht einen Herzenszwilling aus?
Sandra und ich haben alle Phasen des Aufwachsens miteinander geteilt. Die Macken unserer Mütter, Dinge, die zu Hause passierten. Jungs, Schulzeug, alles. Es gab nie Geheimnisse voreinander. Wir hatten zwar einen großen Freundeskreis, trotzdem passte in so einer engen Freundschaft niemand dazwischen. Die anderen akzeptierten das.

Warum ging diese enge Freundschaft in die Brüche?
Es lag nicht an der Nähe, die wir miteinander teilten. Unsere Lebenspläne waren zu verschieden. Ich wollte nicht in

unserem Dorf bleiben. Ich wollte weg. Nach Paris. Das habe ich nach dem Abitur auch durchgezogen. Wir hätten vielleicht überlegen können, zusammen zu gehen. Aber Sandra wollte nicht weg, sie wollte bleiben. An dieser Krise sind wir letztendlich gescheitert.

Was hat Sandra dir vorgeworfen?
Dass ich sie im Stich lasse. Dass ich selbstsüchtig und egoistisch den gemeinsamen Lebensweg aufgebe und mein eigenes Ding mache. Sie hat nicht geheult oder mich angeschrien. Sie hat sich total zurückgezogen. Am Tag vor meiner Abreise habe ich mit dem alten Auto meines Großvaters alle Freunde und Verwandten abgeklappert, um mich zu verabschieden. Aber ich kann mich nicht erinnern, dass ich auch zu Sandra gefahren wäre. Ich bin gegangen, ohne sie nochmal in den Arm zu nehmen. Obwohl wir unser ganzes Leben zusammen verbracht hatten ...

Ihr wart beide jung. Hatte Sandra nicht auch den Wunsch nach Veränderung?
Damals noch nicht. Sie wollte bleiben, und ich sollte mit ihr bleiben.

Habt ihr über eure Zukunftsvorstellungen gesprochen?
Immer wieder. Es war klar, dass ich nicht in diesem Dorf mitten in Thüringen festhängen werde. Da hatte man ja keine Chance. Man musste raus, um etwas aus seinem Leben zu machen. Das wollte ich unbedingt. Daheimbleiben stand für mich nie zur Diskussion.

Sandra hat deine Pläne vielleicht nicht wahrhaben wollen ...
Kann sein. Auf jeden Fall hat sie nicht gesehen, dass eine Freundschaft mehr ist als nur alles zu teilen. Sie beruht auch darauf, dass jeder frei ist zu gehen, um wiederzukommen. Das konnte Sandra nicht verstehen. Wir waren zwei widerstreitende Kräfte. Die eine wollte weg, die andere wollte bleiben. Beides haben wir in unserer Unerfahrenheit nicht unter einen Hut bekommen. Auch wenn man tausend Gespräche führt. Ich fühlte mich von Sandra enorm unter Druck gesetzt. Gefühlsmäßig. Damit konnte ich nicht umgehen. Mir ist Selbstbestimmung wichtig. Sandras Druck hat bei mir einen Fluchtreflex aus unserer Beziehung ausgelöst. Ich will selbst entscheiden. Nicht emotional abhängig sein. Übrigens auch nie von einem Lebenspartner. Im Gefühl bin ich autark und finde das gut so, das weiß ich jetzt mit fast vierzig. Vielleicht fing diese Entwicklung schon damals an.

Habt ihr den Kontakt verloren, als du nach Paris gingst?
Sandra und ich haben lange nichts voneinander gehört. Irgendwann begegneten wir uns auf dem Friedhof in unserem Heimatdorf. Sandra pflegte das Grab ihres Vaters, ich das meiner Oma. Ob es Zufall war? Ich weiß es nicht. Auf jeden Fall setzten wir uns in der Abendsonne auf die Friedhofsmauer, mit den Gießkannen in der Hand. Sandra studierte inzwischen auch woanders. Wir haben sehr ehrlich miteinander geredet. Aber auch ganz deutlich gespürt: Wir kriegen unsere Freundschaft nicht mehr auf die Reihe.

Das musst du erklären.
Sandras Vorwurf, ich hätte sie alleingelassen, war zwar schon ein paar Jahre alt. Aber wie in Zement gegossen stand

er immer noch zwischen uns. Und mein Unverständnis darüber auch. Dass ich überhaupt gezwungen war, mich mit diesem Vorwurf auseinanderzusetzen, verletzte mich bereits. Auf der Friedhofsmauer bewegte sich jedenfalls nichts zwischen uns. Obwohl es ein schönes, versöhnliches und auch inniges Wiederbegegnen war. Wir trafen uns später noch ein paar Male und wollten an unsere Verbindung anknüpfen. Doch es ging nicht. Die Freundschaft passte nicht mehr zu uns.

Ihr habt eure Freundschaft sozusagen auf dem Friedhof begraben?
Stimmt, das ist verrückt. Der Impuls, das Ganze zu beenden, ging von mir aus. Ich schaffe immer Klarheit, bevor ich mich zu sehr verstricke. Da ich ein sehr impulsiver, gefühlsstarker Mensch bin, muss ich mich und meine Grenzen schützen. Sonst verliere ich mich. Wenn man so viel Vorwurf und dann den Bruch erlebt hat, wie ich mit Sandra, bewegt das tief im Innern eine Menge. Man verliert das Vertrauen. Ja, ich glaube, so habe ich es auf dem Friedhof empfunden. Das war der Schlusspunkt. Unseren kleinen Kosmos und die bedingungslose Hingabe an die Freundschaft gab es nicht mehr. Das Exklusive war vorbei. Zwanzig Jahre hatte mich das Gefühl getragen, dass Sandra und ich eine unerschütterliche Einheit bilden. Bei der ersten großen Erschütterung, meinem Weggehen und dem Jahr in Paris, fiel alles in sich zusammen. Eine riesige Enttäuschung. Eigentlich paradox, denn genau dieses Zusammenkleben wollte ich ja nicht mehr. Gleichzeitig bin ich sehr traurig, dass wir uns verloren haben. Sie ist tief in mir verwurzelt, ich denke jeden Tag an sie.

Wie fühlt sich das an?

So ein Vermissen, das auftaucht und wieder vorbeizieht. Ein Gedanke ohne Form. Wie nach der Trennung von einem Mann, aber nicht so körperlich, mehr im Herzen. Ich vermisse vor allem dieses Bedingungslose, das unsere Freundschaft auszeichnete. Die totale Sicherheit, dass die eine für die andere da ist. Immer. Dieses Gefühl hatte ich nur mit Sandra. Und es hat sich auf lange Sicht nicht bewährt. Jetzt bin ich vorsichtiger geworden mit Menschen. Wenn ich jemanden kennenlerne, frage ich mich: Wie lange hält das wohl? Was können wir uns gegenseitig geben? Ich bin viel mehr im Kopf als früher. Vielleicht ist es normal, dass man als Erwachsener seine Gefühle aus der Kindheit vermisst. Den Glauben an die Bedingungslosigkeit einer Freundschaft und an das Leben möchte ich trotzdem nie aufgeben, auch wenn es prägende Enttäuschungen gab.

Was bedauerst du am meisten?

Dass wir es nicht geschafft haben, ehrlich und ohne Vorwürfe auf Augenhöhe zu reden. Dass uns die Gespräche nicht zusammengeführt, sondern auseinandergetrieben haben. Vielleicht waren wir für die Ernsthaftigkeit dieser Thematik zu jung.

Ihr habt zwanzig Jahre miteinander verbracht und zwanzig Jahre ohne einander ...

Genau. Sandra lebt inzwischen auch in einer anderen Stadt und hat zwei Kinder. Sie ist übrigens Psychologin geworden. Ich erfuhr das bei einem Klassentreffen, an dem sie leider nicht teilnahm. Eigentlich wäre es interessant, das Gespräch mit ihr noch einmal zu suchen. Wie sieht sie wohl heute unseren Bruch?

Hast du eine Idee?
Vielleicht hatte Sandras Angst, mich zu verlieren, auch etwas mit dem Verlust ihres Vaters zu tun. Der ist ja für immer verschwunden, erst war er weg, dann seine Stimme, die vielen Erinnerungen. Vielleicht konnte sie deshalb nicht loslassen. War sauer auf mich und beleidigt und konnte nicht erklären, was dahintersteckt. Das fällt mir gerade ein ...

Löst dieser Gedanke bei dir etwas aus?
Ich habe die Hälfte meines Lebens mit Sandra und die andere Hälfte ohne sie verbracht. Eine Art Gleichstand. Vor dem Interview war ich überzeugt, zwanzig Jahre Schweigen können nie mehr überbrückt werden. Aber vielleicht gibt es doch die Chance für einen Neuanfang. Wir haben ja unsere Telefonnummern ...

Kannst du dir vorstellen, Sandra anzurufen?
Bis vorhin hätte ich gesagt, nein. Aber ich habe mich auf dieses Interview eingelassen, und dafür wird es einen Grund geben. Wenn ich in mich hineinhöre, kann ich mir in diesem Moment durchaus vorstellen, dass ich sie kontaktiere. Vielleicht ist genug Zeit verstrichen, und wir müssen die Geschichte unserer Freundschaft nicht mehr mühsam aufarbeiten. Für unser jetziges Leben spielt das, was mal war, doch im Grunde keine Rolle. Die gemeinsame Vergangenheit haben wir sowieso in unserem Buch dokumentiert.

In welchem Buch?
Sandra und ich sind nach der Wende auf zwei verschiedene Gymnasien gegangen. Aber jeden Morgen trafen wir uns an der gleichen Bushaltestelle. Wir besaßen ein Heft, dick wie ein Buch, in das wir beide schrieben, was uns gerade einfiel

und wichtig erschien. Außerdem haben wir Gedichte und Songtexte, die uns gefielen, ausgeschnitten, hineingeklebt und kommentiert. Das Buch ist ständig zwischen uns hin und her gewandert. Jeden Morgen um halb sieben haben wir es ausgetauscht.

Wo ist es heute?
Auf dem Dachboden meiner Eltern. Unter gefühlt drei Millionen Zetteln und Briefen, die wir uns geschrieben haben. Zusätzlich zu dem Buch. Wir haben alle Gedanken und Gefühle geteilt, bis ins kleinste Detail. Ein Ereignis war erst dann komplett, wenn wir beide unseren Eindruck und unsere Meinung dazu geäußert hatten. Das Buch und die Briefe sind bis heute ein verlässliches Zeichen, wie unglaublich eng wir waren ... Vielleicht schenke ich Sandra jetzt ein neues Buch. Sie wird, wie ich, bald vierzig. Auch so ein Datum, ihr Geburtstag. Der ist eingraviert in mein Herz.

Sicher bin ich mir allerdings nicht, ob wir den Graben überwinden und dieselbe Verbundenheit noch einmal herstellen können. Dieses Bedingungslose. Sandra hätte doch damals sagen können: Ich finde es wahnsinnig schade, dass du gehst, und ich werde dich sehr vermissen. Das wäre dann exakt auch mein Gefühl gewesen. Ich verlasse ja meine Heimat, meine Menschen nicht leichten Herzens. Aber ich fühlte einen ungestillten Hunger in mir nach Aufbruch, nach unbekanntem Terrain, nach Leben. Diesem Hunger musste ich nachgehen. Im wahrsten Sinn des Wortes.

Vielleicht entsteht eine neue Variante eurer Freundschaft?
Ich weiß nicht, ob mir das reicht. Ich bin so ein Typ für ganz oder gar nicht. Das ist mein Charakter, ich kann nicht an-

ders. Entweder rauche ich, oder ich rauche nicht, so diese Nummer. Ich kann schlecht im Zwischenreich rumhängen. Ja, ich stürze mich manchmal in chaotische Situationen. Aber ich kenne immer meine Grenzen. Wer ich bin und wie ich etwas schaffe. Meinem Leben Halt zu geben schaffe ich nur, indem ich ganz klar bin. Welche Gefühle der Anruf bei Sandra wohl in mir hervorrufen wird?

Kapitel 2

Du bist wie ich

*Über unseren heimlichen Wunsch
nach Übereinstimmung*

Zwischen heute und dem Erlebnis, mit dem dieses Kapitel beginnt, liegen über zwanzig Jahre. Doch die Worte, mit denen mir damals meine beste Freundin Caro plötzlich die Luft abschnitt, sitzen immer noch wie Messerstiche in meiner Brust. »Das ist meine Insel. Nicht deine. Vergiss das nie!« Gemeint war Paros, die griechische Kykladeninsel mitten in der Ägäis. Caros Stimme zitterte heftig. Sie wirkte auf mich fast drohend. Caro und ich waren beide Ende dreißig, Mütter, verheiratet. Mal mehr, mal weniger glücklich. Wie das so ist. Wir mochten dieselben Filme, interessierten uns für Psychologie, tauschten alle Bücher aus, hörten »Sailing« von Rod Stewart und träumten uns gemeinsam in die Ferne. Ans Meer. Zum Sonnenuntergang. Dorthin, wo wir nur zwei T-Shirts und einen Bikini brauchten und das Leben angenehm leicht sein würde. Unsere Sehnsüchte waren der Kitt in unserer Freundschaft. Sie trugen uns durch trübe Tage und beflügelten die Idee, irgendwann würde etwas ganz Großartiges in unserem Leben passieren.

Caro und ich hatten voreinander keine Geheimnisse. Vom Gefühl her teilten wir einfach alles. In unseren Herzen waren wir Zwillinge. Kein Tag, an dem wir uns nicht gegenseitig das Glück bestätigten, in der anderen eine einzigartige, eine wundervolle Freundin gefunden zu haben. Alles, was uns bewegte, redeten wir uns von der Seele in dem Bewusstsein: »Du verstehst mich. Auf dich kann ich zählen. Du bist wie ich.« Wir hatten die Kinder den Männern überlassen und flogen für eine Woche nach Griechenland. Durchatmen, frei sein, das Leben spüren, abseits der Familie. Freundinnen-Urlaub. Caro hatte hier, wo die Häuser weiß gekalkt sind und der Himmel blau ist wie das Meer, ein Jahr lang gelebt. Sie wollte mich in ihre Vergangenheit mitnehmen, auch das war der Grund für unsere Reise. Ich war gespannt und offen für alles, was ich mit Caro erleben würde. Ich freute mich darauf, noch mehr von ihr zu erfahren, sie noch besser zu verstehen, noch näher an sie heranzurücken. Das war der Plan. Meiner Freundin, die ich in- und auswendig zu kennen glaubte, vielleicht ein allerletztes Geheimnis entlocken.

Caro zeigte mir ihre Lieblingsplätze, den weißen Kieselstrand mit der verfallenen Fischerhütte, den schattigen Dorfplatz, wo alte Männer den besten Kaffee der Insel schlürften, die Bar, in der sie früher Sirtaki tanzte und wo viele Leute sie jetzt, Jahre später, wiedererkannten und freudig begrüßten. Wie sehr die Menschen dort meine Freundin mochten! Ich war stolz auf sie, freute mich mit ihr und ließ mich hineinfallen in das heitere Sein auf dieser Insel. So ausgelassen und unbeschwert wie hier hatte ich Caro noch nie erlebt. Ich nistete mich ein in ihre griechische Seele, die ich bisher nur vom Erzählen kannte, und wurde ein Teil von ihr. Ließ mich anstecken und berauschen von Caros Lebenslust. Ihr Strahlen wurde zu meinem Strahlen. Was für ein Glück!

Du bist wie ich

Bis zu jenem Morgen, einen Tag vor unserer Abreise. Ich erinnere noch genau, dass ich griechischen Joghurt mit Honig und Nüssen vermischte und mich mit einer Kaffeetasse in der Hand zu Caro setzte, auf die kleine Dachterrasse unserer Pension. Caro wirkte verspannt, ich konnte ihre Stimmung nicht einordnen. Dann brachen die Worte schneidend aus ihr heraus: »Das ist meine Insel. Nicht deine. Vergiss das nie!« Caro erhob sich sogar von ihrem Stuhl. Ohne Vorwarnung bekam ich die rote Karte. Platzverweis. Meine beste Freundin verteidigte ihr Revier. »Meine Insel, nicht deine!« Halte dich fern, von hier und am besten auch von mir. So verstand ich die Botschaft. Ich war wie vor den Kopf geschlagen. Suchte sofort die Schuld bei mir. Was hatte ich nur getan? Ich weiß noch, wie ich Caro mit offenem Mund anstarrte und die Grenze zwischen uns spürte, hart wie eine Mauer und so schmerzhaft wie Stacheldraht.

Was war bloß passiert? Den Tag zuvor hatten wir vertraut wie immer verbracht. Waren auf unserem Moped wie zwei Klammeraffen zum Meer gefahren, probierten unsere neuen Schnorchel aus und dösten stundenlang plaudernd in der Sonne. Ich weiß noch genau, wie wir nach dem Strand in unsere Kleider schlüpften und die Haut an den Oberarmen testeten, indem wir sie fest zusammenpressten. Mit Schrecken stellten wir beide erste Erschlaffungstendenzen fest. »Siehst du, wir werden älter!«, rief Caro entsetzt. »Komm, lass uns schnell drauf trinken!«, antwortete ich lachend. Die Szene ist mir noch gut im Gedächtnis. Danach stürzten wir uns ins Nachtleben, Arm in Arm.

Und jetzt plötzlich das: Einreiseverbot. Besitzanspruch. Schneidende Sprachlosigkeit. Ich versuchte herauszufinden, was Caro meinte. Fragte sie nach den Gründen. Sie hatte keine Lust, sich lange zu erklären. Ich erinnere mich, dass sie von Übergriffigkeit sprach und mir vorwarf, mich hier auf Paros wie zu Hause zu benehmen, obwohl das doch ihr Ort sei. »Mein Platz«, das betonte sie mehrfach. »Ich möchte nicht, dass du meine Insel zu deiner machst«, sagte sie. Hätte die Insel nicht Raum für zwei geboten? Nein. Kein Ort für uns beide. Kein gemeinsames Paradies. Keine doppelte Freude. Stattdessen ein quälender letzter Ferientag, der nicht enden wollte. Ein Rückflug fast ohne Worte. Eine tiefe, über Jahre hinweg innige Freundschaft, die abrupt und scheinbar ohne Vorzeichen von diesem Moment an auseinanderdriftete.

Was haben Caro und ich falsch gemacht? Der Krach auf der Insel kann nur der Auslöser gewesen sein für etwas, was sich bereits angestaut hatte. Hatten wir schon länger zu wenig Respekt voreinander, zu wenig Abstand? Machte uns das wohlige Gefühl, miteinander verflochten zu sein, blind für die Gefahren? Warum dieses Zerwürfnis?

Caro war mir irgendwie heilig. Niemand kannte mich besser als sie. Niemand war mir näher. So glaubte ich. Caro und ich waren so etwas wie ein geschlossenes System. Voller Vertrauen in unsere unzertrennliche Freundschaft habe ich mich über sie gestülpt und auf ihrem Terrain wahrscheinlich in die Enge getrieben. Das Fass mit dem klebrigen Inhaltsstoff Nähe war vermutlich schon lange voll. An diesem Morgen war es endgültig übergelaufen. Auf der griechischen Insel, in unserem gemeinsamen Urlaub, zog Caro die Grenze. Ich dagegen, begeistert von unserer sonnigen Zweisamkeit, war wie vom Donner gerührt.

Erst Idealisierung, dann Enttäuschung

Die überzogene Sehnsucht nach Gleichklang und Einheit mit der Freundin ist wirklichkeitsfremd. Sie führt zu gegenseitiger Idealisierung und später zu Enttäuschung. In unseren Freundschaften suchen wir Harmonie. Was auch sonst. Der Alltag ist schon kompliziert genug, bei der Freundin wollen wir Ruhe finden, verstanden werden und uns einfach nur wohlfühlen. Das Bedürfnis nach Harmonie entsteht und besteht aus der unbewussten Intention, die Angst, ungeliebt zu sein, loszuwerden oder zumindest zu lindern. Wir machen einen Bogen um Konfrontation, indem wir Konflikte nicht ansprechen. Um das ungute Gefühl von Feigheit oder Versagen zu unterdrücken, erhalten wir die vermeintliche Harmonie aufrecht. Koste es, was es wolle. Audrey Lobo-Drost: »Chronische Konfliktvermeidung führt dazu, dass der eigene Anspruch immer höher, die innere Stimme immer kritischer, das Harmoniebedürfnis immer größer wird und dass sich die unterdrückte Wut darüber schließlich gegen uns selbst richtet. Um diese Abwärtsspirale zu beenden, hilft die Auseinandersetzung mit den eigenen Bedürfnissen, das Erlernen von gelungener Selbstbehauptung und das Erleben, dass zwei Standpunkte auch mal nebeneinanderstehen dürfen.«

Über Harmoniesucht nachzudenken lohnt sich. Sonst laufe ich als Freundin Gefahr, alles zu geben und alles zu verlieren. Fiktive Geborgenheit damit zu erkaufen, dass ich möglichst keine eigenen Wünsche oder Interessen anmelde. Mich mit dem Gedanken zu betäuben: »Du, meine beste Freundin, bist genau wie ich. Lass uns immer füreinander da sein.« Mich einzukuscheln in das Glück einer maßgeschneiderten Zweierbeziehung. Nur hier spüre ich sicheren

Boden, bin aufgehoben und werde richtig verstanden. Endlich. Symbiotisches Empfinden unter Erwachsenen ist ein gefährlicher Trugschluss. Was zunächst gegenseitigen Nutzen verspricht, kann sich zu einer Beziehung entwickeln, die einengt und unfrei macht. Der Unterschied zwischen Ich und Du verschwimmt und damit meine Grenze zu der anderen Person.

Das Bedürfnis, miteinander zu verschmelzen, kennen wir aus der Phase der Verliebtheit. In einer Beziehung, die sich festigt und auf Dauer ausrichtet, geht diese Phase langsam in Vertrauen, Sicherheit und schließlich in Liebe über. Allmählich bekommen eigene Interessen wieder ihren Raum. Diese Entwicklung haben gute Partnerschaften wie auch Frauenfreundschaften gemeinsam. Allerdings ist die erste Phase so schön und verführerisch, dass es manchmal nicht gelingt, sie zu überwinden. Denn in der Regel wird man mit schmeichelhaften Komplimenten überschüttet. Liebesbeweise dienen nicht nur der eigenen Eitelkeit, sie geben auch emotionale Sicherheit. Wieder das normale Maß zu finden, sich erwachsen, eigenständig und dennoch liebevoll zu verhalten, ist gar nicht so leicht. Harmonie um jeden Preis nimmt vor allem diejenige Freundin in Kauf, die unsicher ist und dringend der Gewissheit bedarf, geliebt und gebraucht zu werden.

Die Gründe dafür sind vielfältig. Oft liegt die Ursache in der Kindheit. Nach der symbiotischen Phase eines Säuglings mit der Mutter löst sich das Baby in den ersten Lebensmonaten Schritt für Schritt. Es wird zu einem von der Mutter getrennt empfindenden Individuum. Je mehr Raum die Eltern ihrem Kind in seiner Entwicklung lassen, je liebender und respektvoller sie ihm gegenüber sind, desto freier kann es eine eigenständige Persönlichkeit entwickeln. Auch wenn sich Eltern noch so sehr bemühen, die Unabhängigkeit zu fördern, macht fast jedes Kind irgendwann die Erfahrung: Wenn ich brav bin und nicht aufmucke, werde ich dafür belohnt. Manchmal kann das bedeuten: mehr geliebt. Mädchen erfahren diesen Zusammenhang klarer als Jungen. Und orientieren sich später als Frauen mehr als die Männer an der Anerkennung und Zustimmung anderer. In der Liebe wie in ihren Frauenfreundschaften.

»Die Identifikation mit einer Freundin ist dann besonders groß, wenn noch Bedürfnisse nach einer Mutter auf die Freundin übertragen werden«, schreibt die Psychotherapeutin Verena Kast. Der Gedanke löst Fragen aus. Wie war das mit dem eigenen Wunsch, bemuttert, in den Arm genommen und getröstet zu werden? Ich denke an eine Freundin, die etwas älter ist als ich. Die mir als Studentin eine Nasenspitze voraus war, weil sie schon arbeitete und sich mit Behördensachen so gut auskannte. Das beeindruckte mich damals. Wie selbstverständlich übernahm diese Freundin dann jahrelang eine umsorgende Rolle in meinem Leben. Habe ich sie zu oft um Rat und Tat gebeten und ihre mütterliche Seite für mich beansprucht? Jedenfalls geriet unsere Freundschaft in Schieflage, als ich unabhängiger von ihr wurde. Weniger bedürftig. Darüber muss ich nachdenken.

In der Pubertät stellen wir zwar die Eltern infrage, aber der Wunsch nach jemandem, mit dem wir uns identifizieren können, bleibt bestehen. Er ist ein Grundbedürfnis. Weil wir unbewusst ständig danach suchen, was uns ausmacht und wer wir sind, brauchen wir Menschen, an denen wir uns messen können. Die uns bestätigen, mit denen wir übereinstimmen und die wir deshalb häufig idealisieren. Die Freundin kann zum Popstar hochstilisiert werden. Mit dem Vorteil, dass vom Glanz meines Stars etwas auf mich abstrahlt.

Die besondere Nähe zu meiner so besonderen Freundin erhöht zugleich mein eigenes Selbstbewusstsein.

Gemeinsame Schnittmengen können sich verändern

Ich muss kurz an eine Bekannte denken, die nicht aufgab, bis sie endlich zusammen mit Barbara Schöneberger auf ein Foto kam. Und wenn es nur Sekunden sind, die Nähe zum Star ist viel mehr als eine schöne Erinnerung. Sie befriedigt und krönt das Ego für einen kurzen, aber kostbaren Moment, den man sich später wie eine Trophäe vor Augen halten kann: »Schau her, das bin ich. Ganz nah dran.« Eine schöne Illusion. Und in diesem Fall folgenlos, weil es sich weder um eine Freundschaft noch um eine Bekanntschaft handelt. In engen Frauenfreundschaften wiegt die Sehnsucht nach Verschmelzung schwerer. Ist sie gegenseitig, ziehen beide Freundinnen daraus ihren Nutzen, und alles ist gut. Audrey Lobo-Drost: »Die Wirklichkeit existiert nicht als Harmonieschablone, sondern in Form einer gemeinsamen Schnittmenge. Die kann sich verändern. Wird sie weniger, verlieren solche Freundschaften häufig ihren Sinn.« Dann lässt auch das Bedürfnis nach, mit der Freundin weiterhin eng verbunden zu bleiben. Es ist der Zeitpunkt, an dem sich entscheidet, ob die Beziehung hält oder fällt. Nutzfreundschaften, in denen es vor allem um die Erhöhung des Selbstwertes geht, sind meistens nicht von langer Dauer. Den Reifungsprozess einer Freundschaft erkennt man daran, dass beide ihre individuellen Werte entdecken und einbringen. Nur so kann sich die symbiotische Freundschaft zu einer gehaltvollen, erwachsenen Frauenfreundschaft entwickeln.

Unzertrennlich sein: Von dieser Sehnsucht leben nicht nur persönliche Hoffnungen. Die Werbung profitiert schon lange davon und ganz aktuell auch die Modeindustrie. »Twinning« heißt der Trend, den Mode-Bloggerinnen und Models eindrucksvoll inszenieren, indem sie als Doppelpack auftreten und sich bis auf wenige Details zum Verwechseln ähnlich stylen. Hochglanzmagazine bringen dazu die entsprechenden Styling-Tipps. Kleider machen Leute. Aber können sie auch Freundinnen machen?

Die Psychoanalytikerin F. Diane Barth schreibt: »Der Wunsch nach Gleichheit kann das gesunde Streben nach persönlicher Identität zerstören.« Die Freundschaft zerstört er auch. Weil sie eng und beklemmend wird und in letzter Konsequenz unfrei macht. Zwillingsfantasien tragen viel zum Scheitern von Frauenfreundschaften bei. Sie können den letzten Anstoß geben, dass eine von beiden Schluss macht. Caro und ich sind nur ein Beispiel von vielen.

Je mehr Konflikte wir haben, desto schlechter erscheint uns die Freundschaft

Viel liegt an unserer ausgeprägten Fähigkeit, mit der Freundin mitzufühlen und ihre Empfindungen zu teilen. »Wir erleben uns wie die andere statt mit der anderen«, sagt Audrey Lobo-Drost. Als Beispiel verweist sie auf die Geschichte einer Frau, nennen wir sie Friederike. Sie trifft auf einer Party eine andere Frau, nennen wir sie Monika. Monika trägt einen Mundschutz. Sie erzählt von ihrer Leukämieerkrankung und dass sie auf einen Knochenmarkspender hofft. »Ihre Tapferkeit und ihr Stolz faszinierten mich«, sagt Friederike. Die beiden schließen Freundschaft, Friederike geht völlig auf in der Hoffnung, helfen zu können, und besucht die kranke Freundin täglich.»Monika freute sich so sehr, wenn ich kam. Sie meinte, ich könne sie am besten von allen trösten, motivieren und ablenken. Mit mir könne sie lachen und weinen wie mit keinem anderen.« Friederike tut ihr Einsatz gut. Sie gewinnt neues Selbstbewusstsein und ist ausgeglichener als früher. Sogar ihr Freund bemerkt die positive Entwicklung, auch wenn es ihn manchmal nervt, dass Friederike jede freie Minute mit Monika verbringt.»Wir fühlten uns auf ewig eins und wussten: Nur der Tod kann uns trennen«, sagt Friederike. Monika geht es laufend schlechter, sie will nur noch ihre Mutter und ihre beste Freundin sehen. Bis endlich eine Spenderin gefunden wird. Es ist Friederikes Schwester, zu der sie seit fünfzehn Jahren keinen Kontakt hatte. Die Behandlung verläuft erfolgreich. Friederike bleibt auch danach an Monikas Seite und besucht sie täglich. Monatelang geht das so. In dieser Zeit kommen sich auch die beiden Schwestern näher. Doch an Friederike nagt immer mehr der Schmerz, nicht mehr die beste Freundin zu sein. Sie wird eifersüchtig.»Die Schwester hatte Monika den Lebenssaft geschenkt, den ich ihr nicht geben konnte. Ich betrachtete sie als falsche Schlange, die sie natürlich nicht war. Monika versuchte liebevoll zwischen uns auszugleichen, und auch meine Schwester ging freundlich auf mich zu. Doch ich konnte nicht ertragen, dass Monika mir emotional verloren ging. Ich hatte den unaussprechlichen Wunsch, sie lieber sterben zu sehen, als unter dieser unerträglichen Verletzung zu leiden.« Friederike bricht den Kontakt zu ihrer Freundin ab und macht eine Therapie, mithilfe derer sie entdeckt, dass ihr symbiotisches Verhältnis zu Monika krankhaft ist.

Verschmelzung ermöglicht keine stabile Freundschaft. Sie ist eine Illusion, der wir aufsitzen. Vielmehr ist das Gegenteil der Fall. Verschmelzung ist die Ursache von Konflikten und Brüchen. Symbiotische Verbundenheit lähmt, weil keine der Freundinnen sie selbst sein kann. Und weil Entwicklung nicht stattfinden darf. »Ein Kardinalfehler ist die Zwillingsfantasie: Du bist wie ich. Wir müssen Grenzen anerkennen, Erwartungen überprüfen, einen autarken Bereich für uns entwickeln«, meint der Hamburger Therapeut Oskar Holzberg.

Aus Angst vor Ablehnung klammern und kleben wir. Vermeiden Auseinandersetzung, halten den Mund, sprechen Probleme nicht an, weil wir fürchten, verlassen zu werden und ohne die Freundin allein dazustehen. Je mehr Konflikte wir haben, desto schlechter erscheint uns die Freundschaft. Das ist unsere Harmonieschablone. Audrey Lobo-Drost: »Freundschaft ist, wenn wir hundertprozentig übereinstimmen. Ein großes Missverständnis.« Um die Einheit mit der Freundin nicht zu gefährden, schlucken wir Enttäuschungen, Neid und Konkurrenzgefühle herunter, verbieten uns eigene Bedürfnisse und selbstbewusste Meinungen. Konflikte können und wollen wir nicht aushalten.

Abgrenzung empfinden wir als Gefahr, obwohl gerade und nur in ihr die Chance einer lebendigen und erfüllenden Freundschaft steckt. Dabei bräuchten wir die Sorge nicht zu haben. Doch unsere Lebensgeschichte ist immer auch eine Lerngeschichte. Frühere Erfahrungen, die wir abspeichern, hindern uns mitunter daran, die Realität so wahrzunehmen, wie sie ist. In den meisten Fällen überleben wir die Auseinandersetzung mit der besten Freundin ziemlich gut und können danach ehrlicher und liebevoller miteinander umgehen. Die Freundschaft bekommt eine aufregende neue Dimension. Wer das ängstliche Kind in sich spürt und mit den Erfahrungen der erwachsenen Frau vergleicht, wird feststellen: Meine Sorge ist nur im Kopf. Der Mut, sich der Freundin zuzumuten, wird fast immer belohnt: mit der befreienden Erkenntnis, dass wir uns zeigen dürfen, ohne verstoßen zu werden. Sobald wir das ungute Klammern überwinden, entstehen Respekt und neuer Raum.

Unser Bauchgefühl schlägt bewährte Muster vor und nicht die Veränderung

Alte Verhaltensmuster abzulegen ist deshalb so schwierig, weil sie in der Kindheit funktioniert haben und manchmal sogar überlebenswichtig waren. Wir haben gelernt, wie wir nicht anecken, um Situationen scheinbar besser vorhersehen und kontrollieren zu können. Allerdings auf Kosten unserer eigenständigen Entwicklung und der Selbstfürsorge. Bevor jemand sein Muster ablegen kann, bräuchte es eine bessere Alternative. Weil Veränderung immer auch ein Risiko ist, bleibt man sicherheitshalber bei dem, was vertraut ist und sich bewährt hat. »Das Bauchgefühl kann trügerisch sein. Im Zweifelsfall schlägt es wieder das alte Muster vor«, so Audrey Lobo-Drost. Es gehört viel Mut dazu, sich gegen das, was gelernt ist, bewusst zu entscheiden und Veränderung zu wagen.

»Freundinnen können uns bestärken wie kaum ein anderer Mensch. Doch sie können uns auch Schmerzen zufügen wie kaum ein anderer Mensch und uns manchmal fast zerstören ... Diese Abhängigkeiten können in uns extreme Ängste auslösen. Sie können existenziell werden, weil es soziale Ängste sind« – Susann Sitzler, Autorin des Buches *Freundinnen. Was Frauen einander bedeuten*, führt vor Augen, wie hoch der Stellenwert ist, den Freundinnen füreinander haben. Und wie groß die emotionale Abhängigkeit sein kann, in der wir als beste Freundinnen landen. Ein Grund mehr, Frauenfreundschaften in ihren Gefahren und Bruchstellen genau zu betrachten.

Soulsister heißt ein neues Frauenmagazin, das vier junge Influencerinnen auf den Zeitschriftenmarkt brachten. Ich war mal eine Soulsister. Eine Freundin nannte mich so, und ich fand das großartig, bis wir uns enttäuscht voneinander abwandten. Die erhoffte Nähe stellte sich als falsch heraus, als Mittel zum Zweck. Nicht willentlich, eher unbewusst. Soulsister. Der Begriff klingt cool und verführerisch. Kämpferisch und modern. Er bedient die Idealvorstellung: Frauen müssen ganz einfach gute Freundinnen sein. Weil sie mitfühlend sind und emotional klug. Weil sie oft besser als Männer wissen, worum es wirklich geht. Also haken wir uns unter und fühlen uns Seite an Seite stark wie nie. Jubeln uns gegenseitig zu, schon deshalb, weil wir Frauen sind. Das Zertifikat »Frau« reicht bereits aus als Qualitätsabzeichen.

Das, gebe ich zu, hat mich immer gestört. In Freundschaften, in größeren Gruppen, bei der ganzen Frauenbewegung. Als Frauen mögen wir vergleichbare Erfahrungen machen und durch gemeinsame Interessen verbunden sein. Aber sind wir uns deshalb auch ähnlich? Sind wir tatsächlich Schwestern in der Seele, Soulsisters, wie es der Titel dieser neuen Zeitschrift verspricht? Wäre es nicht besser, auf das Individuum zu blicken, mit dem ich mich befreunde oder es aus gutem Grund unterlasse? Sollten wir nicht lieber auf menschliche Werte achten als auf typisch weibliche Qualitäten? So scheint mir doch die Chance größer zu sein, selbst eine ehrliche Freundin zu werden und nicht dem Traum von der Soulsister vergeblich hinterherzujagen.

Nur in der mutigen Auseinandersetzung entsteht Wachstum

Du bist wie ich. Was ist die Alternative, wenn diese Annahme eine Täuschung ist und sogar eine Gefahr für die Freundschaft bedeuten kann? In welchen Punkten und wie sehr müssen Freundinnen übereinstimmen, damit ihre Freundschaft lange hält? Wenn ich in erster Linie Bestätigung brauche, umarmt und geliebt werden will, möchte ich keine Freundin, die mich kritisiert und infrage stellt. Obwohl ich sie eigentlich bräuchte. Aber wie komme ich zu neuen Perspektiven, anderen Sichtweisen, woher kommt der Input, der mich weiterbringt? Wahrscheinlich besteht Freundschaft in der gelungenen Mischung aus gemeinsamen Empfindungen und liebevoller Herausforderung. Aus Nähe und Anderssein. In der mutigen Diskussion darüber kann Wachstum entstehen. Für beide. Freundinnen, die sich über ähnliche und unterschiedliche Wesenszüge austauschen, respektvoll ihre Meinung äußern, die mal übereinstimmen und mal nicht, werden sich aneinander bereichern. Sie haben die Chance auf dauerhafte Verbundenheit sowie auf größtmögliche Lebendigkeit in ihrer Beziehung.

Keine klebrigen Abhängigkeiten! Kein: Du bist wie ich. Lassen wir Raum dazwischen – gerade wenn wir uns als Seelenschwestern empfinden. Ermöglichen wir den eigenen Gedanken freien Spielraum. Geben wir feinen Gefühlen eine Chance, die nur in der Stille gedeihen. Wenn das Telefon nicht ständig klingelt und ich mich der Freundin nicht pausenlos mitteile. Wenn ich wahrnehme, dass ich Bedürfnisse habe, unabhängig von denen meiner Freundin. Wenn ich mich nicht dafür rechtfertigen muss, sondern aus meinem Zwillingsdasein heraustreten kann in etwas, was eigenes

Leben heißt. »Ich kann eine gute Freundin sein, ohne meine Autonomie aufzugeben. Ich muss nur ich selbst sein«, schreibt F. Diane Barth. Was ist geschehen seit der Geschichte mit Caro? Klammere ich noch so wie damals auf der Insel? Oder bin ich mit den Jahren freier, unabhängiger geworden? Was ich feststelle: Meine Sehnsucht nach Harmonie lässt mit dem Älterwerden nach. Vielleicht bin ich auch nur vorsichtiger. Das hätte ich dann mit einigen meiner Interviewpartnerinnen für dieses Buch gemeinsam. Vielleicht kann ich mich auch besser aushalten, mehr bei mir bleiben als früher. Habe ich andere Erwartungen und deshalb tiefere, beständigere Freundschaften? Ich weiß es nicht. Wenn ich mich ehrlich überprüfe, bin ich eine Wackelkandidatin. Freundschaften, die nicht so laufen, wie ich mir das vorstelle, verunsichern mich immer noch. Das Bedürfnis nach Verbundenheit ist mir nach wie vor eine Herzensangelegenheit und lebenswichtig. Gerade erst habe ich einer Freundin einen Brief geschrieben, weil wir so lange nichts voneinander gehört hatten und ich beunruhigt war. Mich abgehängt fühlte. Doch wir trafen uns, redeten miteinander, und alles fühlte sich plötzlich richtig an. Der kurzfristige Abstand passte genau in unsere jeweilige Lebensphase und war keineswegs schlimm. Im Gegenteil, meine Freundin und ich haben uns noch mehr aufeinander gefreut als in den Monaten vorher, wo wir uns fast täglich sahen. Verbunden zu sein ohne zu klammern. Ich kann sagen, das habe ich in der Zwischenzeit ganz gut gelernt.

Als ich kein Geld mehr hatte, spielte sie mir böse mit

Anke und Lena

Wie wir uns kennengelernt haben, weiß ich nicht mehr. Irgendwann Ende der achtziger Jahre. Aber wo? Ich weiß nur, dass sich zwischen Lena und mir in rasender Geschwindigkeit eine tiefe Freundschaft entwickelte. Es gab uns nur noch im Doppelpack. Lena wurde meine Trauzeugin und die Patentante meines Sohnes. Sie war meine beste Freundin und ich ihre. Daran hatte keine von uns jemals einen Zweifel. Wir waren beide Ende zwanzig und feierten das Leben. Ich hatte reich geheiratet und wurde von meinem Mann unglaublich verwöhnt. Zum Geburtstag bekam ich einen knallroten eleganten Sportwagen, ich besaß die teuersten Pelzmäntel – damals konnte man die ja noch tragen. Mir gehörte ein wunderschönes Pferd, an meinen Händen glitzerten die kostbarsten Ringe. Es war wie im Märchen.

Lena und ich hingen ständig zusammen. Keine Einladung, kein Event ohne sie. Lena war Single und genoss es, am Jet-Set-Leben ihrer Freundin teilzuhaben. Dazu kam, dass mein Mann beruflich viel unterwegs und ich oft allein war. Ich weiß, er freute sich, dass ich so eine gute Freundin hatte. Und er mochte sie. Wenn er in Asien Geschäfte machte, flogen wir beide hinterher und residierten wochenlang in den teuersten Hotels von Dubai, Singapur und Sydney. Jedes Jahr machten wir mit Freunden eine exklusive Skireise. Es wurde Tradition, dass Lena und ich ein gemeinsames Zimmer nahmen. »Das ist unsere Woche!«, darauf bestand sie. Mein Ehemann musste das schlucken, obwohl er es nicht lustig fand. Einige vermuteten, wir seien lesbisch. Stimmt aber nicht. Für Lena war ich die Größte. Dachte ich jedenfalls. Wir telefonierten jeden Tag. Oft zweimal oder dreimal. Lena hat sich total an mir orientiert. Anke hier, Anke da. Mich hat das nicht gestört. Im Gegenteil. Ich mochte dieses Gefühl von Freundschaft und Zusammengehörigkeit. Ich genoss es, wenn sie wie ein Kind staunte und den Luxus unseres und damit ihres Lebens kaum fassen konnte. »Das ist hier wie im Himmel!« Vor Begeisterung konnte sie richtig ausflippen. Ihre Freude hat mich doppelt glücklich gemacht.

Dann schlug das Schicksal zu. Mein Mann verlor alles. Wir verloren alles. Das Geld war weg. Alles war weg. Aus das Spiel. Nichts mehr mit Jet-Set. Die ehemals reiche Anke musste sich einen Job suchen. Ich fing an zu arbeiten, um mich und meine zwei Kinder zu ernähren.

Der Start in dieses neue, ungewohnte Leben war die Wende in der Freundschaft zwischen Lena und mir. Ich fing in einem Beratungsbüro für Design an, durch harte Arbeit ist die Firma inzwischen meine eigene geworden. Aber klar war, mit Einladungen, tollen Reisen und Luxusleben war es erstmal vorbei. Auch für Lena.

Mein Mann und ich trennten uns. Ich lernte jemanden kennen, den Lena ablehnte. Sie siezte ihn, er sie auch. Wenn ich mir das heute überlege: Sie machte mir damals das Leben nur schwerer, statt ihre beste Freundin aufzubauen und zu unterstützen.

Dann traf Lena einen Mann, der so reich war wie früher mein Ehemann, und verliebte sich in ihn. Mit seiner Hilfe erwarb sie ein Haus in der Schweiz, in unmittelbarer Nachbarschaft unseres ehemaligen Wochenendhauses. Sie kaufte sich das neueste Modell genau jenes Sportwagens, den ich mal gefahren hatte. Wie ich in Knallrot. Lena suchte sich Pelzmäntel und kostbare Ringe aus, die meinen zum Verwechseln ähnlich waren. Nach und nach hat sie sich die Dinge, die ich mal besaß, selbst angeeignet oder gewünscht und bekommen. Was mein hoher Lebensstandard in ihr ausgelöst haben muss, hatte ich nie bedacht. Lena dagegen schon. Denn nun war sie es, die über mir stand und mir das auch deutlich zeigte.»Jetzt beneidest du mich«, musste ich mir anhören. Ich fiel aus allen Wolken.

Die Entwicklung erreichte ihren Höhepunkt, als sie in unser Büro kam und mir einen Auftrag erteilte. Aus meiner besten Freundin Lena wurde meine Kundin Lena. Früher, als wir uns noch im Jet-Set-Leben vergnügten, lobte sie meinen guten Geschmack. Jetzt, als meine Kundin, stellte sie Ansprüche ohne Ende. Zwanzigmal ließ sie mich den Entwurf für einen Innenraum ändern. Jedes Mal war sie unzufrieden und trieb mich fast zur Verzweiflung. Ich glaube, sie hat ihre Macht über mich genossen. Diesen Rollentausch. Ich war ja jetzt ihre Dienstleisterin.

Was geht hier vor?, fragte ich mich irgendwann. Ich kann es Lena nicht recht machen. Sie kopiert mich wie ein Klon. Und sie lauert geradezu auf Fehler, um behaupten zu können, ich hätte sie betrogen. Tatsächlich unterstellte sie mir, nicht korrekt abzurechnen, und setzte diesen Verdacht in die Welt. Obwohl sie mich so gut kannte und wusste, dass ich Mauscheleien nicht mag und nie hintenrum Geld einstecken würde. Das war das Schlimmste für mich. Lena hat

Du bist wie ich

mich diffamiert und wollte mir schaden. Sie hat sich sogar mit jemandem aus dem Büro verbündet und über mich hergezogen. Das war bitter. Ich habe so eine Illoyalität noch nie erlebt. Immerhin waren wir mehr als fünfzehn Jahre eng befreundet, und Lena kannte mich in- und auswendig. Sie wusste genau, dass ich fair bin und geradeaus und nicht hinter dem Rücken meine Hand aufhalte. Wie kann man so garstig zu seiner Freundin sein? Nur, weil sich die Machtverhältnisse geändert hatten? Sie hätte sich doch alles kaufen können, und ich hätte mich für sie gefreut. Und ihr bestätigt, wie toll sie aussieht. Aber sie hat es auf die Spitze getrieben. Wahrscheinlich wollte sie mich am Boden sehen.

Ich suchte die Aussprache. Wollte eine Mediatorin einschalten, weil ich dachte, sie könnte uns zu mehr gegenseitigem Verständnis verhelfen. Jede Geschichte hat immer zwei Seiten. Der eine erzählt sie so, der andere so. Mit einer Freundin kläre ich doch die Dinge an einem Tisch! Aber Lena wollte nicht. Sie wollte meine Version nicht hören. Sie hatte ihr Feindbild aufgebaut.

Einmal gelang es mir, mich mit ihr zu verabreden. Unerwartet brachte sie ihren Freund mit. Zwei gegen eine war wohl die Absicht. Sie bombardierten mich mit Zahlen, ich hörte nur Anschuldigungen. Darauf war ich als kreativer Part des Büros nicht vorbereitet und sah keine Möglichkeit, die Dinge aus meiner Perspektive zu klären. »Du wirst es nie schaffen, ein großes Unternehmen zu führen«, meinte Lena höhnisch. Nach diesem Treffen habe ich das Projekt an eine Kollegin im Büro abgegeben. Ich konnte einfach nicht mehr und wollte sie nicht wiedersehen.

Die Trennung von Lena hat in mir eine tiefe Trauer ausgelöst. Es war wie Abschied nehmen von jemandem, der gestorben ist. In dieser Zeit bin ich richtig depressiv geworden.

Nach und nach mehrten sich die kritischen Stimmen in meinem Freundeskreis. Meine Schwester sagte: »Lena war schon immer eine harte Nuss. Ich habe nie verstanden, wie sie deine Freundin sein konnte.« Eine andere Freundin meinte: »Sie hat oft schlecht über dich geredet. Als sie mal eine Postkarte von deinem Sohn bekam, hat sie die überall herumgezeigt mit den Worten: Guckt mal, Ankes Sohn kann nicht richtig schreiben.« Viele hatten unsere Freundschaft nicht verstanden. Aber Lena war halt meine beste Freundin. Kritik an ihr habe ich abgefedert und sie entschuldigt: »Das ist typisch Lena. Ihr kennt sie nicht richtig.«

Jahre später traf ich Lena zufällig bei einer Geburtstagsfeier. Ihr Freund hatte sich inzwischen von ihr getrennt. Sie kam auf mich zu und bat darum, dass wir uns wieder vertragen. »Ich vermisse dich. Du fehlst mir so. Nie wieder hatte ich eine Freundin wie dich.« Verdutzt erwiderte ich: »Bevor wir Frieden schließen, müssen wir erst ein paar Dinge klären. Du kannst nicht erwarten, dass ich bei dem, was du mir unterstellt hast, so einfach zur Tagesordnung übergehe.« Ich schlug vor, dass wir uns einen Tag lang zusammen einsperren und aussprechen. »Ich möchte, dass die Wahrheit auf den Tisch kommt und du nie mehr schlecht über mich redest.« Sie wollte nicht. Meinte, das sei nicht nötig. Erklärte, sie erinnere sich sehr gut an das Geschehene, und nochmals darüber zu sprechen sei unnötig. So versuchte sie, sich wegzudrücken. Ich war maßlos enttäuscht. Aber plötzlich auch entschlossen. Endlich konnte ich ihr ins Gesicht sagen: »Wenn du dich nicht mit mir auseinandersetzen willst, bist du nie mehr meine Freundin.« Das war der endgültige Schlussstrich zwischen Lena und mir.

Schon komisch, ich glaubte, ich hätte eine beste Freundin, doch plötzlich, in schlechten Zeiten, drehte sich alles um.

Du bist wie ich

Wenn wir uns heute zufällig begegnen, reden wir kurz und oberflächlich. Ich leide nicht darunter. Nicht mehr. Die Trennung hat mir gutgetan. Ganz einfach, weil Lena keinen feinen Charakter hat. Ich habe viele nette Freundinnen, die mich noch nie enttäuscht haben. Lena ist einen Schritt zu weit gegangen. Sie hat mir böse mitgespielt.

Wie es zu unserer Freundschaft kam? Im Nachhinein denke ich, Lena hat sehr viel dafür getan. Mir blieb fast nichts anderes übrig, als ihre beste Freundin zu werden. Sie hat mich immer einbezogen, erzählte mir wirklich alles. Und konnte sich darauf verlassen, dass ich hundertprozentig verschwiegen war. Ich gab mir Mühe, eine gute Ratgeberin zu sein. Natürlich ging es viel um Männer. Lena war manchmal hölzern im Umgang mit ihnen, ihr fehlte die weibliche Raffinesse. Ich habe ihr Tipps gegeben, wie sie weicher und attraktiver wird. Wären wir weiter Freundinnen geblieben, hätte ihr Freund, der sie später verlassen hat, sie garantiert geheiratet. Dafür hätte ich gesorgt. Auch über sexuelle Themen kann man mit mir gut sprechen, ich habe keine Scheu davor. Die meisten haben das. *Fifty Shades of Grey* – wie viele konservative Frauen haben das Buch nahezu verschlungen. Wie ein Geheimnis, das sich plötzlich lüftet. Ich bin ein Freigeist, ein komplett freier Mensch, mit mir kann man über alles reden. Ich glaube, das hat Lena beeindruckt. Wir haben auch viel über ihre Mutter gesprochen, mit der sie ein schwieriges Verhältnis hatte. »Sag mir, wenn ich so werde wie sie«, bat sie mich. Das konnte ich nicht mehr, denn da waren wir schon nicht mehr befreundet.

Seit zwanzig Jahren sind wir jetzt auseinander. Ich habe oft von Lena geträumt, aber interessanterweise war ich ihr nie böse. Ich habe dieses Gen nicht. Erst kürzlich trafen wir uns irgendwo, und sie fragte nach den Kindern, wollte Fotos sehen. Ich habe ihr eines geschickt. Aber ich kann nicht mehr mit ihr befreundet sein. Das möchte ich nicht. Dabei habe ich ihr tief in meinem Inneren sogar verziehen. Sie weiß es eben nicht besser. Es gibt Menschen, die sind einfach anders drauf. Denken anders. Sie war wie ein Klon. Lena hat mich geklont. Ich glaube, ich war ihre Idee von einem reichen, fantastischen Leben, dafür hat sie mich bewundert. Ich kann nicht glauben, dass sie mir bewusst schaden wollte. Aber ich will sie nicht in meinem Leben behalten. Als ich sie traf, zog sie gleich wieder über irgendwen her. Ich mag diese negative Energie nicht. Als ich jünger war, fand ich Lästern nicht so schlimm. Aber heute will ich nicht mit jemandem befreundet sein, der schlecht über andere redet. Ganz einfach. Natürlich, wir sind soziale Wesen, tauschen uns aus und klatschen auch mal, aber liebevoll und vielleicht amüsiert, nicht so. Nein. Das möchte ich nie mehr erleben.

Wofür ich Lena dankbar bin? Für die intensive Zeit, die wir miteinander hatten. Für den Spaß beim Reisen, beim Skifahren, wir hatten richtig gute Jahre. Es ist ein schönes Gefühl, wenn sich jemand dir gegenüber öffnet und dich sein Herz lesen lässt. Dir sein Vertrauen schenkt. Das hat mir gutgetan, ich habe ihr ja auch viel anvertraut.

Manchmal glaube ich, dass Menschen sich unbewusst andere Menschen aussuchen. Menschen mit schlechter Energie suchen sich Menschen mit guter Energie. Ja, so sehe ich das. Ich habe wenig dazu getan, dass Lena meine beste Freundin wurde. Ich habe mich von ihr finden lassen, könnte man sagen. Sie hat mich gewissermaßen geködert. Mit dem Vertrauen, das sie mir entgegenbrachte. Diese Nähe war eine Zeit lang mein größtes Glück. Der Verrat mein größtes Unglück.

Wie Lena heute über mich denkt? Ich bin sicher, dass ich ihr fehle. Das mag überheblich klingen. Doch ich glaube das

Du bist wie ich

tatsächlich. Leider vermute ich, sie vermisst vor allem meinen Glanz, in dem sie sich jahrelang gesonnt hat. Ich war sexy, konnte gut tanzen und mir die Männer aussuchen. Als Lena später viel Geld hatte, kippte die Freundschaft auch deshalb, weil sie feststellen musste: Mist, ich habe jetzt alles, was Anke vorher hatte, aber da gibt es etwas, das ich nicht kaufen kann. Das ist Ausstrahlung, Persönlichkeit. Man hat sie, oder man hat sie nicht, egal ob arm oder reich. Ich bin ein Herzensmensch. Lena nicht. Wir haben früher oft über Glück gesprochen, was das wohl ist. Ich bin überzeugt, es sind Momentaufnahmen, ganz intensive Augenblicke, da weißt du plötzlich, in dieser Sekunde bist du der glücklichste Mensch auf der Welt. Lena meinte, so habe sie noch nie empfunden.

Menschen wie Lena sind Vampire, die einen Teil deines Glanzes auf sich ziehen, und dann möchten sie selbst im Rampenlicht stehen, vergessen aber, dass ihnen das nicht gelingt. Denn es fehlt die Herzenswärme, die Empathie. Sie wissen nicht, wie sie die herbeizaubern sollen. Lena hat sich an meine Kraft gehängt und ist von ihr beschienen worden. Hat sie tatsächlich mich gemeint, als Mensch, als Anke? Ich denke, die wenigsten sind wirklich als Mensch gemeint. Ja, so weit gehe ich heute. Ich weiß, das ist eine bittere Erkenntnis.

Das Schöne am Älterwerden ist, wir müssen uns dieser Frage nicht mehr stellen. Wir sind nicht mehr in Konkurrenz. Wir definieren uns nicht mehr über Schönheit und Glanz und gesellschaftlichen Status. Deshalb glaube ich so sehr an Freundschaften im Alter. Da geht es um Ehrlichkeit. Wenn ein Mensch ein feines Herz hat, kann er morgen deine beste Freundin sein. Gute Menschen behalten sich im Auge. Daran glaube ich fest. Gute Menschen finden zueinander. Ganz sicher. Doch es braucht viele Tränen, die man bis dahin vergießen muss.

Sie hat eine Ausländerin denunziert. Fünfundvierzig Jahre Freundschaft waren in Sekunden ausgelöscht

Sabine und Angela

Du hast Angela vor über sechzig Jahren in der Schule kennengelernt. Was mochtest du an ihr?
Das kann ich nicht sagen. Wir waren beide vierzehn Jahre alt, mitten in der Pubertät, und ich glaube, mir gefiel alles an ihr. Sie war vor allem lustig. Ihre Familie hatte ich auch sehr gern.

Wie war ihre Familie?
Sehr warmherzig. Aber konservativ. Menschen, die eine schlichte Kette zur Konfirmation bekommen und diese ein Leben lang tragen. Ich erinnere mich an einen ovalen englischen Tisch, da saßen die Eltern mit ihren vier Kindern und tranken Tee. Ich kam rein und setzte mich dazu, einfach so. Ich fühlte mich immer willkommen.

Bei dir zu Hause war das anders?
Meine Eltern waren distanziert. Meinen Vater sah ich kaum, meine Mutter war eher unterkühlt. Klassische Bildungsbürger. Sonntags mit Schreibblock ins Museum und festhalten,

was man sieht. Impressionisten, Expressionisten, die Unterschiede. Man musste gute Bücher lesen und klassische Musik hören. Ich hatte Heftchen unter der Matratze und fand Elvis Presley toll ...

Was hat Angela und dich verbunden?
Ganz stark ihr Elternhaus. In meiner Familie wurde ich ja ständig belehrt. Aufmerksamkeit bekam ich nur als Pausenclown, auf diese Rolle hatte ich mich eingeschossen. Den Eltern von Angela musste ich nichts vorspielen. Sie mochten mich, umarmten mich, interessierten sich für mich. Angelas Mutter nahm oft mein Gesicht in ihre Hände. Ihr Vater holte sonntags die Brötchen. Er pulte den weichen Teig heraus und legte ihn auf meinen Teller, weil ich den so mochte. Später, als Erwachsene, bin ich so schnell wie möglich zu ihnen geradelt, wenn ich aus dem Ausland zurückkam. Sie hatten schon die Landkarte auf dem Tisch ausgebreitet, und wir sind alle Stationen meiner Reisen durchgegangen. Angelas Familie war meine Familie, wir beide waren wie Schwestern. Hatten viel Spaß zusammen, waren oft tanzen, haben die ersten Sünden begangen und uns gegenseitig gedeckt.

Warum das?
Na ja, den ersten Sex zum Beispiel hatte ich mit einem verheirateten Mann. Ich wollte keinen pickeligen Jungen mit feuchten Händen, ich wollte jemanden mit Erfahrung. Das war natürlich total geheim. Angela hat mir ohne zu zögern Alibis verschafft, obwohl sie sich bestimmt über mich gewundert hat. Ihre Knutscherlebnisse habe ich auch niemandem verraten. Wir waren dicke Freundinnen. Die besten.

Angela war nicht so wild wie du ...
Nein, eher Typ Faltenrock und Twinset. Sie hatte nur zwei BHs im Schrank, beste Qualität. Ich hatte ein ganzes Schubfach voll, einer von Woolworth, einer aus Spitze, einer selbst genäht, alle Varianten. Ich habe ja Mode entworfen, ausgeflippte Sachen, und bin als Model auf den Laufsteg gegangen. Das hätte Angela nie getan. Doch ich konnte mit ihr Quatsch machen, auch später noch. Wir sind im Dunkeln raus und haben an fremden Türen geklingelt. Ein Mann hat mal hinter uns hergerufen: »Geht nach Hause und macht eure Hausaufgaben.« Da waren wir beide schon Mütter. Oder wir sind am Wochenende mit dem Rucksack zur U-Bahn gegangen, in einer unbekannten Gegend ausgestiegen und von dort aus stundenlang nach Hause gelaufen. Unser Sportprogramm. Auf dem Weg habe ich an Häusern, die mir gefielen, geklingelt und gefragt, ob ich mir mal das Treppenhaus anschauen könne, ich sei Architektin. Einige haben mich hereingebeten und die Geschichte ihres Besitzes erzählt, von Bomben und vom Wiederaufbau. Spannend. Angela fand das grottenpeinlich. Sie war ängstlicher als ich, aber sie hat immer mitgemacht. Am liebsten in der zweiten Reihe.

Ihr wart schon verschieden ...
Ja, aber das war uns egal. Angela war immer an meiner Seite, ich an ihrer. Mit achtzehn bin ich von zu Hause weg, nach Amerika. Angela blieb in Frankfurt und wurde Grundschullehrerin. Angela bedeutete mir Heimat. Sie wusste von allen Leuten alles, sie war ja vor Ort.

Die Zeit nach der Schule hat eurer Freundschaft nichts anhaben können?
Wir haben beide früh vom Schicksal etwas abbekommen. Das hat unsere Verbindung noch gestärkt. Mein Mann war in Amerika gestorben, ich kam mit unserer Tochter nach Frankfurt zurück. Angelas Mann war schwul, wie sich herausstellte, und sie trennten sich. Angela heiratete wieder und bekam zwei Kinder. Der neue Mann verließ sie wegen seiner Sekretärin. Das Übliche. Ich heiratete auch wieder und ging mit meinem zweiten Mann erneut ins Ausland. Das war die Zeit, in der wir uns oft Briefe schrieben. Als unsere Kinder älter wurden, kam ich nach Deutschland zurück, und der Kontakt mit Angela wurde wieder richtig eng.

Wann war das?
Von 1975 bis etwa zum Jahr 2000. Fünfundzwanzig Jahre sahen wir uns pausenlos. Jeden Freitag, wenn Angelas Schuldienst zu Ende war, setzte sie sich ins Auto und verbrachte die Wochenenden mit mir, in meiner Familie. Ich hatte zu meinen vier Kindern noch Pflegekinder, bei uns war jedes Bett doppelt belegt. Angela schlief also auf einer Matratze am Boden, das machte ihr nichts aus. Sie gehörte einfach dazu. Hatte ihren festen Platz bei uns am Esstisch, hielt die Grabrede für meinen verstorbenen Bruder, war bei jeder Familienfeier dabei. Mit ihren eigenen Kindern gab es Schwierigkeiten. Die lebten beim Vater.

Deine Familie wurde Angelas Familie?
Absolut. Genau wie ihre Familie früher meine Familie war. Wir waren gefühlt Schwestern und hatten keine Geheimnisse voreinander. Gingen zusammen in die Sauna und saßen danach stundenlang vor dem Bollerofen. Saugemütlich.

Ich habe ihr auch beigebracht, mal fremde Sachen zu essen wie Döner oder Lammnierchen. So etwas gab es beim Türken. Erst hat sie sich geekelt, dann fand sie es toll. Mit dem Verkäufer hätte sie natürlich nie ein privates Gespräch geführt, das machte man nicht, der war ja Ausländer. Dazu war sie zu konservativ. Das hat sie alles bei mir gesehen und insgeheim sicher auch bewundert.

Eine jahrzehntelange, enge Freundschaft. Trotzdem habt ihr euch vor zwanzig Jahren verkracht und nie mehr gesehen. Was ist passiert?
Unsere Freundschaft fand ein gnadenloses Ende. Der Moment, als ich sie aus meiner Wohnung warf, dauerte nur Sekunden. Schon vorher hatte sich einiges zusammengebraut.

Der Reihe nach ...
Ich empfand schon eine Zeit lang Angelas Ton mit ihren Schülern als unangenehm. Als ich sie darauf ansprach, entgegnete sie, als Lehrerin müsse man autoritär sein. Plötzlich hatte sie diese Art auch mit meinen Kindern. »Wenn du badest, musst du danach die Wanne putzen. Ich kontrolliere das«, erklärte sie meinem fast erwachsenen Sohn. »Spinnst du?«, sagte ich. »In meinem Haus!« Ich war immer geradeheraus mit der Sprache, Angela zunehmend hintenrum. Sie sagte Sachen hinter meinem Rücken. Das beobachtete ich. Und es gefiel mir nicht.

Zum Beispiel waren wir zusammen auf einem Rockfestival, sie bekam Platzangst, ich musste sie zurückfahren. Sie hat dann die Situation völlig verdreht und sich bei meinen Kindern über mich beschwert. Ich hätte mich so merkwürdig benommen und die Leute komisch angestarrt. Aber man guckt sich doch um auf einem Konzert und liest keine Bücher! Ich war verletzt und maßlos verärgert. Dann kam die Sache mit der Afrikanerin. Das war der Gipfel. Danach war unsere Freundschaft vorbei.

Was war mit der Afrikanerin?
Angelas Sohn war psychisch krank. Meistens war er freundlich und unauffällig, aber er konnte nicht normal arbeiten und musste zwischendurch in eine Klinik. In der Wohnung seiner Mutter gab es für ihn kein Zimmer, keinen Platz für ein Bett. Das hatte mich schon lange gestört. Es war doch ihr Sohn! Mit dreißig lernte er eine Frau aus Ghana kennen, die am Kiosk arbeitete und in Deutschland studieren wollte, aber keine Aufenthaltsgenehmigung bekam. Die beiden schlossen eine Scheinehe, für drei Jahre. Das war die Abmachung. Nicht legal, aber damals machten das viele.

Erst war Angela entsetzt, weil ihre Schwiegertochter eine Schwarze war. Bis sie völlig überraschend ihr Sonnenschein wurde. Angela erzählte, Celia käme aus einem gebildeten Elternhaus, die Eltern spielten Geige und Klavier. So ein Quatsch, sie kannte sie ja gar nicht. Sie jubelte Celia regelrecht hoch. Und warum? Weil sie ihr den Sohn vom Leib hielt! Celia bekochte ihn, kaufte ihm Klamotten, sorgte dafür, dass er seine Tabletten nahm, und ging weiter ihrer Arbeit nach. Alles war so, als ob sie ihn wirklich liebte. Und er fühlte sich wohl mit ihr. Dann begann das Drama.

Welches Drama?
Celia verliebte sich in einen gut situierten Mann, jemanden, der sie heiraten wollte, sobald ihre Scheinehe vorbei war. Das löste bei Angela Alarm aus. Ich bin überzeugt, sie fürchtete, ihren Sohn demnächst an der Backe zu haben. Also wollte sie Celia fertigmachen. Und hat sie gezielt denunziert.

Erzähl das genauer ...

Angela hatte eine Freundin bei einer Berliner Behörde, eine Verbündete. Zu ihr fuhr sie und ließ sie einen offiziellen Brief schreiben. Darin wurde dem Ausländeramt in Frankfurt mitgeteilt, es gäbe Beweise für eine Scheinehe zwischen Celia aus Ghana und ihrem deutschen Mann. Man stelle sich das mal vor! Unfassbar! Und damit nicht genug. Scheinheilig begleitete Angela danach ihre Schwiegertochter zum Amt, wo Celia sich regelmäßig melden musste. Angela tat so, als sei sie an Celias Seite, wie bei früheren Behördengängen. Dabei wollte sie diesmal nur ausspähen, ob der Brief aus Berlin bereits vorlag. Tat er aber nicht. Ich spüre heute noch meine grenzenlose Wut, wenn ich davon spreche. Obwohl das Ganze im Jahr 1999 passierte.

Wie hast du von der Geschichte erfahren?

Angela hat sie mir stolz erzählt mit den Worten: »Ich habe da heimlich ein Ding gedreht, da wirst du dich freuen, wenn du das hörst!« Ungläubig habe ich ihr zugehört und war total geschockt. »Da ist die Tür! Ich möchte, dass du sofort aus meinem Leben verschwindest. Du hast einen anständigen Menschen denunziert! Weg! Raus mit dir!«, habe ich sie angeschrien. »Andere Mütter töten für ihre Kinder«, sagte Angela mir kühl ins Gesicht. Dabei ging es ihr ja nicht um den Sohn. Es ging ihr darum, dass sie sich nicht um ihn kümmern wollte. Total egoistisch. Ich war außer mir. »Du hast eine Todsünde begangen! Das ist das Letzte, was wir Deutschen uns erlauben können. Ich will dich nie mehr wiedersehen!« Von meinem Wochenendhaus auf dem Land, wo die Szene stattfand, gab es spätabends keinen Bus mehr in die Stadt. Also blieb Angela noch über Nacht, aber ich habe kein Wort mehr mit ihr geredet. Am nächsten Morgen im Auto auch nicht. Schweigend fuhren wir nach Frankfurt. Sie wollte sich rechtfertigen, doch ich blieb stumm. Ich war einfach nur angewidert.

Warum dachte Angela, du würdest dich über ihre Aktion freuen?
Das weiß ich nicht. Das habe ich sie in dem Moment nicht gefragt, ich war so perplex. Erst Tage später fühlte ich mich zutiefst gekränkt. Und mir ging ein Licht auf: Die kennt mich ja gar nicht! Wie kann ich mich über eine böse, menschenverachtende Tat freuen? Dachte sie, weil ich früher Streiche gespielt habe und mutig war, finde ich so etwas auch toll? Hat sie denn kein Gespür für mich? Weiß sie nicht, wer ich bin? Nach so langer Zeit? Ich war entsetzt, einfach nur entsetzt. Das passte so gar nicht zu mir und meinen Werten. Angela konnte wahrscheinlich nicht ermessen, was das für ein Vergehen war. Die Denunziation war ja raffiniert eingefädelt. Wenn der Brief nicht in irgendeiner Schublade verschwunden wäre, hätte man Celia des Landes verwiesen, denn Scheinehen waren verboten. Sie kam auch sicher nicht aus einer gebildeten, Geige spielenden Familie. Sie wäre unter Schimpf und Schande irgendwo in Ghana an den Pranger gestellt worden. Nein, Angela hat nur an sich gedacht. An ihre eigene Bequemlichkeit. Sie wollte nicht für ihren kranken Sohn sorgen, ganz einfach.

Was passierte mit Celia?
Die Sache ging erstaunlich gut aus. Der Brief ist wohl nie aufgetaucht. Auf jeden Fall wurden die beiden geschieden, und Celia hat den Mann, den sie liebte, geheiratet. Das Ehepaar hat Angelas Sohn im neuen Haus aufgenommen und sorgt für ihn. Was für eine Herzensentscheidung! Ganz großartig. Ich vermute, er lebt heute noch mit ihnen.

Nach der langen Freundschaft, vermisst du Angela?
Nicht ein einziges Mal, das wundert mich selbst. Obwohl wir über vierzig Jahre unzertrennlich waren und sie mir näher war als meine eigene Schwester. Doch das Kapitel Angela ist zugeschlagen. Sie hat einen wunderbaren Menschen heimtückisch denunziert. Das reicht. Außerdem hatte sie keine Ahnung, wer ihre Freundin wirklich ist, mit wem sie es all die Jahre zu tun hatte. Angela ist für mich eine riesige Enttäuschung. Dass es plötzlich so knallen kann, ist eine entsetzliche Erfahrung. Aber die Kerze ist aus. Das ist die Wahrheit.

Hat dich niemand aus der Familie angerufen? Die müssen sich doch gewundert haben?
Ihr Bruder hat sich mal gemeldet. Ihre Tochter auch. Ich wollte nicht darüber reden. Soll sie ruhig ihre eigene Version erzählen, dachte ich mir. Vielleicht habe ich sie damit ein letztes Mal geschützt.

Du möchtest nie mehr mit Angela in Kontakt kommen?
Nein. Ich möchte nicht wissen, ob sie noch lebt und wo. Vor Monaten ist etwas Gruseliges passiert. Ich wollte im Internet nachschauen, wie man Traueranzeigen selbst gestaltet, und kam auf die Seite eines Beerdigungsinstituts. Unglaublich, aber da stand ihr Name als Anzeigenbeispiel, so wie Renate Mustermann. Angela hat aber keinen üblichen Namen. Ich weiß gar nicht, wie das rechtlich geht ... Jedenfalls bekam ich eine Gänsehaut. Wie ein letzter Gruß an mich aus dem Grab. Oder wie ein mahnender Finger, der herausguckt: Vergiss mich nicht! Vielleicht sagt sie ja auch: Verzeih mir. Oder: Ich hole dich noch. Oh Gott ... Egal wie. Für mich ist Angela vor zwanzig Jahren gestorben.

Kapitel 3

Du kannst mich mal ...

*13 Klippen,
an denen es kritisch wird*

Um Klippen mache ich einen Bogen. Egal, welcher Art sie sind. Bei einer Bergwanderung bin ich bereit, lange Umwege zu gehen, um nicht in die Nähe eines gefährlichen Abhangs zu geraten. Am Meer sehe ich in jedem harmlosen Felsvorsprung eine Steilküste und suche mir lieber ein sicheres Plätzchen. Ich nehme einiges in Kauf und verzichte gern, um nicht in die Gefahrenzone zu kommen. Neuerdings auch in Freundschaften. Die Arbeit am Buch führte mir die verschiedenen Klippen, an denen Freundschaften scheitern können, deutlich vor Augen.

Klippen an sich stellen keine Bedrohung dar. Es gibt sie einfach. Als Naturereignis oder als natürlichen Konflikt zwischen zwei Menschen. Sie können gefährlich sein, müssen es aber nicht. Eine Klippe bedeutet noch keinen unweigerlichen Absturz. Vorausgesetzt, ich erkenne die Gefahr und verhalte mich entsprechend. Ein Unglück geschieht nur, wenn ich das Risiko ignoriere. »Wer das Konfliktpotenzial nicht erkennt, steuert direkt auf den Konflikt zu«, erklärt Audrey Lobo-Drost.

Frauenfreundschaften sind intensiv, komplex und voller Widersprüche. Eine einzige große Gefahrenzone, könnte man sagen. Sie sind mehr Krisen ausgesetzt als Männerfreundschaften und zerbrechen öfter, schmerzlicher und endgültiger. Woran scheitern wir? Was macht die häufigsten und gefährlichsten Klippen aus? Die folgenden Beispiele aus dem Alltag unterschiedlicher Freundinnen sind bezeichnend für Spannungen, die viele von uns kennen. Es muss nicht zum Zerwürfnis kommen, sofern die Bedrohung rechtzeitig erkannt und verstanden wird.

Klippe 1: Die Scheu vor dem Konflikt

Was war
»Meine Freundin und ich waren eine totale Einheit. Wir verstanden uns blind. Das hatte ich noch nie so erlebt, und es machte mich unbeschreiblich glücklich. Für dieses Gefühl stellte ich die Interessen meiner Freundin schon mal über meine. Richtete mich nach ihren Terminen, Plänen, Wünschen. War erreichbar, wenn sie mich brauchte. Ich wollte unentbehrlich sein und wurde immer abhängiger davon. Enttäuschungen ließ ich mir nicht anmerken. Meine Rücksichtnahme, mit der ich jeder Reiberei aus dem Weg ging, hinderte mich an längst notwendigen Auseinandersetzungen.«

Wie es ist
»Ich habe eine Reise gebucht, ohne mich vorher mit meiner Freundin abzusprechen. Das nimmt sie mir übel. Sie ist sauer, weil sie nicht einbezogen wurde. Macht mir Vorwürfe. Stimmt schon, wir sind beide Singles und seit Jahren ge-

meinsam in den Urlaub gefahren. Nur hat diesmal eine Kollegin das verlockende Angebot auf meinen Tisch gelegt, und ich musste schnell zugreifen. Jetzt ist der Konflikt da, und die Freundschaft wackelt.«

Worum es geht
Die Klippe zeigt sich in einer vermeintlichen Einheit, die nicht existiert. Sie ist wirklichkeitsfremd und letztlich eine Sehnsucht, die man nicht aufgeben möchte. Daraus entsteht die Angst vor einem Konflikt. Möglich, dass diejenige, die sich über den Alleingang der anderen ärgert, gut in ihrer eigenen Welt verankert ist und die Freundin lediglich als festen Bestandteil in ihrem Leben sieht, an den sie sich gewöhnt hat und der sich nach ihr richtet. Während die harmoniebedürftige Freundin alles gibt für ihre Sehnsucht nach emotionaler Verbundenheit. Die hat ihren Preis. Er heißt Selbstaufgabe. Wenn die Freundschaft überleben soll, müssen beide einen Weg finden, den Konflikt konstruktiv auszutragen. Hinter der schnellen Urlaubsbuchung könnte der Wunsch nach mehr Unabhängigkeit stecken, vielleicht auch geheimer Protest und eine kleine Rache. Die andere muss sich fragen, woraus sich ihre Vorwürfe speisen. Kontrolle? Eitelkeit? Eifersucht? Über alles muss gesprochen werden. Beide müssen sich aufeinander einlassen und den Konflikt ehrlich angehen. Gemeinsamkeiten so genießen zu können wie Eigenständigkeit und Freiraum in der Freundschaft, dahin sollte die Reise gehen.

Klippe 2: Vertrauensbruch und Illoyalität

Was war
»Der Exfreund meiner Freundin wollte sich mit mir verabreden. Er interessierte sich für mich. Ich rief meine Freundin an und fragte, ob es okay ist, wenn wir uns treffen. Sie war bereits neu verliebt und hatte nichts dagegen. ›Kein Problem für mich‹, sagte sie wörtlich. Später kam mir zu Ohren, dass sie hinter meinem Rücken kräftig über mich herzog. So etwas täte man nicht, schließlich handele es sich um ihren Exfreund. Ich wäre egoistisch, hätte keinen Anstand und einen zweifelhaften Charakter. Mit derartigen Gemeinheiten machte sie mich in unserem Freundeskreis schlecht.«

Wie es ist
»Ich habe meine Freundin auf ihr verletzendes Gerede angesprochen, aber sie weicht aus. Kann keine Schuld zugeben, sieht sich moralisch auf der richtigen Seite und will nichts davon wissen, dass sie meinem Date mit ihrem Exfreund zugestimmt hatte. Ich sage es natürlich ab, doch das Vertrauen in meine Freundin ist weg. Darüber bin ich mehr als traurig.«

Worum es geht
Unsere Neigung, heimlich zu lästern, ist leider menschlich und zugleich brandgefährlich. Mit Gerüchten und versteckten Anfeindungen beschädigen und bestrafen wir eine andere Person, und zwar gezielt. Das ist nicht loyal und zerstört die Basis einer Freundschaft. Besser ist es, kurz nachzudenken, bevor man den Mund aufmacht. Was will ich erreichen, wenn ich hinter dem Rücken einer Freundin gegen sie stichele? Habe ich eine alte Rechnung zu beglei-

chen? Gönne ich ihr etwas nicht, oder bin ich eifersüchtig? Will ich mich bei anderen einschmeicheln? Bin ich mit mir selbst unzufrieden und versuche, mich in ein besseres Licht zu setzen? Ändere ich nur diesmal meine Meinung – oder fehlt mir öfter der Mut zur eigenen Haltung? Schon klar, ein Date mit dem Exfreund der Freundin ist heikel. Und kann von der anderen Seite als Vertrauensbruch gewertet werden. Statt gegenseitiger Schuldzuweisungen wäre ein Gespräch über Fairness und Gradlinigkeit angebracht. Darüber, was jedem von beiden Werte bedeuten. Ob man sich auf gemeinsame Überzeugungen einigen und der Freundschaft noch eine Chance geben kann.

Klippe 3: Neue Rollen, neue Lebenskonzepte

Was war
»Ich bin ein unruhiger Geist. Schon in der Pubertät probierte ich jede Haarfarbe aus und war dauernd unterwegs. Ich interessierte mich für andere Städte und Länder, war begeistert von neuen Eindrücken und spannenden Menschen. Meine Freundin lernte ich kennen, als ich Mutter wurde und wir beide wegen der Kinder nur selten vor die Tür kamen. Wir teilten unseren Familienalltag und hatten viel Spaß zusammen. Jetzt bin ich wieder im Job und beruflich oft auf Reisen. Ich genieße mein neues altes Leben. Meine Freundin bleibt für ihre jüngste Tochter weiterhin zu Hause.«

Wie es ist
»Meine Freundin macht es mir schwer. Sie sehnt sich nach den alten Zeiten und lässt keine Gelegenheit aus, das zu betonen. Ich hänge sehr an ihr, sie fehlt mir auch, und ich ver-

suche, sie so oft wie möglich zu treffen. Doch ich stelle fest, dass ich ihr immer weniger aus meinem neuen Leben erzähle. Ich will sie nicht überfrachten oder gar neidisch machen. Sie fragt auch nicht viel in diese Richtung. Wir sind an einem Punkt, wo es nicht mehr gut ist zwischen uns.«

Worum es geht
Wiedereinstieg in den Beruf, Ortswechsel, eine neue Liebe, andere Interessen: Bei jeder Veränderung öffnen sich Türen, andere schließen sich. Das ist das Wesen von Entwicklung. Wer neue Wege geht, muss damit rechnen, dass die Freundin nicht mitkommt. Die freie Zeit ist knapper, es gibt weniger als früher zu teilen. Die gemeinsame Schnittmenge verringert sich. Beide Freundinnen wünschen sich weiterhin die vertraute Nähe. Auch die Berufstätige schätzt die Freundschaft wert, nur erlebt die andere das nicht so. Ihr fehlt die unmittelbare Rückmeldung, sie braucht die gefühlsmäßige Absicherung. Die reisende Freundin dagegen hat die Beziehung verinnerlicht und nimmt sie mit in ihr neues Leben. Gut wäre es, wenn sich beide Freundinnen ihrer gegenseitigen Nähe sicher sein können, ohne sie im Alltag ständig bestätigen zu müssen. »Meine Freundin ist viel unterwegs, aber auch wenn sie nicht da ist, ist sie da. Ich bin in ihrem Herzen.« Das wäre die konstruktive Haltung, die einer Krise vorbeugt. Die Freundin darf außerdem ruhig mal fehlen. »Sehnsucht ist ein wunderbares Gefühl, das wir erst durch Entfernung erleben können«, sagt Audrey Lobo-Drost. Und die Veränderung der Freundin kann auch eigenes Wachstum begünstigen. Sich von der Freundin inspirieren lassen, eigenen Raum entdecken, neue Interessen entwickeln: Dann vergrößert sich die Schnittmenge ganz von allein.

Klippe 4: Konkurrenzverhalten

Was war

»Wir sind Kolleginnen, und seit einem Jahr sind wir eng befreundet. In der Kanzlei arbeiten wir an unterschiedlichen Fällen, berichten aber an dieselbe Chefin. Bisher konnten wir uns produktiv austauschen und beim Lösen von Problemen gegenseitig unterstützen. Ich dachte, wir leben den perfekten Teamgeist. Im Büro und auch privat, wenn wir nach Feierabend zusammen um die Häuser zogen. Unser unkompliziertes Verhältnis hat sich in der letzten Zeit zum Unguten verändert. Ich bin besorgt, denn Freundschaft und Arbeitsverhältnis gehören bei uns ja zusammen.«

Wie es ist

»Ich bemerke einen bissigen Ton zwischen uns. Wir sind beide schnell gereizt. Wenn ich ehrlich bin, habe ich das Gefühl, meine Freundin tut sich mit allem leichter als ich. Ich ackere, sie nimmt die Dinge locker und gewinnt. Je mehr sie mich unterstützt, desto unfähiger fühle ich mich. Sie sonnt sich in ihrem Wissen und stellt mich in den Schatten, so kommt es mir vor. Das war früher nicht so. Ich ertappe mich auch, dass ich mir plötzlich Mühe gebe, besser auszusehen als sie. Als müsste ich sie wenigstens optisch übertrumpfen. Aus Freundinnen sind Rivalinnen geworden. Das hätte ich nie gedacht.«

Worum es geht

Freundschaften im Job können motivieren und beflügeln, sie sind aber besonders anfällig für Krisen. Weil wir dann sowohl privat als auch beruflich viel Lebenszeit miteinander teilen. Daraus entsteht eine brisante Gemengelage. Als ob der

Sprengstoff nicht reichen würde, packen wir noch das typische Konkurrenzverhalten obendrauf. Wir vergleichen uns. Bewusst und unbewusst. Als Kolleginnen, Freundinnen, Rivalinnen. Der Blick, mit dem eine Frau die andere taxiert, kann schlimmer sein als der abschätzige Kommentar eines Mannes. Aussehen, Geld, Karriere, Männer, Kinder. Kein Aspekt eines Frauenlebens ist vor weiblichem Wettbewerb gefeit. Warum sie und nicht ich? – wer das auch nur klammheimlich denkt, macht sich zum Opfer. Der Gedanke rührt aus mangelndem Selbstwert und dem Empfinden, nie zu genügen. Dieses Gefühl ist kein Schuldeingeständnis.

Unterlegenheit und der Wunsch zu gefallen stecken in den Genen, sind quasi eingepflanzt und werden uns als Mädchen immer noch anerzogen. Später müssen wir uns gegenseitig niedermachen, um uns vorteilhaft im Leben zu platzieren. Wir fahren die Ellenbogen aus und übertrumpfen einander, statt uns gegenseitig zu fördern. Machen lieber die Freundin zur Feindin, als uns aus der gefährlichen und destruktiven Spirale zu befreien. Dabei geht das. Zum Beispiel, indem jede Freundin für sich selbst schaut, wer sie ist und wo sie steht. Wenn beide beruflich wie privat Selbstbewusstsein entwickeln und mehr gute Seiten an sich entdecken, statt vor allem nach Fehlern zu suchen.

Es lohnt sich auch zu fragen, welche Wesenszüge ich in der vermeintlichen Konkurrentin bekämpfe. Sind es Eigenschaften, die ich gern hätte – oder Dinge, die ich an mir selbst nicht mag? Auf diesem Weg finde ich möglicherweise heraus, dass ich mit der anderen gar nicht tauschen möchte und überraschend zufrieden mit mir sein darf. Vielleicht entdecke ich, auf welchem Feld ich mich inspirieren lassen möchte und ihre Konkurrenz als positiven Ansporn für mich nutzen kann. Auf Augenhöhe kann ich mir erarbeiten, was mich und meine Person ausmacht. So entsteht mein eigenständiges Wachstum. Und nur so bleiben wir Freundinnen und können gefahrlos voneinander lernen.

Klippe 5: Macht und Kontrolle

Was war
»Meine Freundin hat mir nach dem Tod meiner Eltern viel Kraft gegeben. Sie tröstete mich und war immer für mich da. Ich hatte bei ihr eine Heimat und fühle mich zu Dankbarkeit verpflichtet. Leider gibt sie in unserer Beziehung zunehmend den Ton an. Das war vielleicht immer so, aber in letzter Zeit fällt es mir besonders auf. Ich empfinde meine Freundin oft als zu dominant und wehre mich dagegen. Ungefragt hat sie stets einen Ratschlag parat, aus ihrer Sicht natürlich den einzig richtigen. Wehe, wenn ich anderer Meinung bin. Dann ist sie beleidigt und zieht vielsagend die Augenbrauen hoch. Obwohl wir aneinander hängen, sind wir nicht gut miteinander.«

Wie es ist
»Zum Geburtstag habe ich für sie eine Überraschungsparty ausgerichtet. Um ihr etwas Gutes zu tun und zu zeigen, wie gern ich sie mag. Ich habe alles vorbereitet und bezahlt, den Gästen Tipps für Geschenke gegeben. Meine Freundin fand, ich hätte meinen Plan mit ihr abstimmen müssen, und war schlecht gelaunt. Die Party kam nicht in Schwung, danach haben wir nur gestritten. Ich habe mir solche Mühe gegeben und fühle mich jetzt ausgenutzt.«

13 Klippen

Worum es geht
Das Machtgefüge in der Freundschaft schwankt hin und her. Keine der Freundinnen lässt sich die Butter vom Brot nehmen. Wenn zwei starke Charaktere aufeinandertreffen, ist das anregend und wird nie langweilig. Vorausgesetzt, beide gehen tolerant und respektvoll miteinander um. Hier geht es um Machtverschiebung und Einflussnahme. Zunächst war die Freundin die Stärkere. Sie konnte in einer schwierigen Lebensphase Trost und Geborgenheit schenken und ging in der Rolle der mütterlichen Freundin auf. Nun ist das »Kind« erwachsen und beansprucht eigene Gedanken und Gefühle. Es greift sogar in ihren Raum ein und bestimmt darüber, wie ihr Geburtstag gefeiert wird. Nachdem schon gut gemeinte Ratschläge hinterfragt werden, scheint das jetzt der Gipfel zu sein. Das gilt übrigens für beide, denn die andere Freundin fühlt sich in ihrem Wunsch, Dankbarkeit zu zeigen, auch missverstanden und nicht anerkannt. Sie empfindet die mütterliche Freundin als herrisch und fühlt sich ausgenutzt. Was natürlich nicht stimmt, denn niemand hat von ihr verlangt, die Party auszurichten.

Hier hilft es nur, in Ruhe über Macht und Kontrolle in der Beziehung zu sprechen. Freundschaft ist keine Herrschaft, sondern ehrlicher Austausch. Beide Freundinnen wollten ja der anderen etwas Gutes tun. Trost und Geborgenheit auf der einen, Wertschätzung auf der anderen Seite. Beides sind große Geschenke, die eine Freundschaft aber auch überfordern können. Wohltaten, aus welchem Motiv auch immer, können zur Belastung werden. Rechthaberei ist bezeichnend für innerlich unsichere Menschen, die stur und uneinsichtig um eine verloren geglaubte Macht kämpfen. Die Psychoanalytikerin F. Diane Barth bringt es auf den Punkt: »Fähig zu sein, Rat zu geben und anzunehmen, ohne zu kontrollieren und sich kontrolliert zu fühlen, ist möglicherweise der Schlüssel zu einer gesunden, erfüllten, dauerhaften Freundschaft.«

Klippe 6: Freundschaft auf den ersten Blick

Was war

»Wir haben uns im Fitnessstudio getroffen und hatten sofort den totalen Draht zueinander. Wir lachten uns an, kamen ins Gespräch und erzählten uns das halbe Leben. Als wir uns verabschiedeten und Kontakte austauschten, hatte ich das Gefühl, wir würden uns schon ewig kennen. Ich bin ein sehr emotionaler Mensch und offen für neue Begegnungen. Aber so etwas ist mir noch nie passiert. Das ist nun einige Wochen her, meine Freundin und ich verstehen uns immer noch blendend. Nur beschleicht mich die Frage, ob meine Geheimnisse bei ihr gut aufgehoben sind.«

Wie es ist

»Gleich bei unserer ersten Begegnung vertraute ich meiner neuen Freundin an, dass ich die Geliebte eines verheirateten Mannes bin. Ich stand sehr unter Druck und war froh, mit jemandem über die Situation sprechen zu können. Mir wurde beim Erzählen vieles klar. Meine Freundin fühlte sich intensiv in mich ein und fragte immer wieder nach. Vor Jahren hatte sie auch so ein Verhältnis, wir verstanden uns also blind.

In letzter Zeit macht sie allerdings Andeutungen, die mir nicht gefallen. Als ich neulich nach dem Kino losmusste, um meinen Freund zu treffen, rief sie mir hinterher: ›Pass auf, dass ich dich nicht verpfeife.‹ Aus Spaß, natürlich. Trotzdem war mir mulmig zumute. Ich fürchte, durch mein blindes

13 Klippen

Vertrauen bin ich in eine Abhängigkeit geraten, die unserer Freundschaft nicht guttut.«

Worum es geht
Wie es Liebe auf den ersten Blick gibt, so gibt es auch den Augenblick, in dem man sich blitzschnell befreundet. Die Mechanismen und Voraussetzungen sind einander ähnlich. Aus einem Blickkontakt kann eine lebenslange Verbindung wachsen. Das ist schön und Ausdruck unserer eigenen Lebendigkeit.

Die Gefahr liegt allein in der Geschwindigkeit, mit der wir dem anderen vertrauen und unser Innerstes preisgeben. Die Bereitschaft, sich in Windeseile zu öffnen und auch Intimes vom Herzen zu reden, ist zwischen Frauen größer als zwischen Männern. Wir lassen unserer Sehnsucht freien Lauf, stülpen uns über die vermeintliche Seelenpartnerin und verschmelzen mit ihr in Euphorie. Sprechen kann erleichternd wirken. Im besten Fall gewinnt man dabei Klarheit – über Gefühle, Lebensumstände, über sich selbst. Viele kennen Momente, etwa im Wartezimmer oder am Flughafen, wo man mit wildfremden Menschen redet und hinterher überrascht ist, was man alles von sich gegeben hat. Kein Grund zur Unruhe, das hat selten Folgen und kann, im wörtlichen Sinn, ausgesprochen guttun.

Anders ist es in einer Begegnung, die auf Wiedersehen und Freundschaft ausgerichtet, also mit Erwartungen verbunden ist. Da nehme ich mich als ganze Person in die Beziehung mit, mit meinen Bedürfnissen, meinen Unzulänglichkeiten, meinen Wünschen. Also muss ich mein Bewusstsein schärfen und dafür gelegentlich innehalten. Das ist nicht weniger emotional, aber reifer und selbstbewusster, statt sofort das Herz auszuschütten und den Preis zu bezahlen, der Abhängigkeit heißt. »Bitte, verstehe mich nicht zu schnell« – das könnte man sich von der neuen Freundin wünschen. Und es selbst auch lieber etwas langsamer angehen. Nähe und Verbundenheit dürfen in aller Ruhe wachsen.

Klippe 7: Bedeutungsverlust

Was war

»Ich bin begeisterte Netzwerkerin. Ich bringe gern Menschen zusammen, privat und beruflich. Mir macht es Spaß, die Urheberin interessanter Begegnungen zu sein und zu erleben, wie neue Verbindungen entstehen. Vor Kurzem habe ich zwei gute Freundinnen von mir vernetzt, deren Jobs sich ergänzen. Sie haben gemeinsam eine interessante Geschäftsidee entwickelt. Inzwischen bereue ich die Vernetzung. Meine Freundschaft zu beiden steht auf dem Prüfstein.«

Wie es ist

»Die Freundinnen melden sich kaum noch bei mir. Auf Nachfragen bekomme ich nur distanzierte und ausweichende Antworten. Viel zu tun, wenig Zeit, in der Art. Mir macht das zu schaffen. Ich fühle mich wie abgeschnitten und bin zum ersten Mal eifersüchtig. Als die beiden einen Konflikt hatten, war ich gefragt und sollte schlichten. Ich versuchte, möglichst keine Partei zu ergreifen. Inzwischen haben sie sich miteinander ausgesprochen, ein besseres Modell ausgearbeitet und verstehen sich wieder großartig. Und prompt werde ich erneut ignoriert. Ich verstehe das nicht. Ich habe doch nichts falsch gemacht!«

13 Klippen

Worum es geht
Ein vermeintlicher Mangel an Bedeutung kann schnell das Gefühl auslösen: Ich werde nicht mehr gebraucht, bin überflüssig geworden, werde ausgeschlossen. Die innere Wahrheit fühlt sich bitter an, auch wenn die Realität draußen vielleicht anders ist.

Möglicherweise bleibt den anderen Freundinnen wegen aller geschäftlichen Herausforderungen nur wenig Zeit für die Freundschaft. Doch Verlustängste, das Ringen um Anerkennung und unterschwellige Eifersucht lösen Stress aus und kränken. Der Freundin fehlt die frühere Verbundenheit, und die Kontakte sind zu spärlich, um ihr die Sicherheit zu geben, weiter dazuzugehören. Statt sich frustriert davonzuschleichen, können Empathie und Vorstellungskraft helfen: Ich nehme meine Erwartungen zurück und fühle mich bewusst und möglichst genau in den Alltag meiner Freundinnen ein. So kann Verständnis wachsen.

Oder ich stelle mir in sehnsuchtsvollen Momenten vor, was die Freundinnen sagen, wie sie reagieren würden, wenn sie jetzt da wären. Wie bei nahen Verstorbenen, die uns weiter begleiten, weil wir so vertraut mit ihnen sind und wissen, was sie denken und sagen. Der Vergleich ist gewagt, aber hilfreich. Innere Bilder sind in Zeiten, wo Freundinnen absorbiert sind und die eigene Angst, sie könnten mich nicht mehr brauchen, zum Hirngespinst ausufert, ein entspannendes Gedankenspiel.

Klippe 8: Enttäuschung

Was war
»Meine Freundin ist im Grunde ein wunderbarer, positiver Mensch. Sie reißt jeden mit. Ich glaube, deshalb habe ich mich mit ihr befreundet. Doch die Leichtigkeit, mit der wir gestartet sind, ist uns abhandengekommen. Viele Kleinigkeiten beginnen mich an ihr zu nerven, vor allem ihre Ichbezogenheit. Oft werde ich ungeduldig und bin angespannt.«

Wie es ist
»Wir waren zusammen im Urlaub. Meine Freundin hat so geschnarcht, dass ich nicht in den Schlaf fand und erst morgens erschöpft eingeschlafen bin. An ihrer Stelle hätte ich Rücksicht genommen, schon aus schlechtem Gewissen. Doch sie ist aufgestanden, hat laut geduscht, sich im Zimmer Kaffee gemacht und mit ihrem Handy gespielt. Es war ihr egal, ob ich weiterschlafen konnte oder nicht. Wir haben uns ständig darüber gestritten. Meine Freundin hat oft gemacht, was sie wollte. Diesen Mut habe ich bewundert. Inzwischen finde ich ihre Art unerträglich.«

Worum es geht
Nach einer ersten Phase voller Euphorie kommt oft die Phase der Enttäuschung. Wir kritisieren das Verhalten der Freundin und streiten. Die wertvolle Erkenntnis in dieser Phase lautet: Ich bin es, die sich hat täuschen lassen. Habe vielleicht Ichbezogenheit mit Mut verwechselt. Das bedeutet: Ich bin kein Opfer. Deshalb kann ich mich aktiv entscheiden. Was bleibt an der Freundin weiterhin so wertvoll, dass ich ihre Art in Kauf nehme? Oder ist die Freundschaft zum Scheitern verurteilt, weil sie mir langfristig nicht guttut?

Audrey Lobo-Drost: »Wichtig ist, die Enttarnung der Täuschung auszuhalten und für einen Realitätscheck zu nutzen.« Denn oft wollen wir ein negatives Ergebnis nicht zulassen. Wir reden uns das Verhalten der anderen schön, aus Sorge vor Trennungsschmerz und anderen möglichen Folgen. An diesem Punkt ist es wichtig, auf die eigenen Gefühle zu achten. Nur so setzt sich eine neue Entwicklung in Gang. Nicht nur für eine, sondern für beide Freundinnen.

Klippe 9: Veränderung der inneren Bedürfnisse

Was war
»Wir sind unzertrennlich und haben alles miteinander geteilt, so kam es mir wenigstens vor. Kino am Abend, Sport am Wochenende, gemeinsame Urlaube. Es gab nichts, was uns nicht zusammen Spaß gemacht hätte. Seit über einem Jahr sind wir fest verbunden, wie Zwillingsfreundinnen. Aber in letzter Zeit fühle ich mich öfter eingeengt. Ich spüre, dass ich innerlich gegen das ständige Zusammensein aufbegehre, dass ich Freiraum suche und dafür faule Ausreden nutze. Ich stecke in einer Zwickmühle, weil mir viel an meiner Freundin liegt.«

Wie es ist
»Gerade erst hatte ich vor, den Abend in Ruhe auf dem Sofa zu verbringen und meine Lieblingsserie zu gucken. Meine Freundin wollte wie gewohnt dazukommen und Sushi mitbringen. Mit schlechtem Gewissen habe ihr schließlich abgesagt. Ich will mich nicht mehr so verplanen lassen und möchte meine Abende auch mal selbst gestalten. Sie versteht mich nicht und ist jetzt beleidigt. Dabei mag ich sie so gern.«

Worum es geht

Die Tatsache, dass sich Bedürfnisse verändern, ist eine normale Entwicklung in jeder Freundschaft. Schwierig wird es nur, wenn sich die individuellen Vorstellungen als zu unterschiedlich herausstellen. Zunächst hat man alles miteinander geteilt, der Austausch war fließend. Mit der Zeit braucht die eine Freundin mehr Eigenständigkeit und möchte öfter für sich sein; die andere ist für sie eine punktuelle Bereicherung, muss aber nicht dauernd präsent sein. Die aber sehnt sich nach physischer Nähe, hält daran fest und will die Freundschaft so aufrechterhalten, wie sie war. Das kann zur Belastungsprobe werden.

Um keine Kluft entstehen zu lassen, sind Austausch und Respekt notwendig, und zwar auf beiden Seiten. Zuhören, ohne Vorwürfe und Wertungen. Einfühlsamkeit üben, die Ohren aufsperren für die Wünsche der anderen und nach den Gründen fragen, woher diese kommen. Gespräche über seelische Bedürfnisse, darüber wie sie sich entwickeln und verändern, können eine bislang ungekannte Nähe erzeugen und zu einem neuen Engagement, zu einer viel tieferen Freundschaft führen.

Klippe 10: Dogmatische Wertvorstellungen

Was war
»Meine Freundin und ich sind sehr verschieden. Äußerlich, aber auch in unseren Idealen. Genau diese Unterschiedlichkeit zog uns einmal an. Wir suchten in der Freundschaft mehr die Reibung als die Übereinstimmung. Toleranz wurde zwischen uns immer großgeschrieben. Doch leider wird meine Freundin in ihren Überzeugungen immer starrköpfi-

ger, man kann sagen, radikaler. Ihr Fanatismus macht mich zunehmend ratlos.«

Wie es ist
»Wir haben uns vor den Kindern heftig gestritten. Mein Sohn brachte Bio-Gummibärchen in die Kita mit. Meine Freundin rastete aus und meinte, das sei reines Marketing. Die seien so ungesund wie jeder andere Süßkram. Als ihr Kind davon nehmen wollte und die Apfelschnitze verweigerte, wurde sie richtig wütend auf mich. Sie hätte mein Unwissen und meine nachlässige Art satt, schnaubte sie mir hinterher. Ich bin sehr traurig, aber ich denke, wir passen nicht mehr zusammen.«

Worum es geht
Die Punkte, an denen sich grundsätzliche Meinungsstreits entzünden können, sind vielfältig. Sie reichen von Umwelt- und Ernährungsbewusstsein über Sexualverhalten bis zu Spiritualität und politischer Gesinnung. Ich kann eine andere Sicht der Dinge nicht mit meiner Überzeugung vereinbaren und bin auch nicht dazu bereit. Eine andere Meinung widerstrebt mir derart, dass ich mich wie ein Mittäter fühle, wenn ich nicht klare Kante zeige und mich dagegen verwahre.

Starre Ansichten finden sich oft bei Menschen, die empfindlich und schnell zu kränken sind, die gern im Mittelpunkt stehen und den eigenen Standpunkt für den einzig gültigen halten. Alle anderen liegen dann falsch. Das Wesen jeder radikalen Haltung ist, dass sie keine Kompromissbereitschaft zulässt. Damit ist die Basis einer Freundschaft, die auf Toleranz gründete, infrage gestellt.

Wann ging die Freude an der Diskussion verloren? Woher kommen Verbohrtheit und Feindlichkeit? Wo ist unser Respekt geblieben? Das sind die Fragen. Gute Freundinnen halten einander den Spiegel vor. Audrey Lobo-Drost rät: »Was beide tun können, ist, im Gespräch zu bleiben und zu versuchen, sich in die Beweggründe der anderen einzufühlen. Doch nicht um den Preis der Selbstverleugnung.«

Klippe 11: Rücksichtsloser Egotrip

Was war

»Meine Freundin hat immer in erster Linie an sich gedacht. Wie oft habe ich auf ihre Anrufe gewartet, in Restaurants die Speisekarte vor- und rückwärts gelesen und ihr Sachen ausgeliehen, die sie nicht zurückbrachte und die ich mir schließlich bei ihr abholen musste. Das hat mich oft geärgert, aber in den meisten Fällen drückte ich beide Augen zu. Sie ist doch meine beste Freundin, und ich kann mit ihr einfach nicht hart sein. Doch jetzt ist das Fass übergelaufen. Ich sehe keinen Weg zurück.«

Wie es ist

»Ich hatte meiner Tochter, die ich selten sehe, einen gemeinsamen Urlaub auf den Malediven geschenkt. Leider erkrankte sie, und ich lud daraufhin meine Freundin ein, mich zu begleiten. Meine Tochter wurde überraschend schnell wieder fit, und ich war sicher, die Freundin würde ihr nun den Vortritt lassen. Doch sie weigerte sich und beharrte darauf, ich hätte sie schließlich eingeladen. Alle Flüge und das Hotel waren ausgebucht, es gab für meine Tochter keine andere Möglichkeit, als zu Hause zu bleiben.

Ich wollte das Beste aus der Situation machen und trotz meiner Enttäuschung eine gute Zeit mit der Freundin verbringen. Weit gefehlt! Von wegen gemeinsamer Urlaub! Meine Freundin blieb jeden Tag bis mittags in ihrem Zimmer mit der Begründung, so ein schönes Bett habe sie zu Hause nicht. Sie ließ mich links liegen, obwohl ich ihr die Reise geschenkt hatte. Diese Rücksichtslosigkeit und ihr Egoismus machen mich fassungslos.«

Worum es geht
Eigensinn geht Hand in Hand mit der strikten Wahrung vermeintlicher eigener Grenzen. Jemanden warten zu lassen, Sachen nicht zurückzubringen, stur auf seine Rechte zu pochen wirkt unangenehm und provokativ. Hinter einer ichbezogenen Maske stecken oft Unsicherheit und Selbstzweifel.

Wichtig ist, egoistisches Verhalten nicht persönlich zu nehmen. Wenn die Freundschaft es wert ist, lohnt es sich, darüber nachzudenken, warum sich die Freundin so benimmt. Kann ich ihren Egoismus als Hilferuf deuten? Wovor muss sie sich schützen? Und was macht ihre Selbstbezogenheit mit mir? Eigene Gefühle mitzuteilen und mögliche Gründe anzusprechen macht die Freundin möglicherweise wütend oder traurig und kann der Auslöser einer größeren Krise sein. Aber es ist die einzige Chance, die Freundschaft zu retten.

Klippe 12: Überzogene Selbstverwirklichung

Was war
»Meine Freundin und ich sprechen viel über den Sinn des Lebens. Früher mochte ich die Diskussionen mit ihr. Inzwischen habe ich das Gefühl, sie schaut gnädig auf mich herab. Weil sie glaubt, sie sei auf ihrem spirituellen Weg weiter als

ich, und ich könne ihr nicht folgen. Da das Thema so viele Bereiche umfasst, fühle ich mich oft unwohl. In ihren Regalen stapeln sich die entsprechenden Bücher, auffallend viele in hellen Blautönen. Muss ich jedes davon lesen und alle Gurus kennen, um mit ihr befreundet zu bleiben?«

Wie es ist
»Gerade erst stellte meine Freundin mir erneut die Frage, ob ich endlich das Buch gelesen hätte, das sie mir empfohlen hat. Es handelt vom Sterben und von der Wiedergeburt, und ich gebe zu, ich war bisher nicht in der Stimmung dafür. Auf mein Nein reagierte sie mit Unverständnis und Kopfschütteln, in ihrem Gesicht entdeckte ich ein gnädiges, leicht überhebliches Lächeln. So als ob ich noch in der Ursuppe schwimme und dort auch nie herauskäme. Ich bin wütend auf ihre spirituelle Wichtigmacherei. Und traurig darüber, dass wir auseinanderdriften.«

Worum es geht
Die eigene Haltung zu hinterfragen und sich gegenseitig zuzuhören ist die Aufgabe, um die beide Freundinnen nicht herumkommen, wenn sie in Verbindung bleiben wollen.

Die spirituell bewusste Freundin könnte sich mit folgenden Fragen konfrontieren: Warum ist mein Weg der einzig wahre? Warum stelle ich ihn über den Wert der Freundschaft? Fühle ich mich manchmal einsam und verloren und suche Orientierung? Und wenn ja, was sind die Ursachen? Zu solchen Fragen sollte man eine Haltung finden.

Die andere Freundin könnte sich die Entwicklung, die Vorstellungen und Ziele sowie die Beweggründe ihrer Freundin aufmerksam anhören. Ohne gegenseitiges Wohlwollen besteht tatsächlich die Gefahr, dass beide sich in

Kürze nichts mehr zu sagen haben. Sie könnten aber lernen, sich auf die andere Person wirklich einzulassen, statt sie wütend abzukanzeln. Und offen zu sein für Inspiration und ungewohnte Gedankengänge.

Klippe 13: Unrealistische Erwartungen

Was war
»Best friends forever. Wir sind das perfekte Team. So sah es jahrelang aus. Wir waren immer füreinander da. Haben uns toll verstanden und alle Probleme gemeinsam gelöst. Jede war für die andere der verlässliche Kummerkasten. Wir haben zusammen gelacht und geweint, uns getröstet und wieder aufgebaut. Ein einziges Nehmen und Geben, ohne aufzurechnen. Miss Perfect und Miss Perfect. Geteilte Freude war doppelte Freude. So fühlte sich unsere Freundschaft an. Bis meine Freundin sich Hals über Kopf verliebte. Mit dem neuen Freund ist alles anders geworden. Ich erkenne sie nicht wieder.«

Wie es ist
»Wir wollten am Wochenende zusammen nach Wien fahren, alles war vorbereitet, das Hotel gebucht. Meine Freundin hat mir zwei Tage vorher abgesagt, sie möchte die Tage lieber mit ihrem Freund verbringen. Ich kann das sogar verstehen, aber die Enttäuschungen häufen sich. Sie stellt sich komplett auf ihren Lover ein, hat kaum noch Zeit zum Telefonieren, nur für kurze WhatsApps. Darin steht immer das Gleiche: Er ist so toll! Ich bin so glücklich! Das reicht mir allmählich. Ich kann erwarten, dass sie mich auch noch wahrnimmt. Sie wird doch unsere Freundschaft nicht aufs Spiel setzen.«

Du kannst mich mal ...

Worum es geht

Die Freundin ist nicht mehr die alte. Sie hat sich verliebt und setzt neue Prioritäten. Der hohe Anspruch, dass beste Freundinnen immer füreinander da sind, löst sich nicht ein. Er ist grundsätzlich eine Illusion. Außerdem: Wenn in zwei Leben die Passung immer stimmen und die Entwicklung stets parallel laufen würde, wäre das ziemlich langweilig. Beide würden quasi auf der Stelle treten.

Eine reife Freundschaft zeichnet sich dadurch aus, dass man mit Veränderungen rechnet, sie zulässt, wenn sie eintreten, und sich den Herausforderungen stellt. Die eigenen Erwartungen auf ein realistisches Maß regulieren und die Anforderungen an den Gegebenheiten orientieren, das wäre optimal. Heißt konkret: Die Freundin darf ihre neue Verliebtheit ausleben, ohne dass ich sie mit Vorwürfen überhäufe und in die Enge treibe. Ich lerne, ihr die Dinge zu gönnen und Freiraum für mich zu entdecken. Wer weiß, was ich selbst erlebe. Statt aus Eifersucht den Bruch der Freundschaft zu riskieren, lasse ich los und gewinne die Freundin zurück, wenn es an der Zeit ist.

Aus der Familienfreundschaft wurde eine Zweckgemeinschaft

Martina und Ulla

Meine Freundschaft mit Ulla war, was ich mir immer gewünscht hatte: eine richtige Familienfreundschaft. Wir lernten uns über unsere gleichaltrigen Kinder kennen, als Nachbarn in der Siedlung. Ulla war mir sofort sympathisch, wir entwickelten schnell Vertrauen zueinander. In unseren Gesprächen ging es natürlich immer wieder um die Kinder, aber es gab auch Momente, in denen wir uns von Frau zu Frau austauschten. Sogar die Männer verstanden sich. Ein seltener Glücksfall! Unsere Mädchen kamen zusammen in die Schule und spielten am Nachmittag miteinander. Spontan trafen sich unsere Familien zum Abendessen, beide Seiten brachten etwas mit, die Männer warfen den Grill an, alle hatten gemeinsam Spaß. Wie oft sind wir mit den Rädern aufs Land gefahren! Die Krönung unserer Familienausflüge war ein Picknick in der Natur. Einfach nur herrlich! Wir lebten wie eine Großfamilie. Dieses Gefühl kenne ich aus meiner Kindheit. Es ist diese selbstverständliche Verbundenheit, die mir vertraut ist und die ich so mag. Fünf schöne Jahre hat sie gehalten.

Zwischen Ulla und mir krachte es, als unsere Töchter in der vierten Klasse waren. Wie jeden Morgen gingen sie zusammen zur Schule. Einmal pro Woche begleite ich meine Tochter, um ihren Rucksack zu tragen, weil sie eine schwache Wirbelsäule hat. An diesem Tag ging noch eine weitere Freundin mit, hinterher lief mein zwei Jahre jüngerer Sohn. Mit etwas Abstand folgte ich den Kindern. Die Mädchen machten sich einen Spaß daraus, den Jungen zurechtzuweisen. Er sei noch klein und solle genau neben ihnen in einer Reihe gehen, das hätte die Schule so angeordnet. Er folgte natürlich nicht. Meine Tochter schwieg, aber die zwei anderen wurden deutlich und kommandierten meinen Sohn immer lauter herum, ich empfand das wirklich als quälend. Bis ich es nicht mehr aushielt und mich einmischte. Ich rügte die beiden Mädchen, warf ihnen vor, dass sie sich nicht gut verhielten und die Regeln auf dem Schulweg mit ihren Müttern besprochen seien. Das sagte ich in einem Ton, der keine Diskussion und keinen Widerspruch zuließ.

Ich weiß, ich war angestrengt an diesem Morgen, mein Mann arbeitet in einer anderen Stadt, ich war mit den Kindern allein und hatte es eilig, weil ich dringend zu einem Termin ins Büro musste. Erschrocken und ziemlich eingeschüchtert schauten die Mädchen mich an. Mein Sohn und meine Tochter kamen zu mir, die beiden anderen gingen weiter und tuschelten aufgeregt miteinander. »Die reden jetzt bestimmt blöd über mich«, bemerkte meine Tochter traurig. Daraufhin rief ich den Mädchen wütend hinterher: »Da muss jetzt nicht so dumm geflüstert werden.« Meine Stimme überschlug sich fast.

Diese im Grunde harmlose Geschichte war der Auslöser dafür, dass die Großfamilie, die mir über Jahre hinweg ans Herz gewachsen war, auseinanderflog. Und meine Freundschaft mit Ulla heute eine reine Zweckgemeinschaft ist. Denn die Freundinnen meiner Tochter erzählten prompt ihren Müttern, ich hätte sie am Morgen böse angepfiffen und laut geschrien. Noch am selben Nachmittag kam ein wütender Anruf von Ulla, sie schoss sich regelrecht auf mich ein: »Warum hast du meine Tochter angeschrien? Was fällt dir ein? Das steht dir nicht zu. Meine Tochter ist total geschockt! Bist du noch ganz bei Trost?« Etwas in der Art. Ihre Vorwürfe waren nicht zu stoppen.

Ich versuchte, die Situation in Ruhe zu erklären. Bin sogar zu ihr ins Nachbarhaus gegangen, da ist sie total ausgerastet und hat mich vor ihrem Sohn fertiggemacht. Mein Ton hätte die Mädchen tief verletzt, ich wäre über meine Grenze gegangen. Die andere Mutter hätte sich auch schon über mich beschwert und so weiter. Ich kam nicht durch. Ulla wollte auch nicht einsehen, dass ich eine stressige Zeit und viel um die Ohren habe. Sie brüllte mich nur an. Todunglücklich ging ich nach Hause. Unsere Konfrontation fand ich unwürdig. Wir sind doch zwei erwachsene Frauen. Freundinnen sogar, dachte ich noch.

Am nächsten Tag suchte ich die andere Mutter auf. Ich fuhr später als sonst zur Arbeit, weil mir das wichtig war. Anders als mit Ulla konnte ich mit dieser Frau friedlich sprechen und den Vorfall klären. Mit Ulla war das nicht möglich. Sie zeigte absolut kein Verständnis. Es stimmt ja, ich war sicherlich unnachgiebig gegenüber den Mädchen aufgetreten. Aber ich bin nun mal eine Freundin klarer Worte, das gilt auch für Kinder von befreundeten Eltern. Mir tat es leid, dass Ullas Tochter meine Ansage so völlig falsch aufgefasst hatte, aber in der Sache fühlte ich mich im Recht, und wirklich im Ton vergriffen, nein, so fühlte es sich für mich nicht an.

Der Vorfall ist jetzt ein gutes halbes Jahr her. Wir funktionieren im Alltag weiter, die Kinder sind Freundinnen geblieben. Ulla und ich nicht. Unser Kontakt beschränkt sich auf Organisatorisches, auf praktische Dinge. Wie gesagt, aus unserer Freundschaft ist eine reine Zweckgemeinschaft geworden. Am Telefon regeln wir mit knappen Worten, wer die Kinder zum Schwimmen fährt, abholt, wann sie zu einem Geburtstag eingeladen sind und wie sie dort hinkommen. Wir sehen uns höchstens an der Tür bei der Übergabe. Dabei fällt kein privates Wort. Nicht einmal die Frage: Wie geht es dir? Von mir auch nicht.

Jedes Mal, wenn Ulla anruft, glüht in mir der kleine Funke Hoffnung, dass sie diesmal doch eine Brücke baut. Aber sie bleibt hinter ihrer Mauer. Das gibt mir regelmäßig einen Stich, der richtig wehtut. Besonders abends vermisse ich sie, wenn ich allein bin. Da fehlt mir meine Freundin Ulla, die mal auf ein Glas zu mir herüberkommt, wie früher. Zumal sie gleich nebenan wohnt und am Abend meistens zu Hause ist. Sogar einen Mann hat, der auf die Kinder aufpassen könnte. Aber keine Chance.

Bis heute bin ich mir nicht sicher, welche Gefühle sich bei unserem Krach entladen haben. Es musste sich ja einiges angestaut haben. Vielleicht haben wir uns früher zu wenig Zeit für die Freundschaft genommen. Wenn man ein Bedürfnis nacheinander hat, plant man hin und wieder Raum dafür ein, finde ich. Ulla und ich haben eher Gelegenheiten genutzt oder verlängert. So zwischendrin. Auf einen Kaffee, auf ein Glas, wenn es sich gerade ergab. Das war wahrscheinlich zu wenig. Für Persönliches ist zwischen uns kein Platz, habe ich öfter empfunden.

Ulla hat mich jedes Jahr zu ihrem Geburtstag eingeladen, nur Frauen kamen, und ich fand das sehr lustig. In dieser Clique sind wir auch manchmal ausgegangen und haben Party gemacht. Mit Ulla kann man richtig feiern, sie kann total locker sein, tanzen und alles andere vergessen. Es macht Spaß, sie so zu erleben. Zweimal habe ich Einladungen ausgeschlagen. Zu Wellness-Wochenenden, auch nur mit Frauen. Ich bin kein Saunatyp und fand die Konstellation nicht so passend. Vielleicht sind mir meine Absagen falsch ausgelegt worden. Eigentlich ist Ulla ein spontaner Typ und würde es sagen, wenn sie enttäuscht oder genervt ist. Das hat sie nie getan. Und jetzt, seit unserem Krach, ist die Zugbrücke sowieso oben. Ich kann also nur rätseln.

Klar, wir leben unterschiedliche Leben. Ich bin den Tag über im Büro, Ulla ist zu Hause in ihrem Homeoffice. Sie wohnt und arbeitet in unserer Siedlung und kennt daher jeden. Ist mit allen Müttern eng im Kontakt und total vernetzt. Schon öfter dachte ich, mit wem trifft sie sich denn alles? Mit der und mit der und mit der ..., da kamen ganz komische Gefühle in mir hoch. Vielleicht spielt auch Eifersucht eine Rolle. Ist Ulla überhaupt klar, wie viel mir ihre Freundschaft bedeutet? Vielleicht hat sie sich mir nie so nah gefühlt, vielleicht empfinde ich eine viel größere Nähe zu ihr als umgekehrt sie zu mir. Kann sein, dass ich für sie gar nicht so wichtig bin. Je länger ich darüber nachdenke, desto mehr frage ich mich: Hat sie in unserer Freundschaft etwas völlig anderes gesehen als ich?

Im Moment fühlt es sich so an, als ob Ulla die Lust an mir verloren hat und ich nicht mehr interessant für sie bin. Ja, das ist es. Vielleicht war ich ihr auch zu viel. Mein Leben ist anstrengend, der Job, die Kinder, die auch nicht immer in sich ruhen. Dazu der volle Haushalt. Diese Belastung strahle ich natürlich nach außen aus. Vielleicht habe ich zu viel über Probleme gesprochen, wie schwierig das in der Woche ohne meinen Mann ist und so. Ulla konnte gut zuhören, hatte immer ein offenes Ohr. Überhaupt, ihre Hilfsbereitschaft war groß.

Schade nur, dass sie sich immer im Recht fühlte. Nur ihre Sicht der Dinge galt. Übrigens auch in der Kindererziehung. Da gab es Differenzen. Etwa in der Frage, was die Kinder von der Welt draußen, von Gewalt, Krieg, von unguten Themen mitbekommen sollten und was nicht. Ulla hat ihre Kinder eher abgeschottet mit der Begründung, das alles käme noch früh genug auf sie zu. Ich bin der Auffassung, Kinder müssen bis zu einem gewissen Grad mit der Realität konfrontiert werden. Nur so lernen sie, Herausforderungen zu bewältigen. Wenn man Ullas Meinung nicht teilte, wurde es regelmäßig schwierig. Sie hat es nie verstanden, wenn ich ihren Rat nicht befolgte. Ulla hatte immer eine Lösung parat, für alles. Genau das habe ich zwar geschätzt. Aber manchmal wollte ich gar keine Lösung, sondern einfach nur mein Herz ausschütten. Das ist seit unserem Krach sowieso vorbei. Ich fühle mich nicht mehr angenommen. Bin für Ulla wahrscheinlich nicht passend. Sie pflegt jetzt lieber ihre anderen Freundschaften, die mehr Leichtigkeit versprechen.

Immerhin, über die Kinder sind wir noch in Kontakt. Aber die Wärme fehlt. Ich bin jemand, der den anderen gern in den Arm nimmt. Ich brauche das. Das habe ich mit Ulla überhaupt nicht mehr. Ich spüre, dass ich mich inzwischen auch zurückziehe, denn die Situation zehrt an meinen Nerven, und ich muss mit meinen Kräften haushalten.

Von Ulla kommt kein Signal. Ich ergreife auch keine Initiative. Das ist der Stand der Dinge. Nicht zu ändern ... warum eigentlich nicht? Gute Frage. Vielleicht ist es an der Zeit, dass ich eine andere Brille aufsetze, statt mich wie ein wundes Reh zu verkriechen. Ja, wir sind gerade in einer schwierigen Phase. Aber die Erfahrung ist doch, die meisten Freundschaften verlaufen im Sand, oder man verkracht sich und hat keinen Kontakt mehr. Dass man nach einem Zerwürfnis noch zu einer Zweckgemeinschaft fähig ist, scheint mir eher selten. Eigentlich Anlass zur Hoffnung, oder?

Die Freundschaft mit Ulla hat nicht mehr die Qualität von früher, sie ist keine Familienfreundschaft mehr, aber wir sehen uns fast täglich. Wohnen nebeneinander. Deshalb will ich auch die Tür nicht zumachen. Ich scheue das Endgültige. Ich gebe auch zu, um ein offenes Gespräch mit ihr habe ich kein zweites Mal gebeten. Nicht nur, weil ich verletzt war, sondern auch, weil ich Angst hatte. Angst, dass danach alles verloren ist zwischen uns. Aber jetzt, in diesem Augenblick, fühle ich, wie ich weicher und offener werde. Mich mehr in Ulla hineinversetze. Sehnsucht fühle. Vielleicht waren wir beide zu sehr im Stress und haben uns deshalb so anschreien müssen. Ich frage mich, warum kommen immer zuerst die unschönen Momente hoch, wenn ich an Ulla denke. Es gab doch so viele andere, herzliche, fröhliche.

Wie schön wäre das, wenn wir unsere Freundschaft noch einmal neu aufsetzen könnten. Als Frauen teilen wir doch alle denselben Traum: eine Seelenverwandte zur Freundin zu haben. Aber weiter bringt uns die Freundschaft, an der wir uns reiben. Die Reibungsfläche mit Ulla ist groß. Vielleicht können wir irgendwann unter der rauen Oberfläche eine Art Seelenverwandtschaft entdecken. Und wenn es nicht möglich ist, auch dies mit Respekt und ohne Enttäuschung akzeptieren. Und von Herzen Nachbarinnen sein. Ich bin gespannt auf das nächste Mal, wenn das Telefon klingelt und Ulla am Apparat ist.

Man will doch nicht später am Grab stehen und denken: Hätten wir bloß geredet!

Konstanze und Clara

Was hat dich und deine Freundin aus der Bahn geworfen?
Ehrlich gesagt, der Anrufbeantworter. Ich sprach mit meinem Mann über meine Freundin, und mein Telefon hatte sich unterdessen verselbständigt. Ihr Band hat alles aufgenommen. Fatal.

Klingt nicht gut. Das heißt, du hast unfreundlich über sie gesprochen oder sogar gelästert?
Ich kann mich ehrlich gesagt nicht mehr genau erinnern. Etwas wirklich Bedeutendes war es sicher nicht. Mein Mann und ich fuhren im Auto, und ich habe so vor mich hin geblubbert. Was mir eben in diesem Moment zu Clara einfiel. Ich hatte sie kurz vorher angerufen und mich über sie geärgert.

Das musst du näher erzählen.
Da muss ich etwas ausholen. Clara und ich waren seit der Schulzeit beste Freundinnen. Wir hatten viel Spaß, sind zu-

sammen gereist, nach dem Abitur machten wir gemeinsam die Ausbildung zur Flugbegleiterin. Auch als wir heirateten und Mütter wurden, ist die Verbindung nie abgebrochen. Es war eine Freundschaftsliebe, würde ich sagen. Clara ist ein absoluter Sonnenmensch. Immer spontan. Immer gut drauf. Das ist genau das Problem.

Wieso ist es ein Problem, wenn jemand gute Laune hat?
Es ist schon ein Thema, wenn jemand nie ein Ohr für Schwierigkeiten hat und immer das Gleiche antwortet: »Ach, das wird schon wieder.« Wie eine Gebetsmühle. Claras Leben kennt keine Probleme. Da scheint nur die Sonne. Schatten ist nicht vorgesehen. Wenn du Rat brauchst, ist Clara die Falsche. Heute würde ich sagen, Clara fehlt es an Tiefe.

Du bist eher ein nachdenklicher Typ?
Ich bin niemand, der dauernd grübelt. Bestimmt nicht. Ich schaue genauso wie Clara nach vorn und sehe das Positive. Ich bin kein ewiger Problemwälzer. Aber ich finde, man darf unter Freundinnen auch mal sagen: Mir geht's heute nicht gut. Das Herz ausschütten. Sich richtig auskotzen und weinen. Mit mir geht das. Mit Clara unmöglich. »Ist doch nicht so schlimm«, lautet die ewige Antwort. Nein, mit Clara kann man eine gute Zeit haben, ausgehen, lachen. Alles andere ist ihr zu viel. Das war mir übrigens schon als Schülerin klar. Mein Vater ist gestorben, als ich 18 Jahre alt war. Da konnte ich in meiner Trauer auch nicht auf sie bauen.

Trotzdem bliebt ihr befreundet ...
Ja. Da ist dieser Zwiespalt. Ihr fröhlicher, unbekümmerter Charakter hat mich gleichzeitig total angezogen. Sie war wie Champagner für mich.

Zurück zu dem Anrufbeantworter. Was ist da passiert?
Clara war Tante geworden, ihre Cousine hatte ein Kind bekommen. Ich wollte ihr gratulieren und rief sie vom Auto aus auf dem Handy an. Fragte natürlich, wie die Geburt verlaufen sei. Wieder war alles super einfach, super schnell, super toll gewesen. Clara selbst hatte ihre Kinder mit Kaiserschnitt bekommen, da war auch immer alles wahnsinnig super. Das hatte mich schon mehrfach geärgert. Jetzt war es wieder so. Ich verabschiedete mich von ihr, regte mich dann aber lautstark über ihre Art auf. »Immer dieses Friede, Freude, Eierkuchen«, beschwerte ich mich bei meinem Mann. Das weiß ich noch. Ihr fehlender Tiefgang, diese übertriebene Lässigkeit, einiges ging mir schlichtweg auf die Nerven. Vor meinem Mann habe ich mir dann Luft gemacht. Plötzlich schaute ich aufs Handy und dachte: Wieso läuft das Ding noch? Ich habe nochmal draufgedrückt und das Handy weggelegt.

Und dann ...?
Am nächsten Tag kam eine SMS. »Du bist nicht mehr meine Freundin. So jemanden wie dich will ich nicht in meinem Leben haben.« Ohne Begründung. Im ersten Moment dachte ich, die SMS wäre ein Irrläufer. Ich schrieb zurück: »Was ist denn passiert? Ich verstehe nicht, worum es geht.« Dann kam: »Dein Handy hat mein Festnetz angerufen. Auf meinem Anrufbeantworter kann ich alles hören, was du über mich gesagt hast.« Ich muss versehentlich auf ihre Nummer zu Hause gekommen sein, und da sprang das Band an. Das Gespräch mit meinem Mann wurde eins zu eins aufgezeichnet. Man stelle sich das vor, Clara kommt nach Hause und macht den Anrufbeantworter an ... Was sie da gehört hat, weiß ich bis heute nicht.

Du erinnerst dich nicht mehr an das, was du gesagt hast?
Nein. Das war im Auto, ich habe so vor mich hingeredet. Es war kein bewusster Akt. Man springt doch so in seinen Gedanken hin und her. Was der wirkliche Knackpunkt war, warum sie derartig verärgert oder verletzt ist, kann ich wirklich nicht sagen.

Ihr habt euch nie ausgesprochen?
Das wollte ich. Unbedingt. Ich habe immer wieder versucht, Clara am Telefon zu erreichen. Ich wollte persönlich klären, was Sache ist, und sie sehen. Das habe ich ihr aufs Handy gesprochen. Aber keine Reaktion. Nichts. Ich habe sie mal zufällig auf einer Party getroffen, wir haben uns nur unterkühlt mit Hallo und Tschüss begrüßt. Auch im Urlaub sind wir uns mal begegnet, bei gemeinsamen Freunden. Die blenden die Geschichte interessanterweise aus, alle Freunde tun das. Nie fragt jemand: »Was ist denn da vorgefallen? Man sieht euch nie mehr zusammen.« Dabei müssen die anderen das ja mitbekommen haben. Egal. Also, bei dieser Gelegenheit in den Ferien kam es zu einem kurzen Gespräch zwischen Clara und mir. Sie sagte, sie sei verletzt, aber wollte mir nichts Genaueres sagen. Das würde nichts bringen, und diese Bemerkung machte mich nur noch trauriger.

Wie lange geht das schon so?
Seit sieben Jahren, seit die Geschichte passiert ist. Wir waren damals beide Mitte dreißig. Clara hat mir zweimal eine Weihnachtskarte geschickt. Auch einen Brief, weil wir in der Familie einen schweren Schicksalsschlag hatten. Der Brief traf Monate später ein. Trotzdem, er war schön. Jetzt gratulieren wir uns jedes Jahr zum Geburtstag, per SMS, aber wenn ich dann noch frage: »Wie geht es dir und den

Kindern?«, kommt nichts zurück. Keine Antwort mehr. Und ich denke jedes Mal, warum gratulieren wir uns eigentlich noch? Immer ein Schritt nach vorn und dann nicht weiter. Full stop. Man kann das im Grunde auch sein lassen. Auf meiner Liste, die ich erledigen will, steht ganz oben: Brief an Clara. Immer wenn ich daran denke, weiß ich gar nicht, was ich schreiben soll. Nur um einen Demutsgang zu machen? Mir fehlt die Basis für einen Brief.

Was heißt, dir fehlt die Basis?
Na ja, da ist nichts Konkretes, ich habe nichts in der Hand, warum unsere Freundschaft kaputtgegangen ist. Ich kann mich nicht erinnern, bösartig über Clara gelästert zu haben. Es war ja völlig unbewusst, damals im Auto. Dahinter stand keine schlechte Absicht. Wenn ich das Band doch hören könnte ... ob sie es inzwischen gelöscht hat? Es kam ja nicht mal zu einem Streit. Clara hat einfach die Tür zugemacht, ohne mir einen Anhaltspunkt zu geben. In einer Freundschaft möchte man sich aussprechen und auch reiben können. Das schaffen wir nicht. Sie hat einfach dichtgemacht.

Habt ihr früher nie darüber gesprochen, was dir an Clara fehlt? Was du kritisierst?
Ich gebe zu, nein. Das war sicher ein Fehler. Ich war fasziniert von Claras sonnigem Gemüt und habe meine Enttäuschungen bei mir behalten. Im Laufe der Jahre trifft man doch viele, die schlecht drauf sind. Weil sie glauben, dass sie einen besonders schweren Rucksack tragen müssen. Sogar ich denke dann: Leg deinen Rucksack doch für einen einzigen Abend ab und feiere mit uns das Leben! Da kann ich Clara verstehen. Bis heute. Das stünde übrigens auch in

meinem Brief an sie ... wenn ich ihn je zu Papier bringen sollte.

Du schreibst Clara in Gedanken Briefe?
Ja, darin räume ich unsere Freundschaft auf. Ich bin ja ein ehrlicher Mensch. Ich hätte so gern mal offen mit ihr gesprochen. Hätte auch zugehört, wenn sie gesagt hätte, ich sei das Allerletzte. Vorwürfe kann ich aushalten. Darauf kann ich reagieren. Aber Clara scheut die Tiefe, die eine Konfrontation mit sich bringt. Wie früher. Nun ja, vielleicht hat sie sich in der Zwischenzeit verändert, und ich weiß es nicht ...

Möchtest du nochmal einen Versuch starten?
Keine Ahnung. Sicher ist, die Geschichte lässt mich nicht los. Sie wühlt mich auf und geht mir ans Herz. Das ist keine Kopfsache, der Bruch macht innerlich etwas mit mir. Die Gefühle für sie sind nicht weg. Wenn wir uns irgendwann mal sagen könnten, was vorbei ist, ist vorbei, das wäre ein großer Schritt. Dann könnten wir doch einen Weg zueinander finden. Es gibt so viel Schreckliches im Leben, Erkrankungen und so weiter, dagegen ist, ist unser Problem doch eine Nichtigkeit. Man kann über alles sprechen, meine ich. Nur wenn man nicht redet, passiert auch nichts. Das ist der Punkt, der mich immer noch aufregt. Diese Mauer. Man will doch nicht später am Grab stehen und denken: Hätten wir bloß miteinander geredet. Warum klären wir die Dinge nicht zu Lebzeiten? Warum nicht?

Meinst du, Clara hat überhaupt noch Interesse an der Freundschaft?
Sie könnte ja schreiben, lass mich in Ruhe, lösch mich bitte, und Auf Wiedersehen. Stattdessen schickt sie Weihnachts-

karten. Das müsste sie ja nicht. Immer wieder der Schritt auf mich zu, dann Pause, und dabei bleibt es. Ich habe im Sommer auch eine Karte für sie gekauft. Eine Spruchkarte, darauf steht: Lass mal Gras drüberwachsen. Die wollte ich ihr schicken. Sie steht immer noch auf meinem Schreibtisch im Büro und schaut mich an. Weil ich mich zwischendurch frage: Will ich diese Freundschaft überhaupt? Brauche ich Clara noch? Fehlt sie mir? Ich habe ja einige tolle Freundinnen. Aber ich möchte die Geschichte doch gern bereinigen und wenigstens zu einem netten Miteinander kommen. Ein bisschen Alltag statt dieses unguten Gefühls, dass irgendetwas schwelt und nie darüber gesprochen wurde.

Aus irgendeinem Grund schickst du die Karte nicht ab ...
Vielleicht mache ich das jetzt. Ich habe so viel nachgedacht und finde es total verrückt, dass ein blödes Telefonat alles Schöne zwischen uns zerstören konnte. Vielleicht sollte ich dieses Gespräch zum Anlass nehmen und die Karte tatsächlich in den Kasten werfen.

Kapitel 4

Was hat das mit mir zu tun?

*Den eigenen Anteil am Konflikt
sehen und verstehen*

Um es vorwegzunehmen: Die Geschichte ging gut aus. Ich vermute, weil meine Freundin mit mir Schluss machte und ich mir Fragen stellen musste. Das hat geholfen. Denn auch die schönste Phase im Leben hat ihre Tücken. Ich weiß das, seit Hannah sich aus meinem Leben verabschiedete. Unsere Freundschaft geriet genau zu der Zeit in eine Schieflage, als mir das Lebensglück nur so aus den Augen strahlte. Ich war rettungslos verliebt und sicher, endlich den Richtigen gefunden zu haben. Doch jedes Mal, wenn ich an meine Freundin Hannah dachte, fiel ich aus dem Paradies. Ein schwerer Stein legte sich auf meine Brust, und die Leichtigkeit floh aus meiner Seele. Die Sache ist einige Zeit und eine gute Entwicklungsstufe her. Ich durfte damals erkennen, welche Macht eine beste Freundin besitzt. Mit einem einzigen Satz konnte sie mein Liebesglück trüben, mir Schuldgefühle machen, mich zu fadenscheinigen Ausreden und anschließend zum Grübeln zwingen. Die Krise mit Hannah hat mir gezeigt, wie sehr sich unterschiedliche Lebensumstände im Weg stehen können. Und dass Glück ein-

Was hat das mit mir zu tun?

sam machen kann, auch und gerade in einer Frauenfreundschaft.

Hannah und ich sind seit Ewigkeiten eng befreundet. Sie ist Ärztin und war damals alleinerziehend mit einem fast erwachsenen Sohn, für den sie alles gab. Ihre letzte Partnerschaft lag Jahre zurück. Sie sehnte sich nach Liebe, aber unternahm wenig, um einen Mann kennenzulernen: »Keine Zeit, zu viel um die Ohren.« Einmal verabredete sie sich, ausgerechnet mit jemandem, der sie schon nach einer halben Stunde entsetzlich langweilte. »Da bin ich lieber allein und lese ein Buch.«

In diese Stimmung platzte ich mit meinem neuen Freund. Verknallt, dass die Wände wackelten. Ich konnte mein Glück nicht fassen, es sprudelte nur so aus mir heraus. Hannah und ich telefonierten, sooft wir konnten. Anfangs wollte sie alles wissen über die Gunst meines Schicksals, und ich gab bereitwillig Auskunft. »Dir geht's echt gut. Ich freu mich für dich.« So reagierte sie, nur wurde ihre Stimme mit der Zeit müder und verlor ihren freudigen Ton. Die Tage häuften sich, wo ich überlegte, wie ich Hannah einen bevorstehenden Premierenabend, das Wochenende in den Bergen, die Einladung bei seinen Freunden schonend beibringen könnte. Oder auch nur den Wunsch, lieber für meinen Freund zu kochen, statt mit ihr zum Italiener zu gehen.

»Was machst du denn so an diesem schönen Sommerabend?« Das waren die Anrufe, die ich fürchtete. Sofort fühlte ich mich schuldig für mein Glück und verantwortlich für ihr Unglück. Verstrickte mich in Ausreden, um sie zu schonen, und fühlte mich dabei immer schlechter. »Ich bleibe zu Hause, habe scheußliche Kopfschmerzen.« Ich erfand Notlügen, die den Schein wahren sollten, ich hätte auch nichts Besseres vor als sie. Um dann mit meinem Freund essen zu

gehen in der blöden Sorge, Hannah könnte mich zufällig irgendwo entdecken.
»Du fixierst dich zu sehr auf ihn. Sei doch mal du selbst.« Dieser Vorwurf hatte mir gerade noch gefehlt. Ich schluckte die Wut auf Hannah herunter und grämte mich. Warum war sie so? Was hatte das mit mir zu tun? Wie kam ich raus aus der Zwickmühle zwischen neuem Freund und bester Freundin? Hannahs Lust auf unsere Freundschaft ließ spürbar nach. Sie wolle nicht fünftes Rad am Wagen sein, so leitete sie ihren Rückzug ein. Irgendwann, als ich wieder mal keine Zeit und nur schlechte Ausreden hatte, schlug sie die Tür hinter sich zu mit den Worten: »Komm erstmal runter. So hat das keinen Sinn mit uns.« Ich war todtraurig. Und sauer, weil sie mir mein schönes Gefühl vermieste. Mir ständig einen Dämpfer verpasste und mich schuldig sprach für meine Lebensfreude.

Hannah war weg, aber sie ließ mir keine Ruhe. Was ist bloß schiefgelaufen?, diese Frage quälte mich. Ich überlegte, ob ich sie mit meinem Liebesglück überfordert und mein Herz zu weit geöffnet hatte. Hätte ich mehr Rücksicht auf sie nehmen müssen? Hatte ich mich zu wenig in ihre Situation als Single eingefühlt?

Wenn ich sehr emotional bin, empfinden mich andere manchmal als dominant. Obwohl dann nur mein Temperament mit mir durchgeht und ich doch niemanden überrollen möchte. Aber so kann ich wirken. Auch auf Hannah? »Lass die Schmetterlinge in deinem Bauch. Wenn sie rausfliegen, fressen sie den Garten auf«, riet mir mal eine Freundin. Vielleicht zu Recht. Sollte ich künftig vorsichtiger sein, weniger mitteilsam, mehr bei mir bleiben?

Dazu der andere wunde Punkt: Warum erfinde ich unwürdige Ausreden, statt ehrlich zu sein? Hannah und ich redeten immer Klartext. Plötzlich diese Heimlichkeiten von meiner Seite. Warum? Hat sie das gespürt? Wovor habe ich Angst? Warum überhaupt Schuldgefühle? Als ob mir mein Glück nicht zustünde! Glaube ich das etwa selbst? Ist Glück nur was für andere, und habe ich kein Recht darauf? Hat das mit meiner Erziehung zu tun? Ich überlegte, erkannte vorsichtig Zusammenhänge und erlebte, wie sich meine Wirbelsäule langsam aufzurichten schien. Wie von selbst wuchs ich nach oben, während ich nachdachte. Nein, ich kann nicht ändern, was zwischen Hannah und mir geschehen war. Aber ich werde auch nicht am Boden liegen, sondern meine Liebe genießen. Was auch sonst!

Hätte sich Hannah anders entschieden, wenn ich meinen Freund weniger und sie mehr getroffen hätte? Sie ist doch verantwortlich für ihr Leben. Für ihr Glück wie für ihr Unglück. Für ihre Eifersucht, ihr Selbstmitleid, ihre unguten Gefühle mir gegenüber. Ich solle mich nicht so fixieren auf meinen Freund. Kann man als Single leicht sagen! Trotz mancher Kompromisse genieße ich das Leben mit einem Mann, und mit diesem ganz besonders! Liebend gern lasse ich mich auf ihn ein. Dabei gebe ich mich doch nicht auf ... oder ... etwa doch ein wenig? Könnte ein Körnchen Wahrheit in Hannahs Vorwurf sein? Ich werde mich beobachten. Versprochen, Hannah! Danke für die Warnung! Ich liebe dich immer noch. Und möchte dir nicht wehtun. Sollten wir uns irgendwann treffen, werde ich mich zurücknehmen. Nicht ganz so sprudeln. Einfühlsamer sein und erwachsener. Nachfragen, statt mich nur um mich selbst zu drehen. Das entspricht mir auch mehr.

So wanderten meine Gedanken hin und her. Hannahs Rückzug gab mir die Chance, über mich und meinen Beitrag zu unserer Krise in der Freundschaft nachzudenken. Es war an der Zeit. Die Sehnsucht hat uns wieder zusammengebracht. Unsere Freundschaft hat den Knacks überlebt. Sie fühlt sich freier an als vorher. Ich verbiege und rechtfertige mich nicht mehr. Hannah ist offener und großzügiger geworden. Wahrscheinlich deshalb. Wir gehen vorsichtiger miteinander um, aber auch ehrlicher. Beides zusammen ergibt eine neue Leichtigkeit.

Aufmerksamkeit schützt meine Energiequelle

Das Geheimnis unseres neuen Anfangs erklären Psychologen so: Die Beziehung zu mir gestaltet meine Beziehung zu anderen. Stehe ich gut zu mir, stehe ich gut zu meiner Freundin. Wie immer im Leben fängt alles bei mir selbst an. Wer bin ich in unserer Freundschaft? Und wie bin ich? Zugegeben, die Fragen habe ich mir noch nie gestellt. Darüber nachzudenken lohnt sich, egal, ob die Freundschaft harmonisch verläuft oder in der Krise ist. Es lohnt sich auch dann, wenn ein Bruch nicht mehr zu reparieren ist. Für alle anderen Freundschaften, auch die neuen, die kommen werden. Hannah und ich sind nach der Trennung wieder zusammengerückt.

»Mit der Zuwendung zu sich wird ein Mensch zur Zuwendung zu anderen erst fähig«, schreibt der Philosoph Wilhelm Schmid in seinem Buch *Vom Glück der Freundschaft*. Indem ich mir selbst gegenüber aufmerksam bin, spüre ich, wo meine Grenzen sind. Treibe nicht in die Erschöpfung, sondern sorge rechtzeitig für mich. Wende mich mir zu. So behalte ich die Kraft, um auch für andere da zu sein. Verhindere, dass ich ungerecht und streitbar werde, nur weil ich selbst aus irgendeinem Grund am Ende bin. Eine sinnlose Trennung ist manchmal reine Nervensache. Ich schütze meine innere Energiequelle, indem ich aufmerksam in mich hineinlausche. Auch darin liegt der Sinn der Reflexion. Es gibt ja so viele Fragen! Was arbeitet in mir? Welche Gedanken treiben mich um? Welche Gefühle will ich zeigen, welche lieber verbergen, und aus welchem Grund? Wie hoch sind die Ansprüche, die ich an mich habe – stelle ich sie auch an meine Freundin? Welche Kräfte ziehen mich hinunter, was bringt mich zum Fliegen? Wie geht es mir gerade wirklich? Fühle ich mich ausgelaugt und übertünche meine Müdigkeit mit Aktivität? Oder platze ich vor Begeisterung und könnte tatsächlich Bäume ausreißen? Sich über den eigenen Seelenzustand, über Hoffnungen, Befürchtungen, Gewohnheiten, Interessen klar zu werden, ist der spannende Weg, auf dem ich mir selbst näherkomme und mich besser kennenlerne.»Selbstbesinnung dient dazu, Sinn im eigenen Selbst zu finden«, erklärt Wilhelm Schmid.

Nur eine Weggabelung weiter biege ich von mir zu den anderen ab und kann glasklar erkennen, dass mein Anteil an jeder Freundschaft, jeder Liebe, jeder Beziehung genau fünfzig Prozent beträgt. Wer sich diese Zahl immer wieder bewusst macht, hält sich mit spontanen und einseitigen Schuldzuweisungen und Urteilen zurück und kann sich stattdessen die Frage stellen: Wie sieht es auf meiner Hälfte aus, welche Aktien habe ich in unserem Konflikt? Antworten zu suchen, statt zu verurteilen, das bedeutet Entwicklung. Und nur darum geht es.

»Häufiger trägt man zur Verwüstung selbst vieles bei. Indem man wiederkehrende Spannungen überspielt, statt sie gezielt anzusprechen. Seltsame Gereiztheit verdrängt, statt ihr auf den Grund zu gehen. Indem man Angriffe ignoriert und kleinredet, statt sie sich zu verbitten. Indem man Situationen akzeptiert, in denen man sich mit der anderen unbehaglich fühlt. Indem man schweigt, um die Freundschaft nicht zu gefährden. Indem man selbst unklar in seinen Zielen ist und andere für Zwecke einspannt, die vielleicht nicht uneigennützig sind«, so Susann Sitzler in ihrem Buch über Freundinnen.

Die Fragen führen weiter. Zum Beispiel: Was hindert mich daran, die Freundschaft so wahrzunehmen, wie sie ist, und mir keine Illusionen zu machen? Wie geht es mir in Gegenwart meiner Freundin wirklich? Mag ich mich? Habe ich mich ihr gegenüber immer loyal verhalten? Was macht den Kern unserer Freundschaft aus? Was verbindet uns? Warum brauche ich ihre Nähe? Überhaupt: Wie gut ertrage ich Nähe? Bei welchen Gelegenheiten sehne ich mich nach Freiraum? Halte ich mich für eine gute Freundin?

»Wenn ich versuche, mir wesentliche Fragen zu beantworten, kann ich eine Krise oder auch den Bruch besser einordnen und den Sinn erkennen«, erklärt Audrey Lobo-Drost. Ich kann den aktuellen Zustand akzeptieren, muss weder mich noch die Freundin abwerten und lerne, die Freundschaft, die einmal war, wertzuschätzen und als Gewinn zu betrachten. Früheres Verhalten ist nicht rückgängig zu machen, aber ich kann meine typischen Muster erkennen. Zum Beispiel, dass ich mich grundsätzlich schnell verunsichern lasse, mich bei jeder Gelegenheit rechtfertige oder jedes Mal blitzschnell die Schuld an allem meiner Freundin gebe. Ich kann konkrete Situationen durchspielen und mir vorstellen, wie sie ausgehen würden, wenn ich beim nächsten Mal anders reagiere. »Reflexion ist eine Entscheidungshilfe«, so die Verhaltenstherapeutin. »Daraus entsteht eine positive Kraft für künftiges Verhalten.«

Was hat das mit mir zu tun?

Nachdenken, nicht grübeln

Ich mag Menschen, die sich Gedanken machen, Alltägliches überraschend infrage stellen und auch mal ungewöhnliche Ansichten äußern. Ich suche ihre Nähe, weil sie mich inspirieren. Aber ich meide Menschen, die schwerfällig und grüblerisch wirken. Nachdenklichkeit scheint nicht immer eine attraktive Eigenschaft zu sein. Die Differenzierung wird mir erst durch Gespräche über das Thema Selbstreflexion deutlich. Es gibt demnach Warnzeichen, die man im Blick behalten sollte. Wer nachdenkt, kommt auf interessante Erkenntnisse und Lösungen. Wer grübelt, dreht sich im Kreis. In die sogenannte Grübelschleife gerät, wer sich den Kopf zermartert und negative Gedanken immer wieder auf und ab bewegt, wie in einer Spirale. Gedanken, die nicht weiterführen, sondern nur die Stimmung verschlechtern. Typisch für grüblerisches Verhalten, in dem man ergebnislos stecken bleibt, sind Fragen wie: »Warum bin ich immer ihr Mülleimer?« »Wieso kann ich nicht sagen, was ich denke?« »Hätte ich doch bloß ...«

Vom Grübelzwang sind Frauen eher als Männer betroffen. Der kritische, negative Dialog, der mich kleinmacht, für inkompetent hält, der den Fokus auf meine Fehler lenkt und meine Unsicherheit verstärkt, klingt herrlich vertraut. »Siehst du, wieder mal hast du es nicht geschafft, dass deine Freundin dich versteht.« Diese Stimme kennen wir gut. Sie kommt aus frühen Erfahrungen mit Eltern, Tanten, älteren Geschwistern oder Lehrern, als wir unser Bestes gaben und doch nicht belohnt wurden, weil es immer zu wenig war. Es ist die vertraute Stimme der Vergangenheit. Sie erzählt von Ereignissen und Dingen, die nicht mehr zu ändern sind. Über Vergangenes zu grübeln verhindert, dass wir es akzeptieren und dadurch verarbeiten und loslassen können. Nachdenken dagegen bedeutet, dass wir aktiv aus unserer Geschichte, aus unserer Freundschaft Schlüsse ziehen und uns eine neue Sicht auf die Wirklichkeit erarbeiten. Statt »Hätte ich bloß ...« heißt es dann: »Beim nächsten Mal werde ich ...« Ungeteilte Aufmerksamkeit hilft, ein trübsinniges Gedankenkarussell zu stoppen. Der Trick dahinter: Das Gehirn muss die ganze Konzentration auf den Augenblick lenken, auf das Hier und Jetzt. Ob man Schuhe putzt, Fotos auf dem Computer ordnet oder den Vögeln in der Natur lauscht, die Wirkung ist die gleiche. Audrey Lobo-Drost: »Wir richten dann den inneren Scheinwerfer auf den gegenwärtigen Moment statt wie gewohnt auf Vergangenheit und Zukunft. Achtsamkeit vergrößert den eigenen Radius und befreit trübe Gedanken aus ihrem Gefängnis.« Man bekommt Zugang zu der freundlichen inneren Stimme und damit zu guten, wertvollen Gefühlen. Diese Stimme sagt zum Beispiel: »Ich verstehe dich. Ich traue dir das zu.« Sie motiviert, macht Mut, bestärkt das eigene Handeln. »Meine freundliche Seite appelliert an das gute Gefühl mit mir selbst, mit dem, was ich kann, bin, fühle und wie ich mich verhalte«, erläutert Audrey Lobo-Drost. Das ist achtsame Selbstfürsorge. Sie ist produktiv und bringt weiter und hat mit düsteren Grübeleien nichts zu tun.

Die freundliche Stimme in mir wecken

Raus aus der Grübelfalle, rein in konstruktive Gedanken und sich selbst ein guter Ratgeber sein: Das ist gar nicht so einfach. Vertraut ist uns die kritische Stimme, die freundliche müssen wir üben wie eine fremde Sprache. Wir kennen

Was hat das mit mir zu tun?

und benutzen sie, aber in der Regel nur für andere. Etwa, wenn wir die Freundin motivieren und ihr Zuversicht vermitteln wollen. »Komm, du schaffst das schon.« Bei anderen können wir das, bei uns selbst nicht. Nachzudenken darüber, was man selbst zum Konflikt in der Freundschaft beigetragen haben könnte, Fehler zu erkennen und die eigene Art trotzdem wertzuschätzen, das ist die wunderbare Aufgabe, an der jede wachsen kann.

Der einzige Haken: Sie kann zu Selbstgefälligkeit verführen. Falsche Selbstliebe entsteht, wenn wir unsere freundliche innere Stimme missbrauchen, um den Kritiker in uns zu übertönen. »Ich weiß, wie alles gelaufen ist. An mir gibt es nichts auszusetzen. Ich bin, wie ich bin – und das ist gut so.« Mit prahlerischem Eigenlob erhebe ich mich über meine Freundin und will mich unangreifbar machen. Ich grenze mich ab und verliere den Zugang zu ihr. »Überzogene Selbstliebe ist unecht. Sie weist oft auf eine besonders starke Verletzbarkeit hin, die aber nicht bewusst erlebt wird«, erklärt Audrey Lobo-Drost. Sie wurzelt vielfach in einer Überlebensstrategie, einer Schutzmaßnahme aus der Kindheit. Wenn ich das weiß und erklären kann, warum ich manchmal so sein muss oder meine Freundin mir damit auf die Nerven geht, mache ich keine Vorwürfe und teile nicht aus. Mit mehr Verständnis kann ich einen Konflikt in aller Ruhe ansprechen und im günstigsten Fall sogar begraben.

Was hat das mit mir zu tun? Ehrlich und reflektiert mit sich und über sich zu reden kostet Überwindung. Es erfordert Mut, die Freundin zu fragen: »Wie siehst du mich? Wer bin ich für dich? Was habe ich in deinen Augen falsch gemacht?« Schließlich müssen wir auch mit unangenehmen Antworten rechnen. Wir brauchen den anderen Blick, die fremde Sichtweise, um daran zu wachsen. Die Auseinandersetzung mit mir selbst kann mir auch die beste Freundin nicht abnehmen. Aber sie kann mich dabei unterstützen. In der Freundin spiegeln wir uns besonders deutlich wider, schließlich haben wir sie erwählt. Weil sie anders ist als ich, kann sie mich aus der liebevollen Distanz heraus einschätzen und beraten. Oft geschieht das in letzter Sekunde, wenn wir gemeinsam vor der Klippe stehen. Wie die zwei Seiten einer Medaille gibt es zwei Sichtweisen auf eine Freundschaft. Ein anderer Blick auf uns oder auf den Konflikt muss keine Bedrohung sein, sondern kann bereichern. »I've looked at love from both sides now – Ich habe von beiden Seiten auf die Liebe geschaut«, singt die kanadische Musikerin Joni Mitchell. Sich überraschen zu lassen und offen zu sein für Fragen und Antworten, die sich aus dem Nachdenken über die Freundschaft ergeben, erweitert den Horizont. Selbsterkenntnis ist der Gewinn daraus. Persönlich, für die Freundschaft, für das Leben. »Jeder kann ein Anderer werden im Umgang mit dem Anderen«, ermutigt uns der Philosoph Wilhelm Schmid.

Wut und Kummer über Hannah habe ich mir in stundenlangen Selbstgesprächen von der Seele geredet, in der Küche, beim Autofahren, in der Yogastunde. Bis ich auf ein hilfreiches Bild stieß, von dem die Yogalehrerin sprach. »Stelle dir vor, dein Körper schirmt dich in mehreren Schichten ab, von außen nach innen. Außen sind die Schutzhüllen robust, sie werden immer zarter, bis du schließlich an dein Innerstes kommst. Da findest du nichts außer der reinen Freude.« Spontan musste ich an meine Energiequelle denken. Ich schütze sie durch Hinwendung. Stelle mir Fragen. Achte auf mich und damit auf andere. Stimmt schon, alles fängt bei mir an. Die Freundschaft. Die Krise. Die Trennung. So wie das Glück, Hannah nicht endgültig verloren zu haben.

Für ihren Egoismus habe ich Anna insgeheim bewundert

Anne und Anna

Anna und ich begegneten uns in einem Seminar und stürzten uns sofort aufeinander. Die coolsten Frauen unter der Sonne gehören doch zusammen! Beide waren wir Anfang zwanzig. Schon die Ähnlichkeit unserer Namen empfanden wir als schicksalhaft. Anne und Anna. Das konnte kein Zufall sein. Mögliche Mitbewerberinnen, die an einer Freundschaft mit uns interessiert waren, sortierten wir blitzschnell aus. Ich trennte mich gerade von meinem Freund, eine Woche später war auch Anna solo. Uns selbst genug, verbrachten wir Tag und Nacht zusammen. Der Beginn unserer Freundschaft war stürmisch und beinahe radikal. Am Ende des Seminars, sechs Wochen später, ging es unverändert weiter. Wir trafen uns fast täglich und telefonierten mindestens dreimal am Tag. Bloß nichts voneinander verpassen! Wir sezierten pausenlos unsere Gefühlswelten. Und natürlich die Männer um uns herum.

Anna war im Grunde eine mürrische, ichbezogene, unfreundliche Person. Sie schiss auf alles. Andere waren ihr egal. Ich bewunderte sie dafür. Ihr Egotrip zog mich an, war mein Kick. Ich dagegen setzte alles daran, zu strahlen und andere für mich zu begeistern. Anna mochte mein unkompliziertes Wesen, das ihr so völlig abging. »Du bist so natürlich, so freundlich. Richtig angenehm«, zog sie mich auf. Anna und Anne. Verschiedener konnten wir nicht sein. Und verbundener auch nicht. Das war die Faszination. Diese Spannung machte unsere Freundschaft aus. Ich kannte keine engen Frauenfreundschaften. Wollte lieber ein guter Kumpel sein und mit lustigen Jungs ausgehen. Mit Anna war alles anders. Eine komplett neue Erfahrung. Anna ist Einzelkind von alten Eltern. Meine Eltern waren blutjung, ich musste mit meiner Schwester alles teilen. Mit Anna trat jemand in mein Leben, der nur auf sich achtete, mir zeigte, dass es wichtig ist zu spüren, wer man ist und was man empfindet. Niemand von meinen Leuten hat verstanden, warum diese Frau meine beste Freundin wurde. Nur ich wusste es. »Ich kenne sie halt anders als ihr«, verteidigte ich sie. Fühlte mich dabei wie Klein-Anna und war ungeheuer stolz auf meine Freundin, die unabhängig ihren Weg ging und ihr Ding machte.

Dazu muss man sagen: Alles, was Anna anfasste, geriet im Handumdrehen zur Katastrophe. Die großen Entscheidungen, aber auch jede Kleinigkeit im Alltag. Nichts lief bei ihr normal. Ob sie den falschen Mann erwischte oder den vermeintlich Richtigen heiratete oder nur zu Hause ihren Schal vergessen hatte, bei jeder Gelegenheit war Katastrophenalarm. Zunächst wurde sie nicht schwanger. Das war Drama. Dann kam endlich das Kind, aber es schrie zu laut. Das war auch Drama. Anna machte sich ununterbrochen Sorgen. Alles, wirklich alles war für sie existenziell.

Ob ich die Faxen nicht dicke hätte, wurde ich oft gefragt. Nein. Ich fand Anna einfach nur super. Wer wissen wollte, warum, bekam meine klare Antwort: »Sie tut nichts für irgendjemanden. Nichts aus Berechnung. Sie macht nur, was ihr in den Sinn kommt und was sie fühlt. Das darf man. Das ist sogar sehr wichtig.«

Anna bekam das zweite Kind und gab ihren Job auf. Das war Mitte der Neunziger nicht üblich. Noch dazu, wenn man wie sie gut ausgebildet ist. Aber Anna tat das. Einfach so. Mit einer Begründung, die ich heute noch großartig finde: Sie wollte nicht, dass ihre Kinder aus der Schule kommen ohne die Möglichkeit, sofort loszuwerden, was sie beschäftigt. Anna wollte für ihre Kinder da sein. Sie sollten nicht warten müssen, bis Mami müde nach Hause kommt und sich beim Zuhören quält. Ich kannte das nicht. Meine Mutter musste arbeiten, den Vater gab es nicht, wir Geschwister waren ganztags in der Schule. Für ihre klare Haltung habe ich Anna geliebt. Für ihre Entschlossenheit.

Anna und ich waren achtzehn Jahre unzertrennlich. Hin und wieder verschaffte ich mir kleine Freiräume, über die ich sie nicht so genau informierte. Ich wollte mich von Anna nicht permanent beobachten lassen. Fürchtete zunehmend ihre krassen Bewertungen. »Was hast du denn mit dem zu tun? Der ist ja furchtbar!« Ich habe ihre Sätze noch im Ohr. Ihrer Schärfe wollte ich mich nicht aussetzen und mich nicht rechtfertigen müssen. Außerdem hasste Anna das Wort Spaß. Wenn ich erzählte: »Ich habe mit dem total Spaß gehabt«, kriegte sie einen Anfall, rollte mit den Augen und zog die Mundwinkel noch weiter herunter. Spaß war ihr zu wenig reflektiert, genügte ihrem Anspruch nicht. Ich machte aber vieles nur aus Spaß.

Im Laufe der Zeit versuchte ich, Anna von meinen Kreisen fernzuhalten. Spätestens nach meinem vierzigsten Geburtstag. Ich feierte mit einigen Mädels lustig in der Kneipe, bis meine beste Freundin auftauchte. Ihr Gesichtsausdruck verriet alles. Sie war wieder mal schlecht drauf. Ganz übel diesmal. Schlagartig war es vorbei mit der Fröhlichkeit. Anna saß missgelaunt in der Runde und beobachtete jeden meiner Gäste mit Argusaugen. Ich versuchte, die Stimmung zu halten. Total anstrengend. Okay, da haben wir's wieder, dachte ich. Sie denkt nur an sich.

Ich ärgerte mich maßlos über die egoistische Nummer an meinem Geburtstag. Doch um ehrlich zu sein, habe ich Anna im hintersten Winkel meiner Seele auch dafür bewundert. Sie ist, wie sie ist. Sagt, was sie denkt. Verstellt sich nicht. Nur ihre persönliche Befindlichkeit zählt. Insgeheim imponierte sie mir, egal wie fies sie sich benahm. »Blöde Nuss, du machst mir die Party kaputt. Bleib doch zu Hause.« Was hätte ich ihr alles an den Kopf werfen können und tat es nicht. Ich traute mich nicht. War zu feige. Heute könnte ich das. Damals nicht. Ich hatte Angst vor Annas Vehemenz und den möglichen Konsequenzen. Dass sie aufsteht, geht und nie mehr meine Freundin ist. Annas ungebremsten Emotionen fühlte ich mich nicht gewachsen.

In den letzten Jahren vor dem Ende unserer Freundschaft nahmen bei Anna und mir die Krisen zu. Doch sobald es ihr schlecht ging und ich stundenlang zuhörte, waren wir sofort wieder versöhnt. Hockten in ihrer Küche, tranken Osborne aus der Flasche und besprachen das Elend unserer Existenz. Wir haben gequatscht wie die Geistesgestörten. Das hatte etwas Wahnsinniges. Eine Blutsfreundschaft. Wenn alles kaputtgeht, haben wir immer noch uns beide.

Auch ich hatte inzwischen geheiratet, doch meine Ehe war nicht von Dauer. Ich trennte mich und mietete mir eine Wohnung. Mir war elend zumute, aber ich lag nicht fünf Wochen auf dem Sofa und heulte. Aufstehen, Krone richten, weitermachen, war eher mein Motto. Um zur Ruhe zu kommen, legte ich gern Puzzle. Tausend Teile Bergspitzen. Das

Was hat das mit mir zu tun?

lenkte mich ab von meinem Kummer. Anna kam herein und war fassungslos. »Das ist ja so was von abartig.« Sie hatte erwartet, ich sitze auf dem Boden und krümme mich vor Schmerz. Statt mich dem Elend zu ergeben, beschäftigte ich mich mit Bergspitzen und strich die neue Wohnung in Ochsenblutrot. Auch das fand Anna schrecklich. »Wie kannst du es in dieser Bude aushalten«, warf Anna mir vor. Ich hatte aus der Ehe nichts mitgenommen, war vom Hof geritten mit Rotwein und zwei Gläsern. Ich war traurig, fühlte mich aber auch frei. Hatte überlebt, konnte meine Wohnung selbst bezahlen und war einigermaßen gut drauf. Bei Anna bezahlte alles ihr Mann, aber sie war unglücklich.

Ich glaube, in der neuen Wohnung ist ihr Neid auf mich durchgebrochen. Plötzlich war ich es, die ihr eigenes Ding machte. Unabhängig und selbstbewusst. Annas Ehe bestand nur auf dem Papier. Während ich das Alleinsein zunehmend als angenehm empfand, traf sich Anna ständig mit Männern. Es war fast unerträglich, sie so bedürftig zu sehen. Aber wir sprachen nicht darüber. Leider nicht, sage ich heute. Unsere Krisen verschärften sich. Ich erkrankte an einer schlimmen Gürtelrose, kann mich jedoch nicht an einen einzigen Besuch von Anna erinnern. Ich weiß, wir telefonierten mal. Aber es waren andere Menschen, die mir beistanden. Auch als es mir besser ging, war Anna zu beschäftigt, um sich für meine Gesundheit zu interessieren. Ich schluckte meine Enttäuschung herunter.

Dann gingen Anna und ich zusammen essen. Wir übten uns in Normalität und erzählten von den absurden Erfahrungen, die wir auf Dating-Portalen gelegentlich erlebten. Anna zog einen Liebesbrief hervor, von einem Typen im Knast, mit dem es total gefunkt hatte. Ich war perplex. »So ein sentimentaler Blödsinn! Das kann doch nicht dein Ernst sein!«, brach es aus mir raus. Anna wurde stinksauer. Sie nahm mir meine Reaktion fürchterlich übel. »Du machst mich und meine Gefühle lächerlich! Das ist so gemein von dir!« Sie kann sich doch nicht so aufregen, dachte ich. Die beste Freundin darf man doch warnen. Und was musste ich mir alles von ihr anhören! Doch ich hielt den Mund. Wieder mal war ich zu feige, um mit ihr zu streiten.

Nach diesem Abend teilte Anna mir am Telefon mit, sie brauche eine Pause von unserer Freundschaft. Mir fiel nichts anderes ein, als ihr schöne Ostern zu wünschen. Acht Wochen später rief Anna an, sie würde mich jetzt gern treffen. Ich saß gerade am Flughafen. »Die Pause ist noch nicht lang genug.« Ich war von mir selbst überrascht, wie entschieden meine Stimme klang. Die Wahrheit war: Die Zeit ohne Anna hatte ich wie eine Befreiung empfunden. Ich hätte ihr auch ehrlich antworten können: »Mir geht es gut ohne dich.« Oder: »Ich möchte nicht mehr mit dir befreundet sein.« Aber ich traute mich nicht, brauchte die Rechtfertigung, dass sie es ja war, die eine Pause wollte. Für diese Feigheit schäme ich mich heute noch. Mit allen kann ich Klartext sprechen. Nur mit Anna nicht. Wir haben uns seitdem nicht mehr zu zweit gesehen. Die Freundschaft ist vorbei.

Ich möchte keinen Kontakt, weil ich Anna nicht mehr in meinem Leben haben will. Ich vertrage diese negative Energie nicht mehr. Ihren gnadenlosen Egoismus. Wenn ich nur daran denke: Anna zuliebe bin ich mitgefahren in einen Cluburlaub, der war schweineteuer, und ich mag Clubs überhaupt nicht. Aber Anna bedrängte mich, sie brauche unbedingt Erholung, sie sei so kaputt. Ich musste mich echt überwinden. Was kam heraus? Dort wartete jemand auf sie, mit dem sie etwas hatte. Erst bei unserer Ankunft hat sie mir das gestanden. »Bitte? Du triffst dort jemanden?« Ich dachte, ich

Was hat das mit mir zu tun?

höre nicht richtig. Tatsächlich war Anna ständig mit dem Typen unterwegs, und ich musste mir die Zeit vertreiben. »Ich dachte, du kannst so gut allein sein«, meinte sie kühl. Egoismus pur. Von der besten Freundin. Ich will das nicht mehr. Dazu dieses ewige Beurteilen. Ich sei nicht Fisch und nicht Fleisch, hat sie mir hingeworfen. »Wie meinst du das?«, fragte ich. »Du bist nicht weiblich genug.« Ich war damals tief verletzt und auch verunsichert. Und weiß bis heute nicht, warum ich so viel geschluckt und mich so wenig gewehrt habe.

Inzwischen bin ich von Annas Dominanz erlöst. Die Faszination vom Anfang ist spurlos verschwunden. Das Ende unserer Freundschaft war zwar keine starke Leistung von mir. Ich habe mich rausgestohlen und weggedrückt. Das mag ich an mir nicht. Wahrscheinlich denke ich auch deshalb öfter an Anna. Solange ich mir ein schlechtes Gewissen mache, wird sie mir immer im Nacken sitzen. Anna arbeitet jetzt wieder, und manchmal sind wir zu denselben Terminen eingeladen. Wenn ich vermute, ich könnte sie treffen, bin ich jedes Mal etwas aufgeregt. Ein unangenehmes Gefühl, obwohl viele Jahre vergangen sind. Zweimal blieb ich zu Hause, aus lauter Furcht. Davon bin ich inzwischen frei. Wir können uns sogar freundlich zunicken, aber bitte nur aus der Entfernung. Vor Kurzem sah ich ihre Tischkarte ganz nah bei meiner. Ich habe sie heimlich genommen und mit einer anderen vertauscht. Eine absurde Situation, ich musste fast lachen. Der Witz war, Anna kam gar nicht.

Achtzehn Jahre lang war Anna meine beste Freundin. Sie hat mir geholfen, mich selbst besser kennenzulernen. Ich war ein hübsches, oberflächliches Mädchen und wusste wenig über mich. Annas Einfluss war unglaublich wichtig für meine Entwicklung, meine Reifung. Mit ihr kam ich meinen

Gefühlen näher. Ein Indianer kennt keinen Schmerz. Das geht wieder vorbei. So war ich erzogen worden. Anna hat ganz viel aus mir herausgeholt. Dafür bin ich ihr ewig dankbar. Die Reibung mit ihr, die Gedankentiefe. Auch wenn sie mir auf die Nerven ging. Ob ich deshalb so lange an der Freundschaft festgehalten habe, weil sie mich weitergebracht hat? Schade ist, dass mit Anna auch dieses intensive Nachspüren verloren ging, das wir miteinander teilten. Das ist vorbei. Es gibt auch niemanden, der diesen Platz bei mir eingenommen hat. Keine Schwester. Keine Kollegin. Keine Frau. Ich habe Freundinnen, aber keine vergleichbare Freundschaft. Anna und ich, in unserer Hassliebe waren wir einzigartig. Das Ende haben wir beide nicht hingekriegt. Wir hätten das von uns verlangen können.

Wir sind mit altem Ballast in die neue Freundschaft eingestiegen

Susanne und Silvia

Ich kenne Freundinnen, bei denen sieht man auf den ersten Blick: Die passen gut zusammen. Sie wirken wie eine Einheit, sehen sich manchmal fast ähnlich. Das kann man von Silvia und mir nicht behaupten. Wir sind so verschieden, mehr geht nicht. Als wir uns im Studium kennenlernten, wunderten sich viele, warum ausgerechnet wir beide uns befreundeten. Man stelle sich vor: Silvia in Latzhosen, ziemlich stämmig, die Haare raspelkurz, sehr laut, meinungsstark bis hin zu aggressiv. Ich dagegen klein, zart, feminin, mit langen blonden Locken. Typ Schulbeauty, aber kein Mäuschen, schon mit eigenen Ansichten, aber umgänglich und interessiert daran, anderen zu gefallen. Genau das hat Silvia nicht interessiert. Ihr war völlig egal, was andere über sie dachten oder sagten. Das hat mich von der ersten Sekunde an fasziniert.

Silvia und ich kamen uns näher und stellten fest: Wenn man die Optik mal weglässt, sind wir vollkommen auf einer Wellenlänge. Vor allem in der Lust am Denken. Unsere geistige Verbindung war wie eine Erfüllung. Endlich hatte ich meine Sparringspartnerin gefunden! Stundenlang kreisten wir um uns selbst und versuchten zu analysieren: Wie haben uns die Eltern geprägt, wozu machen wir das Studium, wie denken wir über Ethik und Moral. Wir dachten uns kniffelige Fälle aus und entwickelten sie weiter. Diskutierten über Männer und ihr Frauenbild und darüber, was Freundschaft bedeutet. Aussehen, Mode, Verliebtsein, dieses typische Girlie-Ding hatten wir eher weniger. Tag und Nacht verbrachten wir als Hobby-Psychologen. Beflügelten uns gegenseitig. Andere konnten das Gefühl haben, bei Susanne und Silvia kommt man nicht dazwischen. Die sind so verbunden und schmeißen sich die Bälle in einer solchen Geschwindigkeit zu, da ist kein Raum für eine dritte Person. Fast drei Jahre waren wir unzertrennlich.

Wann es zu den ersten Irritationen kam? Ich erinnere mich, dass ich gestutzt habe, als wir am Ende unseres Studiums auf eine Feier gingen, zu Leuten aus Silvias Arbeitskreis. Dort stellte sie mich vor mit den Worten: »Das ist meine schöne Freundin.« Ich fühlte mich geschmeichelt, fand die Bemerkung aber auch deplatziert. Ich fragte mich, warum sagt sie das jetzt? Das spielt doch keine Rolle, hat ja nichts mit uns zu tun.

Kurz darauf erhielten wir unsere Abschlussnoten. Ich hatte Glück, mein Thema hatte mir Spaß gemacht, und mein Professor war nicht bis ins Detail an meiner Arbeit interessiert. Auf jeden Fall bekam ich eine relativ gute Note. Silvia hatte sich ein besonders schweres Thema ausgesucht, das von einem schwierigen Professor betreut wurde. Das schlug sich in ihrer Note nieder, sie war schlechter als meine. Silvia fand das total ungerecht. Ich entdeckte zum ersten Mal so etwas wie Eifersucht. Susanne ist hübscher als ich, und jetzt hat sie auch noch die bessere Note. Das hat Silvia zwar so nicht gesagt, aber ich spürte ihre Gedanken.

Was hat das mit mir zu tun?

Wir landeten in einer Konkurrenz, die ich in unserer Freundschaft noch nie bemerkt hatte. Du hast gut reden, könnte man von außen sagen. Du hattest keine Gewichtsprobleme und hast am Ende das bessere Examen gemacht. Wie bescheuert, dass du ihr Problem nicht gesehen hast. Ich kannte aber zwischen uns das Gefühl von besser oder schlechter nicht. Silvias Figur war nie ein Thema. Sie war tatsächlich übergewichtig. Doch ich hatte Fotos von früher gesehen, da war sie eine wunderhübsche junge Frau, und ich ging davon aus, dass die überflüssigen Pfunde irgendwann wieder verschwänden. Für mich war Silvia wie ein französisches Fotomodell, eingehüllt in etwas mehr Körperfülle. Sie hat oft gegen ihre Figur angekämpft und hatte auch Phasen, in denen sie schlanker war. Dann konnte sie plötzlich die Hosen tragen, die sie sich immer wünschte. Das haben wir gefeiert. Ich machte ihr Komplimente, wie toll sie aussähe. Nie habe ich gesagt, sie müsse abnehmen. Das stand mir nicht zu. Ihre Familie machte schon genug Druck. Und ich hätte mich auch nicht getraut, aus Angst, mir würde sofort eins übergebraten, weil ich mich in etwas einmische, das mich nichts angeht. Silvia war mein geistiges Zuhause, ausschließlich. Alles andere war unwichtig. Wenn Leute mich fragten, warum ich ausgerechnet mit ihr befreundet bin, verstand ich die Frage gar nicht. Vielleicht habe ich entscheidende andere Dimensionen ausgeblendet.

Später lebten wir beide in Berlin. Sie war noch mit ihrem Freund aus dem Studium zusammen, ich hatte mich getrennt und war neu verliebt. Ich erinnere mich an den Abend, als ich groß gekocht hatte. Silvia sollte meinen neuen Freund kennenlernen. Der sagte aus Spaß: »Das schmeckt so gut, das darfst du nur für mich kochen.« Da hat sich Silvia total aufgeregt. Für sie war das kein Scherz. Sie wurde richtig wütend, als ob sie von irgendetwas ausgeschlossen würde. Es ging, wie mir schien, um Besitzansprüche. Dass ich nicht mehr so verfügbar war wegen des neuen Mannes an meiner Seite. In Silvias aggressiver Reaktion habe ich erneut Eifersucht gespürt. Mein Freund bemerkte gar nicht, was los war. Nur ich war irritiert, habe aber den Mund gehalten und die Situation beruhigt.

Wenig später zog ich von Berlin nach Stuttgart. Ich lernte ziemlich bald den Mann kennen, mit dem ich heute verheiratet bin, aber unsere Beziehung begann holperig, und ich hatte viel Gesprächsbedarf. Silvia und ich telefonierten ständig. Sie wurde mein Coach. Aber nur unter einer Bedingung: Ich musste ihren Rat befolgen. Wenn ich das nicht tat, wurde sie ärgerlich. »Jetzt hast du wieder nicht getan, was ich dir gesagt habe. Wie kann man nur ...«

Unsere Freundschaft veränderte sich. Die Machtverhältnisse verschoben sich. Ich suchte Rat. Silvia erteilte ihn. Nach dem Motto: »Ich muss meine schöne Freundin auf das wirkliche Leben vorbereiten.« Um dann von mir enttäuscht zu sein. Sie und ihr Freund agierten wie Ersatzeltern. Ich konnte immer mit meinen Problemen kommen. Sie beschäftigten sich mit mir, straften mich aber auch, wenn ich mich nicht an die Worte von Mama und Papa hielt. Dann gab es Liebesentzug.

Heute würde ich sagen, ich war viel zu anlehnungsbedürftig. Das ist interessant, weil meine Karriere in jener Zeit steil nach oben ging. Und gleichzeitig verhielt ich mich bei Silvia wie ein Kind. Sogar an Weihnachten kroch ich bei ihr unter. Mein Beziehungsdrama war gerade auf dem Höhepunkt. Eine Woche habe ich bei Silvia gewohnt, sie meinte, ich solle meinen Freund endlich in Ruhe lassen. Stattdessen hing ich dauernd mit ihm am Telefon. Das hat Silvia überhaupt

Was hat das mit mir zu tun?

nicht verstanden, sie wurde immer wütender. Ich war völlig durch den Wind und sie stinksauer. Sprachlos hockten wir wie ein altes Ehepaar in der Wohnung, ihr Freund war nicht da. Ich wusste nicht, wie ich mit dieser Wut auf mich umgehen sollte, sie wollte nicht reden. Das war schrecklich, als ob wir beide implodierten. Nach dieser furchtbaren Woche haben wir uns zurückgezogen. Der Bruch war da. Schon seltsam. Wir haben uns über alles austauschen können, aber in der Krise waren wir ohne Worte. Wahnsinn.

Ein Jahr lang hörten wir nichts voneinander. Ich bekam eine Tochter, wollte den Kontakt wiederherstellen und fuhr mit dem Baby nach Berlin. Ich weiß noch, wie ich bei ihr saß mit dem Kind im Arm. Silvia hat nie gefragt, wie die Schwangerschaft war, die Geburt. In meinem Leben hatten ja unfassbare Veränderungen stattgefunden. Normalerweise würde man doch darüber sprechen. Ich habe mich aber nicht getraut, dachte, lieber mal zuhören, wie sie in ihrem Leben steht. Was bei ihr los ist. Ich stellte meine Themen ganz nach hinten. Wollte um jeden Preis der Welt den Faden wieder aufzunehmen und nichts riskieren. Das gelang auch, doch wir haben unsere Krise nie aufgearbeitet. Ich habe Silvia nie gefragt, warum warst du so wütend, hast mich so bestraft, als ich mit dem Typen nicht klarkam, mit dem ich inzwischen verheiratet bin. Umgekehrt kam von ihr auch kein Vorwurf wie: »Du bist mir auf den Keks gegangen, ich musste erstmal Abstand bekommen«. Vielleicht hat sie das sogar gesagt, und ich habe es nicht gecheckt, könnte sein.

Auf jeden Fall sind wir mit altem Ballast in die neue Freundschaft eingestiegen. Diesmal mit unseren Männern, die sich gut verstanden. Es war auch nie ein Thema, dass wir ein Kind haben und die beiden keins. Wir fuhren zusammen in den Urlaub. Klar hatten wir durch unsere kleine Tochter einen anderen Tagesablauf. Silvia und ihr Freund schliefen aus und saßen dann stundenlang über Bauplänen. In diesem Urlaub passte nichts zusammen. Aber statt darüber zu reden, haben wir getrennte Ferien verbracht und sind am Ende wortlos miteinander zum Flughafen gefahren. Wir hatten viel Gepäck, und unsere Tochter weinte, weil ihr alles herunterfiel. Silvia ging neben uns, ungerührt, mit einer Handtasche zum Flieger. Sie hat kein einziges Mal angeboten, uns etwas abzunehmen. Ich fühlte mich wieder mal von ihr bestraft. Aber für was? Ich fand keine Erklärung. Eher so ein Gefühl, als sollte ich mich zwischen ihr und meiner Familie entscheiden. Irgendwann im Urlaub wollten wir zusammen essen gehen, mein Mann wurde krank, und Silvia hat mir wohl verübelt, dass ich bei ihm blieb und nicht mitkam. War das der Auslöser? Ich weiß bis heute nicht, wann genau unsere Freundschaft erneut gekippt ist.

Monate später rief ihr Freund an und erzählte nebenbei, dass sie heiraten. Ich könne ja kommen, wenn ich Lust hätte. Eine herzliche Einladung klingt anders. »Sorry, da bin ich raus«, habe ich geantwortet. Dann hat Silvia angerufen. Zum ersten Mal wurde ich deutlich. Habe ihr klargemacht, dass sich so viel angestaut hat zwischen uns, so viele Fragezeichen, dass so vieles im Argen ist. Ich könne unmöglich eitel Sonnenschein machen und würde hiermit absagen. Das hat sie neutral zur Kenntnis genommen. In einem Brief habe ich ihr alles Liebe gewünscht und ein Wochenende in einem schönen Hotel geschenkt, damit wir uns mal in Ruhe aussprechen können. Sie schrieb zurück, sie hätte viel zu tun und wisse noch nicht, ob sie den Gutschein in Anspruch nimmt. Sie würde sich melden. Das ist nie passiert. Elf Jahre haben wir nichts mehr voneinander gehört.

Wie es mir in dieser langen Zeit ging? Die Freundschaft mit Silvia habe ich nie ersetzen können. Habe das auch nicht gewollt. Wahrscheinlich konnte ich eine solche Nähe nicht mehr eingehen. Darauf komme ich erst jetzt, beim Erzählen. Ich habe tolle Frauenfreundschaften, vorwiegend Kolleginnen, unterschiedlich alt, ganz verschiedene Charaktere. Aber nie mehr mit diesem intensiven Austausch. Außerdem hat man als berufstätige Mutter weniger Zeit für enge Freundschaften.

Was Silvia betrifft: Ihr Verlust ist mir immer wieder unerwartet in den Kopf geschossen. Sie ist nicht mehr da! Das war wie ein Aufschrei. So schmerzhaft. Ich habe mich in diesen Momenten überprüft: Was fehlt dir genau, wo fühlst du ein Defizit? Elf Jahre bin ich nicht zu dem Entschluss gekommen, dass mir genügend fehlte, um den Preis zu bezahlen, den ich damals so bezeichnet hätte: wahnsinnig viel negative Energie in mein Leben zu holen. Unser Austausch war schon lange kontraproduktiv geworden. Ich fühlte mich reguliert. »Du folgst meinen Ratschlägen nicht, beschwerst dich, obwohl du keinen Grund hast.« In einem harschen Ton wurde geurteilt und gerichtet. In dem, was mich bewegte, hat Silvia mich gar nicht gesehen, fiel mir auf. Ich sollte ihrem Bild von mir entsprechen. In den Jahren meiner Bilanz wurde klar, ich möchte die Freundschaft nicht mehr. Unter dem Strich gibt es nicht genug Positives.

Vor Kurzem entdeckte ich Silvia auf Facebook. Sie wurde mir als Freundin vorgeschlagen, ich weiß nicht, wie das kam. Wir haben eigentlich keine gemeinsamen Freunde. Oder habe ich doch nach ihr gesucht und das verdrängt? Wie auch immer, ich habe wahrgenommen, dass sie bei Facebook ist, und geschaut, was sie da so postet.

Dann habe ich ihr eine Freundschaftsanfrage geschickt. Mehr aus Neugier. Ohne Risiko. Mal sehen, was passiert, dachte ich mir. Das Gute daran ist ja, dass alles völlig unverbindlich ist. Trotzdem war ich unsicher, ob das eine gute Idee ist. Prompt kam ihre Antwort. »Wie schön, dass du dich meldest, ich habe dich vermisst.« Ich war total erstaunt und freute mich. Dann fing es in meinem Kopf an zu rattern: Wie verhalte ich mich jetzt? Muss alles aufgearbeitet werden, was passiert ist? Lösen wir jetzt unser Wochenende ein? Ich spürte nach und fand, das hört sich zu kompliziert und anstrengend an. Lieber wollte ich offen sein und abwarten, was sich zwischen Silvia und mir entwickelt. Ich beschloss, von Tag zu Tag zu entscheiden und mir keinen Bearbeitungsauftrag auszugeben.

Nach einigen Nachrichten hin und her haben wir telefoniert. Silvia hat sofort angefangen zu erzählen, meinte aber: »Ich weiß gar nicht, ob das gut ist, wenn ich jetzt wieder in dein Leben komme, denn ich habe mein eigenes gerade in die Luft gesprengt. Vielleicht bin ich eher eine Belastung als eine gute Begleitung für dich.« Das fand ich interessant und sagte: »Das kannst nur du beurteilen. Du musst wissen, was gerade bei dir los ist.« Das war vor zwei Jahren. Seither haben wir immer öfter und immer länger miteinander am Telefon gesprochen.

Vor gut einem halben Jahr trafen wir uns zum ersten Mal wieder. Durch unsere Gespräche wussten wir schon viel voneinander, daher war das Wiedersehen gar nicht so aufregend. Silvia hat ihren Mann verlassen, ihr kleiner Sohn will erstmal beim Vater bleiben. Unser Umgang ist jetzt vorsichtiger, aber nicht distanziert. Jetzt bin ich mehr in der Position der Ratgebenden. Aber wir sind eindeutig noch in der Testphase. Haben uns ja nur ein einziges Mal gesehen. Vor Kurzem hat Silvia ihr Telefon verloren. »Telefon weg. Ich melde mich«, schrieb sie vor drei Wochen. Über ihren Rech-

Was hat das mit mir zu tun?

ner kann sie wohl keine SMS-Nachrichten schreiben. Wir könnten uns auch mailen ... Na ja, so wirklich fehlt sie mir im Moment nicht. Ich habe gerade viel im Job zu tun und bin nicht traurig, dass es ist, wie es ist. Unsere Freundschaft schwankte immer zwischen Anerkennung und Ablehnung. Eine krasse Ambivalenz. Anstrengend. Aber vielleicht bindet mich genau das an Silvia. Rückblickend habe ich zu oft verpasst, ihr direkt meine Meinung zu sagen. Sie konkret anzusprechen auf die Sache mit der Diplomarbeit, das Abendessen, die Situation am Flughafen und vieles andere. Das hätte uns womöglich geholfen. Wir wären nicht derart in eine Abwärtsspirale gerutscht.

Trotzdem fühle ich mich inzwischen Silvia gegenüber so frei, dass ich unsere Testphase auch stoppen könnte. Ich könnte das Ganze einschlafen lassen. Entdecke, dass ich auch mit weniger Input von ihr leben kann. Ich fühle nicht die Notwendigkeit, die Vergangenheit unbedingt aufzuarbeiten. Vielleicht haben wir beide bis heute Angst vor der Konfrontation. Das weiß ich nicht genau. Was ich richtig gut finde: Silvia hat mich nie einfach nur toll gefunden. Sie hat immer gebohrt und gepikt, nicht nur zugeschaut. Es sind doch nicht die Schmeicheleien, die uns im Leben weiterbringen. Es sind die kritischen Fragen. Für jede einzelne bin ich Silvia dankbar.

Kapitel 5

Abtauchen, weitermachen, konfrontieren?

*Wie wir am Ende Klarheit gewinnen und
gut voneinander Abschied nehmen*

Es gibt eine Freundin in meinem Leben, die ich wahrscheinlich deshalb so liebe, weil ich sie so selten sehe. Die meisten glauben, wir sind längst auseinander und haben nichts mehr miteinander zu tun. Manchmal denke ich das auch. Zum Beispiel, wenn Nina und ich uns ein Jahr lang nicht treffen, obwohl wir ganz nah beieinander wohnen und der einzige Kontakt in zwölf Monaten aus zwei nichtssagenden Kurznachrichten besteht. In denen schreiben wir uns kaum mehr als die gute Absicht, diesen Zustand unbedingt ändern zu wollen. Was wir dann letztendlich aber nicht schaffen. Völlig zu Recht, könnte man behaupten, und bestes Beispiel für eine Freundschaft, die keinen Sinn mehr hat, die langsam einschläft und irgendwann still verendet. Nur ist das Ganze komplizierter.

Meine diffuse Gefühlslage Nina gegenüber ändert sich schlagartig, sobald ich sie treffe. Wie neulich, als ich ihr unvermutet in die Arme lief, noch dazu in einer fremden Stadt. Nina kam aus der Seitenstraße und kreuzte plötzlich meinen Weg. Was für ein Moment! Wir konnten nicht an uns halten vor Freude. Kreischten beide so laut, dass sich die Leute nach uns umdrehten. Hielten uns im Arm, packten uns gegenseitig an den Mänteln, waren völlig aus dem Häuschen vor Glück. Nach gefühlten fünfzig Küsschen trennten wir uns, jede musste in eine andere Richtung. Gesprochen hatten wir im Grunde nichts. Aber ich gebe zu, mein Herz schwappte bei unserer Begegnung über. Auch wenn es nur wenige Minuten waren und die Freundschaft danach wieder ins Koma fiel: Ein Augenblick wie dieser fühlt sich so kostbar an wie Champagner in der Wüste. Auf Nina werde ich niemals verzichten!

Ganz anders Petra, die schon einmal hinter meinem Rücken schlecht über mich geredet hatte und von der ich seitdem aus guten Gründen nie mehr etwas wissen wollte. Die dann, Jahre später, buchstäblich an mein Fenster klopfte und mich bat, unsere Verbindung von früher wieder aufzunehmen. Ihre Sicht aufs Leben hätte sich fundamental verändert, erklärte sie mir und entschuldigte sich für ihr Fehlverhalten. Ich war gerührt, fühlte mich geschmeichelt, aber wartete noch ab, ob ich Petras Nähe wirklich wieder in meinem Leben haben wollte. Wochen danach, an einem Sommerabend, entdeckte ich sie zufällig im Supermarkt. Ich erinnere mich noch an die Freude, die ich empfand. Ein Zeichen, dachte ich. Wir sollen noch einmal zusammenkommen. Das muss so sein. In der Gemüseabteilung schaute ich meiner früheren Freundin fest in die Augen und reichte ihr die Hand. Wir besiegelten die Wiedervereinigung, und alles ging von vorn los. Zehn Jahre lang waren wir erneut unzertrennlich, empfanden uns wie Schwestern im Geist und im Herzen. Bis Rivalität und Verrat sich zurückmeldeten und zu Dämonen wurden, die wie ein Feuersturm die Freundschaft niederbrannten. Diesmal endgültig. Ich brauchte wohl eine zweite

Lektion und viele Jahre mit einer Freundin, die mir nicht guttat. Erst dann konnte ich den Satz über die Lippen bringen, der mich so viel Überwindung kostete: »Ich will dich nie mehr wiedersehen.« Jedes Wort tat weh, aber es war eine Befreiung.

Warum die Geschichten zu Beginn eines Kapitels, in dem es um Klarsicht und Entscheidung geht? Weil wir intuitiv sehr genau wissen, ob eine Freundschaft im Gleichgewicht ist oder an ihrem Ende. Ob uns mit der Freundin eher die Gewohnheit verbindet oder ein echtes Interesse. Ob sich Gefühle verabschiedet haben oder wir aus irgendwelchen Gründen nachlässig geworden sind und uns mehr engagieren müssten. Ob wir tatsächlich gekränkt wurden oder nur einem Missverständnis aufsitzen. Ob wir uns für immer trennen, uns eine Zeit lang aus dem Weg gehen oder alles so lassen sollten, auch wenn es nicht optimal ist. Ob Feigheit die Beziehung zusammenhält, die Angst vor den Konsequenzen einer möglichen Trennung. Oder ob es noch eine Chance gibt und wenn ja, ob wir diese überhaupt nutzen wollen. All das wissen wir, wenn wir in uns hineinhorchen. Es geht nicht um Schuld. Auch das ist uns klar. Es geht um Haltung und Verantwortung. Für uns selbst und für unsere Freundschaft. Sich davonschleichen, weitermachen, streiten: Uns ist bewusst, dass jede Variante ihre Konsequenzen hat. Wer den vertrauten Zustand verlässt, muss sich herausbewegen aus dem bequemen Beifahrersitz.

Wenn ich überlege und zu zählen versuche, wie viele Freundinnen in mein Leben ein- und wieder ausgestiegen sind, werde ich nachdenklich. Es gab einmal so etwas wie die Blütezeit meines Freundinnen-Netzwerkes, da war ich Mitte dreißig. Kein Tag, an dem ich nicht zum Telefon griff, um irgendetwas loszuwerden und zu besprechen. Der regelmäßige Kontakt zu vielen Freundinnen half mir durch den Alltag. Heute stelle ich fest: Diese Zeit ist vorbei. Nicht nur die Freundinnen sind weniger geworden. Auch meine Sehnsucht nach ständigem Austausch ist geringer. Vielleicht hat sich mit den Jahren das Bedürfnis entwickelt, meine Kontakte auszudünnen und einige von der Liste zu streichen. Mich auf die Freundinnen zu besinnen, die mir wirklich am Herzen liegen und die mir unsagbar viel bedeuten. Und mich von denen zu verabschieden, die ich ohne viel nachzudenken einfach so mitschleppte, mit denen die gute gemeinsame Zeit längst vorbei ist, die mir möglicherweise zu viel Energie genommen haben.

Wie es kam, dass Freundinnen mein Leben wieder verließen, kann ich nur in wenigen Einzelfällen rekonstruieren. In drei engen Freundschaften gab es handfesten Streit. Und die anderen? Die Erinnerung verschwimmt. Ich weiß nicht mehr, was da los war. Wahrscheinlich geht es vielen so wie mir. Muss es jedes Mal einen triftigen Grund geben, wenn das Ende erreicht ist? Ich vermute eher, das Leben macht zwischendurch seine eigenen Wellenbewegungen, spült Freundinnen heran und trägt sie wieder heraus. Wir sind dabei die Zuschauer.

Lebensumbrüche, ausgelöst durch Ortswechsel, einen neuen Job, eine neue Liebe, andere Interessen, durch Krankheit oder Krisen, können alles verändern. Auch die Freundschaften. Ich beobachte an mir selbst, wie viel Klarheit mein neues Leben in einer neuen Stadt ermöglicht. Freundinnen, auf die ich mich jederzeit verlassen kann, obwohl sie dort bleiben, wo ich selbst nicht mehr lebe, sind Lebensgefährtinnen, deren Wert mir durch die Entfernung noch viel bewusster wurde. Sie tragen einen bedeutenden Teil meiner Vergangenheit in meine neue Gegenwart und Zukunft.

Freundinnen in der alten Heimat sind eine Form der eigenen Vergewisserung und können auf liebevolle Weise zeigen, dass Freundschaft und räumliche Distanz sich nicht von vorne herein ausschließen. Allen anderen, die ich zurückgelassen habe, schicke ich vielleicht mal einen wehmütigen Gedanken zu, aber ich lebe mehr in dem Gefühl, Platz gewonnen als Verluste erlitten zu haben. Raum für neue Menschen, Frauen, Freundinnen. Freundschaften verändern sich, wenn wir uns verändern. »Sich verlassen und sich wieder neu einlassen muss als Bewegung auch in guten Beziehungen verstanden werden«, schreibt die Psychotherapeutin Verena Kast.

Am Ende einer Freundschaft zeigt sich die Haltung, mit der wir uns dem Leben stellen

Wer bereit ist für Veränderung, geht immer ins Risiko und muss auch damit rechnen, dass Freundschaften nicht mitwachsen. Zur Bewegung gehört das Loslassen. Manchmal setze ich die vielen Umbrüche in meinem Leben in Vergleich zu Frauen, die seit jeher an einem Ort, in einer Stadt wohnen und viele ihrer Freundinnen noch aus der Schulzeit kennen. Die plötzlich die Kinderärztin wiedertreffen, die sie vor zwanzig Jahren für ihre Kleinen brauchten. Oder sich mit der Kommilitonin aus dem Studium seit Jahren regelmäßig beim Italiener verabreden. Eben, weil sie alle miteinander am selben Ort geblieben sind. Eine Tradition, die meiner Biografie fremd ist und deren Bild mich doch fasziniert. Ich entdecke darin Vertrautheit und einen sicheren Lebensrahmen, aber auch Einengung und Beschränkung meiner mir eigenen Entdeckerfreude. Wie ein guter Abschied gelingt?

Die Frage steht auch im Zusammenhang mit der Lust auf Wandel und Verwandlung. An unseren Freundschaften zeigt sich die Haltung, mit der wir uns dem Leben stellen. Besonders an ihrem Ende. »Freundschaft ist freiwillig. Sie kann jederzeit und ohne Erklärung enden«, schreibt Susann Sitzler. Der Spannungsbogen zwischen der Angst vor Verlust und dem Gewinn neuer Perspektiven könnte zur Essenz von Freundschaft allgemein zählen. Es gibt, ob wir wollen oder nicht, keine Garantie, dass Freundinnen sich nicht auseinanderentwickeln. Freiwilligkeit ist das Kennzeichen jeder Freundschaft. Auch das einer innigen Frauenfreundschaft. Nur weil zwei sich zu einem passenden Zeitpunkt in ihrem Leben treffen und gut verstehen, muss das nicht für immer so bleiben. Wir können und dürfen aus Freundschaften herauswachsen, die früher für unsere Entwicklung wichtig waren und Sinn ergaben. Wir wählen unsere Freundinnen nicht nur, wir entscheiden auch, wie lange wir mit ihnen zusammenbleiben wollen. Am Anfang wie am Ende steht die Freiwilligkeit.

An der besten Freundin festzuhalten, wenn die Beziehung sich nicht mehr gut anfühlt, bringt erfahrungsgemäß nichts. Mitleid oder Pflichtgefühl sind schlechte Grundsteine in einer Freundschaft. Andererseits: Gerade weil Frauenfreundschaften besonders intensiv sind und beste Freundinnen in emotionale Abhängigkeit geraten können, kommt bei Konflikten zu dem Schmerz und der Enttäuschung noch die Furcht vor Einsamkeit dazu. Ob wir es selbst sind, die geht, oder ob wir verlassen werden, macht in der Gefühlswelt kaum einen Unterschied.

Die Angst vor dem Verlust der Herzensfreundin kann alle Sinne blockieren. Unsere Intuition hat ein Blackout und funktioniert nicht mehr. Sie macht entweder völlig dicht oder spricht so zwiespältig zu uns, dass wir am Ende nicht wissen, welchen Weg wir zukünftig einschlagen und wie wir den Schlussstrich ziehen. Ob es sich noch lohnt, um die Freundschaft zu kämpfen, ob ein offenes Wort zwingend ist oder ob es das Beste für beide sein könnte, wenn wir uns aus dem Weg gehen. Kurz gesagt: Wie der Abschied trotz allem gut wird.

Schauen wir einen Moment zurück. Die Evolution stellt bei Angst und Gefahr drei Reaktionsmöglichkeiten zur Verfügung: den offensiven Kampf, den leisen Rückzug und die passive Totenstarre. Diese Überlebensstrategien sind immer noch erstaunlich aktuell. Natürlich müssen wir uns nicht mehr vor dem Säbelzahntiger retten und um unser Überleben kämpfen. Stattdessen sehen wir uns heute mit komplexen, emotional vielschichtigen Herausforderungen konfrontiert. Im Konfliktfall wägen wir ab zwischen Funkstille, Konfrontation und dem Verharren in der Freundschaft, als ob nichts gewesen wäre.

Erwachsen sein heißt Verantwortung übernehmen. Für mich selbst wie für die Beziehungen, die ich eingehe. Also auch für eine schwierig gewordene Herzensfreundschaft, an der ich ja zur Hälfte beteiligt bin. Wenn ich mich nicht wie ein kleines Mädchen in den Schmollwinkel zurückziehen oder großes Theater spielen will, muss ich wissen, wo ich stehe. Mit welcher Haltung ich das Ende gestalten möchte, wenn ich spüre, dass die beste Freundin nicht mehr die beste Freundin ist. Dazu gehört, dass ich kläre, was für beide, und die Betonung liegt auf beide, das Beste ist: sich zu konfrontieren und möglicherweise zu trennen, das Ganze einschlafen zu lassen oder weiterzumachen wie bisher. Wenn ich mich entschieden habe, gehe ich meinen Weg, von dem ich meine Freundin im Idealfall in Kenntnis setze. Wie schon gesagt, eine Frauenfreundschaft ist nichts für Feiglinge! Besonders nicht, wenn Schluss ist. Welche Möglichkeiten gibt es, wenn die Freundschaft in den letzten Zügen liegt? Wie sind die unterschiedlichen Wege beschaffen, welche Vor- und Nachteile bieten sie, wie geht es weiter? Betrachten wir die drei Möglichkeiten genauer.

Abtauchen – wann der leise Rückzug Sinn ergibt und wann nicht

Die Variante, die auf den ersten Blick die bequemste Lösung zu sein scheint, heißt: Ich tauche ab. Evolutionär würde das bedeuten, ich fliehe vor dem Feind, gehe ihm aus dem Weg. Also treffe ich meine Freundin nicht mehr, erfinde immer neue Ausreden, rufe nicht mehr an, verzichte auf die üblichen kleinen Nachrichten zwischendurch. Die Form der Funkstille wird auch als »Ghosting« bezeichnet, ein Begriff, der aus der digitalen Welt kommt. Sich wie ein Geist aus dem Staub zu machen, dafür finden sich die unterschiedlichsten Gründe. Die Freundin hat vielleicht über mich gelästert, aber ich habe Angst, sie zu stellen und das unangenehme Thema anzusprechen. Ich will einen Zickenkrieg vermeiden, weil die anderen schlecht über mich denken könnten. Oder ich bin so verletzt und geknickt, dass ich vor mir selbst souverän und möglichst unabhängig dastehen möchte. So, als stünde ich über derlei Nichtigkeiten und hätte nur gerade keine Zeit für die Freundschaft. Es kann auch sein, dass die alte Freundin in meinem neuen Leben keinen Platz mehr hat. Mein Job bindet mich voll ein, ich lerne viele spannende Menschen kennen, und die Kinder, die früher zusammen spielten, sind inzwischen groß. Die Freundschaft verliert ihren Sinn, ich ziehe mich leise zurück, um der Freundin nicht wehzutun. »Eine Freundschaft, die keine neue Nahrung erhält, schläft meist ein«, so die Psychologin Eva Wlodarek in ihrem Buch *Vertage nicht dein Glück, ändere dein Leben.* Die Beziehung ausplätschern zu lassen, indem man sich unter Vorwänden nicht mehr meldet, mag sanft und sogar empathisch anmuten. Weil es den passiven Weg bedeutet und man der Freundin scheinbar nichts antun will. Ich mache ja nichts und muss deshalb auch keine Schuldgefühle haben. Das geht gut, solange die andere mitzieht und das Stillschweigen akzeptiert. Dann liegt auch der anderen gerade nicht viel an der Freundschaft, und beide Freundinnen sind quitt, ohne dass sie die aktuelle Situation oder Problematik diskutieren müssten. »Die Freundschaft, kann, wenn sie nicht gepflegt wird, einfach einschlafen, ohne ganz verschwinden zu müssen – im Schlaf kann sie sich vielmehr erhalten und erholen«, schreibt der Philosoph Wilhelm Schmid. Vielleicht geht das besonders gut mit einer Freundin, mit der man sich ohnehin wortlos verstanden hat. Wo es eine besondere innere Übereinstimmung gab. Seelenverwandte Freundinnen könnten eine Idee davon haben, warum gerade jetzt eine Auszeit angemessen ist und dass darin keine Gefahr liegt, sondern eine Chance. Der lautlose Rückzug fühlt sich zu diesem Zeitpunkt für beide stimmig an, ohne dass darüber diskutiert werden muss. Es ist das Glück der Pause, um das es im nächsten Kapitel ausführlicher geht.

In den meisten Fällen ist es anders. Die Freundin ist ratlos, versteht die Abwendung der anderen nicht oder will sie nicht verstehen. Sie empfindet die Funkstille als ungerechtfertigte Härte. Das macht die Sache schwierig. Zum Beispiel, wenn sie auf ein Gespräch drängt, weil sie sich zurückgesetzt fühlt, sauer oder traurig ist. Wir trauen uns kaum aufs

Abtauchen, weitermachen, konfrontieren?

Handy zu schauen und tragen ständig ein schlechtes Gewissen mit uns herum. Ich müsste mich eigentlich melden. Hoffentlich ruft sie nicht an. Unangenehmer Druck entsteht, der uns nach wie vor an die Freundschaft bindet.

Jede kann sich selbst überprüfen: Was würde ich empfinden, wenn mir das passiert und sich die beste Freundin unerwartet und scheinbar grundlos aus meinem Leben schleicht? Wenn statt einem Gespräch nur Schweigen im Raum ist. Meist sucht man die Fehler bei sich selbst. Warum rührt sich die andere nicht? Was habe ich falsch gemacht? Stimmt etwas an mir nicht? Wenn ich wortlos abtauche, mute ich meiner Freundin ein ganzes Paket an Zweifeln und Selbstzweifeln zu. Dass wir auf die Freundin Rücksicht nehmen, wenn wir uns rarmachen, ist nur ein Vorwand für das eigene Gewissen. Er stimmt nicht. In Wahrheit sind wir konfliktscheu und vielleicht sogar feige. Zumindest in dieser Freundschaft. »Stillschweigend abzutauchen ist keine wirkliche Trennung, sondern Energieverlust wie im Stand-by-Modus«, sagt Audrey Lobo-Drost. Unterschwellig bleibt die Bindung an die ehemalige Freundin auf kleiner Flamme erhalten und zieht permanent Kraft ab. Energie, die wir bräuchten, um den neuen Raum zu gestalten, der sich nach einer Trennung öffnet.

Sich zu äußern und die Gründe für das Ende der Freundschaft zu nennen, kostet Überwindung. Weil man die andere verletzt und auch selbst verletzt werden kann. Jeder Abschied verwundet und tut weh. Trotzdem: Wer redet, tauscht das schlechte Gewissen und den Energieverlust gegen Ehrlichkeit und Freiheit. Das ist wichtig für die eigene Seelenlage und scheint mir zwischen guten Freundinnen angemessen und erwachsen zu sein. Im wörtlichen Sinn übrigens. Wir wachsen an der Überwindung und an der eigenen Klarheit, wenn wir der Freundin die Beweggründe für unseren

Rückzug darlegen. Das kann in einem Gespräch sein oder auch in einem Brief. Freundschaft ist nun mal freiwillig. Jede hat die Freiheit zu gehen oder eine Beziehung auf Eis zu legen, wenn sie ihr nicht mehr guttut.

Weitermachen – warum Ignorieren nur selten eine Lösung ist

Eine andere Variante ist, einfach weiterzumachen wie bisher: Man tut so, als wäre nichts geschehen, und geht lächelnd über Konflikte hinweg. Ungute Gefühle werden überspielt, Meinungsverschiedenheiten, Enttäuschungen, Verletzungen in sich hineingefressen. Nach außen bleibt man unversehrt zusammen. Laut Evolution wäre das die Angststarre, in die wir bei Gefahr verfallen. Wir frieren unsere Gefühle und Bedürfnisse ein. Was nicht sein soll und nicht sein darf, wird einfach ausgeklammert. Freundschaft um jeden Preis heißt die Devise. Doch falscher Frieden hat Folgen. Zwischen den Freundinnen stauen sich Aggressionen auf. Man wird immer wieder spitz und scharfzüngig miteinander bis hin zu bösartigen Ausrutschern.

Wie Maria, bei der ich häufig einen zänkischen Grundton bemerkte, besonders mit einer ihrer Freundinnen. Die beiden zickten sich aus heiterem Himmel an, das letzte Mal bei einer Party, zu der Maria in einem neuen Kleid erschien. »Was hast du denn an? Das nächste Mal komme ich beim Shoppen mit!«, tönte es mit gespieltem Entsetzen von der anderen über die Köpfe der Gäste hinweg. Maria schlug munter zurück: »Besser als immer diese komische Hose. Hast du keine andere?« Die Anwesenden fühlten sich unwohl, die beiden Freundinnen offensichtlich nicht. Nach dem kurzen Schlagab-

Abtauchen, weitermachen, konfrontieren?

tausch prosteten sie einander zu und spielten den Abend über Best Friends Forever. Woraus sich die gegenseitige Angriffslust speist, bleibt das Geheimnis ihrer Freundschaft. Heitere Oberfläche, darunter Sticheleien und Verletzungen. Ein weibliches Grundmuster, das wir alle kennen. Oft steckt Verlustangst dahinter. Alles ist besser, als die Freundin zu verlieren. Lieber ein fadenscheiniger Frieden als eine endgültige Trennung. Bissige Bemerkungen und Seitenhiebe werden dafür in Kauf genommen, Verletzungen ignoriert. Weil das wohlig vertraute Gefühl stärker ist und die Furcht vor Trennung überdeckt. Man schafft es nicht, die vermeintliche Geborgenheit aufzugeben und sich ehrlichen Fragen auszusetzen: Tut mir meine Freundin trotz allem noch gut? Wer bin ich ohne sie? Wie könnte mein Leben allein weitergehen? Oft ist die beste Freundin ja der wichtigste Anker. Je abhängiger man von ihr ist, desto weniger Wahl hat man und schaut deshalb möglichst gnädig über alle Schwierigkeiten hinweg.

Wer Konflikte ignoriert oder schönredet, verheddert sich leicht in einer gefährlichen Spirale. Die Angst von Verlust führt zu innerer Erstarrung. Man gewöhnt sich an Frustrationen und erträgt sie. Die Furcht vor der notwendigen Auseinandersetzung steigt. Die Bereitschaft, die Situation anzusprechen, wird immer geringer, man fühlt sich gefangen und innerlich leer. Das kostet viel Kraft. »Diese Gefühlsspirale ist ein mächtiger Energiefresser«, erklärt Audrey Lobo-Drost. Weitermachen wie bisher kann eine Einbahnstraße sein, die im Stillstand einer depressiven Verstimmung endet.

Das gilt übrigens für beide Seiten. Vielleicht hat die Freundin etwas auf dem Herzen, und ich will es nicht hören. Ich mache dicht, weil aus meiner Sicht alles stimmt. Das gibt es ja auch. »Wir müssen reden.« Mag sein, dass dieser Satz tief in mir Alarm auslöst. Ein Warnzeichen, das ich so schnell wie möglich wieder ausradiere. Gegen das ich mich wehre und tapfer darüber hinweglächle, statt nachzufragen, was sie meint. Dabei können Sensibilität und Mut zur Ehrlichkeit Schlimmes verhindern. Mit etwas Glück sogar das Ende einer Freundschaft.

Auf einer rosafarbenen Postkarte an einem Kiosk steht in großen Buchstaben: »Du bleibst immer meine beste Freundin. Du weißt zu viel.« Natürlich ist der Spruch eher als Witz gemeint. Aber ist er es wirklich? Welche Angst steckt dahinter? Was passiert nach einer Trennung mit meinen Geheimnissen? Fühle ich mich ausgeliefert? Kann alles, was ich gesagt habe, gegen mich verwendet werden? Bin ich, wenn mein Vertrauen missbraucht wird, tatsächlich ohne Schutz? Gebe ich aus Furcht davor klein bei und halte den Mund, damit nichts von mir verraten wird? Wenn die beste Freundin meine Geheimnisträgerin ist, bin ich dann auch ihre? Oder war sie vorsichtiger als ich, und jetzt ist es zu spät und ich sitze in der Falle? Kann ich meiner Freundin nicht entkommen, weil sie zu viel über mich weiß? Muss ich deshalb weitermachen wie bisher, mir immer mehr gefallen lassen und freundlich schweigen?

Je mehr ich von mir preisgebe, desto mehr investiere ich gefühlt in die Freundschaft. Also muss sie sich auch lohnen. So denken wir und bleiben dran, statt uns zu trennen. Wie wir uns tatsächlich mit der Freundin fühlen, wird immer unwichtiger. Hauptsache, sie bleibt uns erhalten und mit ihr die Sicherheit unserer Intimität. Selbst wenn wir ihr ab jetzt klammheimlich das Vertrauen entziehen. Die Qualität der Freundschaft nimmt ab, sie wird oberflächlich und damit anstrengend.

Es gibt allerdings Umstände, in denen es sinnvoll und sogar eine Verpflichtung sein kann, Konflikte in der Freundschaft nicht anzusprechen. Zum Beispiel, wenn die Freundin durch eine schwierige Zeit geht, in einer Beziehungskrise steckt, ihr Leben verändert oder auch wenn sie krank ist. Da kann sie zum Energieräuber werden und an unseren Nerven zehren. »Ich würde ihr am liebsten den Stuhl vor die Tür setzen«, schimpfte neulich jemand. Auch wenn wir uns zehnmal auf die Zunge beißen müssen: In Ausnahmesituationen ist es liebevolle Aufgabe und wertvoller Dienst an der Freundschaft, ein Auge zuzudrücken und Ärger herunterzuschlucken. Dann gilt es, der Freundin das sichere Gefühl zu geben: Ich bin für dich da, egal wie schwer du es mir gerade machst.

Es lohnt sich dennoch hinzuschauen. Es gibt auch Fälle, wo die Freundin immer dann im Ausnahmezustand ist, sobald sich etwas bedrohlich für sie anfühlt. Wenn sie spürt, dass in der Freundschaft etwas nicht stimmt und eine Aussprache nötig wäre. Grippe, Magenschmerzen, Ehekrise sind dann ihr Schutzmantel. Eine unbewusste Strategie, um einer Klärung vorzubeugen. Man muss ihr keine Schuld zuweisen. Aber aufmerksam sein und die eigene Haltung überprüfen. Will ich die vermeintliche Ausnahmesituation noch länger hinnehmen oder nicht? Wie fühlt sich ihre Krise für mich an? Letztlich kann nur ich selbst die Entscheidung treffen, ob und wann mir ihr Verhalten zu viel wird. Ob ich den schmerzhaften Schnitt riskiere oder nicht. Jede weiß selbst am besten, wie groß der Kredit ist, den sie einer Freundin einräumt und wann diese ihn verspielt hat. Jede Freundschaft hat ihr eigenes Regelwerk.

Unstimmigkeiten zu ignorieren muss nicht in jedem Fall der Ausdruck von Konfliktscheu sein. Vieles spricht dagegen, aber auch manches dafür, nicht aufzugeben und großzügig mit der Freundin zu sein. Wann halte ich ängstlich den Mund und bleibe nach außen hin freundlich, obwohl die Freundschaft längst einen Knacks hat? Wann schweige ich geduldig, weil ich meine Freundin unterstützen möchte? Wann spüre ich, dass sich angestauter Ärger an anderer Stelle Luft macht? Wann habe ich den Mut, den Konflikt anzusprechen? Wichtig ist herauszufinden, wie sich die feinen Befindlichkeiten anfühlen. Alles ist gut, solange wir uns solche Fragen immer wieder stellen und aus der Antwort eine bewusste und erwachsene Haltung erwächst.

Konfrontieren – wie man in der Auseinandersetzung ein gutes Ende findet

Jede klare Aussprache kann im Streit enden und die Freundschaft daran zerbrechen. Bei Frauen öfter als bei Männern. Deshalb ist die ehrliche Konfrontation die schwierigste Trennungsvariante und diejenige, die wir am meisten fürchten. In der Evolution entspricht sie dem Kampf. Dadurch retten wir unser Überleben und sichern die eigene Unversehrtheit. Der Gegner muss in die Flucht geschlagen oder zerstört werden. Zumindest muss er sich unterwerfen und ergeben. Einsicht zeigen, heißt das in unserem heutigen Sprachgebrauch.

Streit unter Freundinnen hat viele Gesichter. Meist geht es um Unstimmigkeiten, Kränkungen, Enttäuschungen. Im besten Fall zeigt sich Streit als konstruktive Auseinandersetzung darüber. Oft kommt er als einseitige Attacke mit geballten Vorwürfen daher. Manchmal schaukeln sich die Freundinnen auch an einem winzigen Vorwurf hoch und geraten sich dabei folgenschwer in die Wolle.

Wie auch immer ein Streit verläuft, Emotionen sind das Wesen eines jeden Konflikts. Auch dann, wenn wir etwas mit den besten Absichten klären wollen, kann es einen Punkt geben, an dem jede Seite über das Ziel hinausschießt. In letzter Konsequenz lässt sich der Ausgang einer Konfrontation nicht vorhersagen. Ein Streit kann die Freundschaft beenden, aber auch erhalten. Beides ist möglich. Trotzdem versuchen wir in der Regel, ihn zu vermeiden, um den Bruch nicht erleben zu müssen. Und verdrängen dabei, dass in jeder Freundschaft irgendwann Schluss sein kann. Auch ohne vorherigen Streit.

Einen Konflikt offen anzusprechen ist ein Zeichen von Mut. Unverstellt die eigene Sichtweise, die gefühlte Wahrheit auszusprechen wird von der anderen Seite fast immer als Vorwurf verstanden. Mut wird nicht unbedingt belohnt. »Wenn Mut sich lohnen würde, wären alle mutig«, lautet ein Sprichwort. Wer mit der Freundin die Aussprache sucht, begibt sich ins Risiko. Es erscheint sinnvoll, darüber ein paar Gedanken zu verlieren.

Los geht es mit der Frage: Was ist mein Motiv? Bin ich plötzlich verärgert und kann nicht anders, als der Freundin spontan den Kopf zu waschen? Oder hat sich schon länger etwas angestaut, und ich möchte ihr meine Sicht auf die Dinge unmissverständlich deutlich machen? Oder will ich endlich erreichen, dass sie mich mit meinen Bedürfnissen, meinen Gefühlen, meinem Wunsch, die brüchige Freundschaft zu beenden, annimmt und versteht? »Im ersten Fall geht es um den Kampf um des Kampfes willen. In den anderen Fällen kämpfe ich noch um die Freundschaft. Das macht den entscheidenden Unterschied«, erklärt die Verhaltenstherapeutin Audrey Lobo-Drost.

Motiv eins: Ich bin geladen und sage der Freundin einmal gründlich meine Meinung. Die plötzliche Attacke entsteht aus dem Affekt heraus, ich nehme jede verbale Entgleisung in Kauf. Die Situation kann bei jedem Wort aus dem Ruder laufen. Nach dem großen Befreiungsschlag kommt dann meist ein Gefühl von Leere, Reue oder Angst auf. Manchmal fühlt man sich auch schmerzhaft allein. Schuldgefühle können entstehen und die beißende Frage: Was habe ich da angerichtet? Man bereut die Attacke vielleicht, würde sie am liebsten rückgängig machen. Oder wird noch wütender: Diese Freundin hat eine Furie aus mir gemacht! Wohin hat sie mich gebracht, dass ich so heftig sein musste? Damit gibt man die Schuld ab und rechtfertigt sich vor sich selbst.

Kochen die Emotionen hoch, entlädt sich angestauter Frust, der durch die Situation allein nicht zu erklären ist. Streit im Affekt kann messerscharf sein, er lässt sich aber reparieren. Freundinnen können sich zusammensetzen und gemeinsam versuchen, die Ursachen für den heftigen Knall zu ergründen. Sie haben die Chance, sich näherzukommen. Vielleicht empfindet die andere sogar ähnlich, und man versteht einander überraschend gut. So können Freundinnen tatsächlich enger zusammenwachsen. Die Freundschaft gewinnt an Tiefe.

Motiv zwei: Es hat sich schon länger etwas angestaut, und ich möchte ihr meine Haltung dazu unmissverständlich deutlich machen. Ich nehme mir also gezielt vor, meine Freundin mit ihren Fehlern zu konfrontieren und ihr Vorwürfe zu machen. In diesem Fall habe ich bereits eine Liste im Kopf. Ich rechne ab. Vorsätzlich und überlegt breite ich ihr meine Sicht der Dinge aus und auch meine Absicht, mich von ihr zu trennen. Bei dieser Form der Auseinandersetzung gibt es nur ganz selten ein Zurück. Auch wenn meine Gedanken stimmig sind und Gefühle ohnehin keine Rechtfertigung brauchen, kann ich mich danach kaum noch entschuldigen. Ein Streit mit Vorsatz ist endgültiger als ein

Streit im Affekt. Er führt erfahrungsgemäß zum sicheren Ende einer Beziehung. Motiv drei: Ich will erreichen, dass meine Freundin mich mit meinen Bedürfnissen, meinen Gefühlen und meinem Wunsch, die brüchige Freundschaft zu beenden, annimmt und versteht. Heißt: Ich möchte mich in gegenseitigem Respekt von ihr trennen. Das ist die beste Möglichkeit, und gar nicht mal die schwierigste. Sie bedeutet: ehrlich zu sein, zuzuhören, zu verstehen und verstanden zu werden. Wohlwollend zu sein. Und mich trotzdem von meiner Entscheidung, die Freundschaft zu beenden, nicht abbringen zu lassen. Auch das läuft nicht ohne Verletzung ab. Aber ich behalte den Grad der Verletzung, die ich zufüge, im Auge. Ehrlich zu sein heißt nicht, schöne Erinnerungen im Nachhinein zu zerstören. Den gemeinsamen Weg komplett niederzutrampeln. »Man kann authentisch bleiben, ohne alles bis ins letzte Detail auf den Tisch zu packen, wenn es die Freundin nicht weiterbringt«, sagt Audrey Lobo-Drost. Über das Ende der Freundschaft hinaus Verantwortung für die Freundin und für sich selbst zu übernehmen, darum geht es, und dieses Ziel ist machbar. Es hat ausschließlich mit Respekt zu tun. Jede Trennung, in der man anerkennt und nicht nur austeilt, ist eine Gratwanderung. Der respektvolle Umgang miteinander bewegt sich zwischen Zumutung und Rücksichtnahme.

Vorwürfe vermeiden, Blickkontakt halten, der Freundin zuhören, raten die Experten. Sie empfehlen Ich-Botschaften, um gegenseitiges Verständnis zu erreichen. Beispiele für eine respektvolle Gesprächseinleitung könnten sein: »Ich möchte etwas ansprechen, weil du mir wichtig bist.« »Ich habe mir viele Gedanken gemacht, weil ich nicht will, dass du mich falsch verstehst.« Auch wenn man die goldenen

Regeln nicht immer einhalten kann, ist es doch wichtig, sie zu kennen. Weil sie Orientierung geben, wenn es emotional hergeht, und auch in schwierigen Momenten vor Kontrollverlust schützen. Übrigens auch vor haltlosen, unreflektierten Anschuldigungen. Und wenn ich selbst das Ziel bin? Habe ich dann eine Vorstellung, warum? In der Regel erkennen wir sehr schnell, mit welchem Motiv wir es zu tun haben. Mit einer Kurzschlusshandlung, einer Abrechnung oder der Suche nach Verständnis. In jedem Fall muss ich in der Lage sein, die Konfrontation auszuhalten, und mich darauf einlassen. Ich kann wählen, ob ich zum Gegenangriff übergehe oder versuche, die Freundin zu verstehen. Dafür ist es gut, offen zu bleiben und nicht gleich zu kontern, sondern erstmal innezuhalten. Ich muss auch mit der Angst vor Verlust und der Möglichkeit einer endgültigen Trennung umgehen. Das ist im ersten Moment schwer. Im zweiten auch noch. Aber im Nachhinein vielleicht eine Befreiung.

Je bitterer die Enttäuschung, desto heftiger der Streit

Ein Ende ohne Versöhnung hinterlässt tiefe Wunden. Es nimmt die Illusion, doch endlich die verwandte Seele gefunden zu haben, die wir uns gewünscht haben. Die Freundin offenbart sich als Person mit einem eigenen Charakter, eigenen Ansichten und Gefühlen. Wir müssen uns getrennt von ihr empfinden. Unsere Sehnsucht nach dem Zwilling im Herzen wird uns wieder einmal genommen. Je bitterer sich diese Enttäuschung anfühlt, desto heftiger ist oft der Streit. Plötzlich ist es egal, wer von beiden sich im Recht fühlt. Der Streit und seine Konsequenzen überlagern alles. Wir fühlen nur noch Schmerz und Trauer. Zerbricht eine Freundschaft, geraten beide ins Fadenkreuz. Oft reden andere mit und wissen besser, was zwischen den Freundinnen wirklich los war. Wie die eine ist und wie die andere. Das nervt, da muss man sich abgrenzen. Außerdem könnte viel an einem selbst liegen, wie im vorigen Kapitel beschrieben. Habe ich etwas falsch gemacht? Bin ich es nicht wert, dass man mit mir befreundet ist? Oder: Musste ich so hart mit ihr sein? War ich zu egoistisch? Waren wir wirklich am Ende? Bin ich überhaupt beziehungsfähig? Selbstzweifel tauchen auf, weil eine innige Freundschaft das wunderbare Gefühl vermittelt, geliebt und geschätzt zu werden. Und zwar so, wie ich bin. Geht die Freundschaft in die Brüche, besteht die Gefahr, auch mich selbst zu verlieren. Das macht die Trennung doppelt schwer. Anders als bei Liebeskummer nimmt einen beim Streit mit der Freundin fast niemand in den Arm. Kein Trost. Kein Trauerritual. Eine Freundschaft hat nicht denselben Stellenwert wie die Liebe. Obwohl sich der Verlust wie Liebeskummer anfühlt.

Keine quälenden Grübelschleifen und Schuldzuweisungen! Entscheidend ist die Bereitschaft, loszulassen, was nicht guttut. Bei mir zu bleiben, zu meinen Entscheidungen und Bedürfnissen zu stehen. Erwachsen handeln zu können und auch unangenehme Konsequenzen auszuhalten. Jeder Bruch tut weh und macht traurig. Doch es gibt ja gute Gründe, warum alles so gekommen ist. Warum die Freundschaft vorbei und der gemeinsame Weg zu Ende ist.

Was bleibt, sind Erfahrungen und Erlebnisse, die man miteinander teilte. Die Energie, die beide Freundinnen einmal verbunden hat. Gute Erinnerungen. Das ist die gemeinsame Schnittmenge, die niemand wegnehmen kann. Die bleibt.

Und damit der Wert der Freundschaft, auch wenn es sie nicht mehr gibt und ehemalige Freundinnen sich nur noch ratlos anschauen.

Eine ehrliche Trennung braucht Mut. Nicht zwingend zum lautstarken Streit. Auch mit behutsamen, leisen Tönen kann man unmissverständlich seine Haltung äußern. Mit diesem Mut mache ich mir und der Freundin das größte Geschenk. Es heißt Wertschätzung. In der Art und Weise, wie ich eine Freundschaft beende, kann ich Anerkennung üben. Der Freundin wie mir selbst gegenüber. Ich kann Haltung einnehmen, ehrlich sein und einfühlsam. Ich kann die Freundin als eigene Person wahrnehmen, meine Gefühle überprüfen, zuhören und tolerant sein. »Respektvolles Verhalten erweist sich bei einer Trennung als kostbar. Es kann für die Zukunft mehr Bedeutung haben als das Ende der Freundschaft«, sagt Audrey Lobo-Drost. Respekt schafft Verbundenheit und Frieden, über die Freundschaft hinaus. Wertschätzung ist deshalb eine Lebenskunst. Sie bringt uns weiter – am Ende einer zerbrochenen Freundschaft und in den neuen Freundschaften, die kommen.

Unser Versöhnungsgespräch lief auf einen Machtkampf hinaus

Alice und Nicola

Seit wann kennt ihr euch?
Seit Anfang des Studiums. Also bald dreißig Jahre. Wir haben uns in Wien im Schwimmbad getroffen und festgestellt, dass wir beide Volkswirtschaft im ersten Semester studieren. Von da an gingen wir in jede Vorlesung gemeinsam. Wir wohnten zwar nicht zusammen, aber haben sonst alles geteilt. Partys, Skilaufen, alles. Die Chemie stimmte sofort. Es war Liebe auf den ersten Blick, könnte man sagen. Für Nicola war immer klar: Wenn ich heirate, wird sie Trauzeugin und später Patentante.

Und, hast du geheiratet?
Ja. Ich hatte damals einen festen Freund, bei Nicola war ständig Wechsel. Mein Freund und ich sind nach München gezogen und haben geheiratet, Nicola wurde Trauzeugin. Alles war bestens. Bis zu diesem Abendessen ...

Was ist passiert?
Ich hatte Freunde eingeladen zum Geburtstag meines Mannes. Nicola kam extra aus Wien. Wir waren eine kleine Run-

de, und ich war stolz, meine beste Freundin vorzustellen. Sie hat sich amüsiert, vor allem mit einem Freund von uns, dem einzigen Single am Tisch. Beide sind Raucher und deshalb oft miteinander vor die Tür gegangen. Ich habe mich gefreut, dass Nicola sich gut unterhält. Nie hätte ich gedacht, dass sie gleich am ersten Abend mit ihm ins Bett geht.

Warum warst du wütend?
Ich wollte nicht, dass über meine beste Freundin schlecht gesprochen wird. So, als würde sie sich immer den erstbesten Typen schnappen, übrigens den einzigen, der an diesem Abend verfügbar war, und mit ihm ins Hotel gehen. Das fand ich doof. Mir war das für sie unangenehm. Es ging mir um ihren Ruf. Ich habe sie am Telefon zur Rede gestellt.

Wie hat Nicola am Telefon reagiert?
Sie wollte mich absolut nicht verstehen. War der Meinung, sie kann tun und lassen, was sie will. Ich habe zu ihr gesagt: »Das kannst du ja auch. Mach so etwas, wo immer du willst. Aber ich finde es unangemessen in einem privaten Kreis. Gerade weil du mir so wichtig bist, ist mir nicht egal, wie über dich geredet wird.« Das hat sie nicht eingesehen. Auch nicht in dem Vieraugengespräch, das wir anschließend hatten. Wir kamen zu keiner Einigung. Jede beharrte auf ihrem Standpunkt. Dazu muss man sagen, dass Nicola den längeren Atem hat, was Reden betrifft. Sie diskutiert ewig und drei Tage, bis der andere nur noch Ja und Amen sagt. So war sie immer drauf. Sie kann stundenlang auf jemanden einreden, das hatte ich oft genug erlebt. Zu unserem Gespräch erschien Nicola mit der Ansage: »Okay, wir schauen mal, ob wir unsere Freundschaft wieder dahin bringen, wo sie mal

war. Du musst dich auf eine lange Nacht einstellen.« Sie wusste, dass ich das nicht konnte. Ich hatte ja kleine Kinder zu Hause. Ich gab ihr zwei Stunden, dann bin ich gegangen.

In zwei Stunden lässt sich einiges klären ...
Wir haben uns heftig auseinandergesetzt. Nicola hat mich ziemlich angegriffen. Dass ich zu streng sei, mich nicht in ihr Leben einzumischen habe, dass es ihre Entscheidung sei, mit wem sie ins Bett geht. Und dass sie sich schon selbst um ihren Ruf kümmere. Sie hat überhaupt nicht verstanden, worum es mir ging.

Was war deine Position?
Ich sehe schon ein, ich habe kein Recht, sie zu verurteilen. Stimmt ja, jeder Mensch ist frei und kann machen, was er will. Aber im Sinne unserer Freundschaft fand ich ihr Verhalten nicht gut. Das sehe ich noch immer so. Nicola war nicht bereit, auch nur einen winzigen Schritt auf mich zuzugehen. Unser Versöhnungsgespräch lief auf einen Machtkampf hinaus. Wer setzt sich durch? Wer ist die Stärkere, darum ging es.

Um Inhalte ging es demnach weniger ...
Schon auch. Nicola hatte viele One-Night-Stands. Wir haben darüber oft gesprochen. Was der Reiz daran ist, ob sie beziehungsunfähig ist und so weiter. Die Geschichte an dem fraglichen Abend war genauso auf eine einzige Nacht angelegt. Davon bin ich überzeugt und habe ihr das auch gesagt. Sie wollte mir beweisen, dass es diesmal mehr ist. Deshalb hat sie an dem Mann festgehalten.

Du meinst, sie ist deinetwegen eine längere Beziehung eingegangen?
Die beiden sind ja bis heute zusammen, haben sogar geheiratet, da wird es schon auch gefunkt haben. Aber das weiß man ja nicht, wenn man sich gerade erst kennengelernt hat und zusammen ins Hotel geht. Nicola ist stur, ich kenne sie. Sie wollte sich keine Blöße geben und diesmal kein kurzes Abenteuer riskieren, sondern zeigen, dass sie auch anders kann. Mir sozusagen einen Strich durch die Rechnung machen.

Heißt das, ihr wart im Wettstreit miteinander?
Kann sein, dass es zwischen uns öfter um Macht ging. Wir hatten schon früher mal so eine Auseinandersetzung, fällt mir gerade ein. Da kocht gerade etwas hoch ...

Erzähl mal ...
Nicola und ich sind vor vielen Jahren zusammen durch Peru gereist. Klar, als zwei blonde Frauen waren wir vorgewarnt. Keinen Schmuck und die Haare unters Käppi, damit wir möglichst nicht blöd angesprochen werden. Wurden wir auch nicht, im Gegenteil, wir haben unterwegs viel Hilfsbereitschaft erfahren, vor allem von Frauen. Für die letzte Nacht unserer Reise gönnten wir uns nach vielen Übernachtungen in Hängematten ein etwas besseres Hotel, zum Relaxen. In dieser Nacht blieb Nicola weg, sie war mit einem fremden Mann irgendwo im Bett.

Ich habe mich total unwohl gefühlt. Die beste Freundin so hängen zu lassen, das fand ich einfach nicht in Ordnung. Ich hatte auch Sorge, wer ist der Typ? Was macht er mit ihr? Kommt sie morgen früh zurück, wenn wir abreisen müssen? Wir hatten ja keine Handys. Ich habe kein Auge zugetan und war extrem enttäuscht von Nicola. Sie hat sich schon damals im Recht gefühlt und darauf bestanden, ihr Leben ginge niemanden etwas an. Auch nicht ihre beste Freundin. Vor der Rückreise haben wir total gestritten, uns dann aber doch zusammengerauft. Heute frage ich mich, was das für eine Freundschaft war.

Zu welchem Ergebnis bist du gekommen?
Wir waren beide sehr streng miteinander, ich auch mit ihr. Nicola hat für mein Gefühl immer vieles diktiert, wie sie es haben wollte, wie es unbedingt zu sein hat. Ich bin aber niemand, den man so ohne weiteres dominieren kann und der brav hinterherhoppelt.

Kannst du dir vorstellen, dass ihr in Zukunft mehr Verständnis füreinander entwickelt?
Nein. Das ist vorbei. Unsere Freundschaft brach nach diesem fatalen Abendessen und dem Versuch, uns noch einmal auszusprechen, auseinander. Das war vor mehr als zehn Jahren. Seitdem gehen wir uns aus dem Weg.

Ohne Schmerz, einfach so?
Nein, ich habe sehr gelitten. Das war wie eine Trennung, ich hatte richtig Liebeskummer. Erst eine wahnsinnige Wut. Als die nachließ, kam der Schmerz. Und dieses entsetzliche Verlustgefühl. Wenn das dann irgendwann überwunden ist, ist man durch, oder? Das ist wie mit Männern. An einem bestimmten Punkt gibt es kein Zurück mehr. Ich möchte mir solche schlimmen Gefühle nie mehr antun. Überhaupt möchte ich nie mehr so tief einsteigen in eine Freundschaft. Aus Selbstschutz. Die Geschichte hat mich zu tief verletzt. Heute habe ich tolle Freundinnen, die wissen auch viel von

mir und kennen mich gut, aber es bleibt auf einer anderen Ebene. Nicht mehr so tief wie damals mit Nicola.

Welche schönen Erinnerungen hast du an eure Freundschaft?
Wir hatten eine tolle Zeit, ich habe niemandem so vertraut. Nicht einmal meinem Mann. Mit Nicola habe ich wirklich über alles gesprochen und auch stundenlang gelacht und Blödsinn geredet, wie man es sonst niemandem zumuten kann. Sie war meine allerbeste Freundin. Aber unsere Leben laufen aneinander vorbei.

Wie meinst du das?
Ich bin Mutter von drei Kindern, sie ist ehrgeizig und hat eine großartige Karriere hingelegt. Ohne Kinder. Wir sind in verschiedenen Welten unterwegs, haben uns gegenseitig nicht mehr verstanden. Mein Lebenszug ist an einer anderen Stelle abgebogen als ihrer.

Gerade das ist doch spannend. Unterschiedliche Wege können ja inspirieren.
Wir sind zu verschieden. Ich ticke ganz anders als sie. Zum Beispiel mit Männern. Egal, wie toll ich jemanden finde, bei mir muss Zeit vergehen, bis ich mit ihm ins Bett gehe. Ich bin da vielleicht oberspießig. Nicola ist ein totaler Freigeist. Ich bin ihr auch nicht mehr böse. Rückblickend kann ich sagen, jede von uns hatte Recht. Unsere Wertesysteme sind nur unterschiedlich. Ich treffe Nicola gelegentlich bei größeren Veranstaltungen und kann mich inzwischen normal mit ihr unterhalten. Aber sie ist mir fremd geworden, da ist kein Funke mehr. Deshalb gibt es keinen Grund, die Freundschaft wiederaufzunehmen.

Julia ist mein Herzensmensch geblieben. Unser Krach hat daran nichts geändert

Harriet und Julia

Um es vorwegzunehmen: Julia und ich sind auf dem Weg zurück zu unserer kostbaren Freundschaft. Noch unsicher und vorsichtig, aber mit Hoffnung. Es hatte sich viel angestaut, bis es knallte. Unser größter Fehler war, dass wir nie über gegenseitige Enttäuschungen gesprochen haben. Beide haben wir geschluckt und geschwiegen. Das wollen wir jetzt ändern. Wir freuen uns auf ein langes Wochenende und Zeit zum Reden. Ob wir die Nähe von früher wiederherstellen können? Ich weiß es noch nicht.

Julia ist Stylistin, ich arbeite als Coach. Wir lernten uns im Job kennen, standen beide vor einem wichtigen Auftritt. Julia trug ein Handtuch auf dem Kopf und war ungeschminkt, als ich sie zum ersten Mal sah. Total sympathisch. Was für eine Ausstrahlung! Die braucht gar kein Make-up, dachte ich. Julia sieht klasse aus und kann sich super anziehen. Aber sie muss es nicht. Sie bemüht sich nicht um eine besondere Wirkung. Ihr natürliches Wesen strahlt aus sich selbst heraus.

Zwischen uns war es Liebe auf den ersten Blick. Innerhalb von Sekunden schwangen wir auf einer Welle. Ich lud sie kurz darauf zu Weihnachten ein, auf den Bauernhof meiner Familie nach Norddeutschland. Julia freute sich und sagte zu. Einen winzigen Moment habe ich noch gezögert, ob das eine gute Idee war. An Weihnachten sind die Erwartungen bekanntlich hoch. Doch Julia passte sich wunderbar an, und wir hatten alle eine entspannte, fröhliche Zeit.

Julia ist unkompliziert. Sie kann das Leben feiern wie keine andere. Sich einlassen auf eine Situation und ihrem Gefühl folgen. Ich bewundere das, auch weil ich anders bin und länger überlege. Zum Beispiel verzichtet Julia im Job bewusst auf mehr Geld, weil sie Zeit für sich selbst braucht. Ich bin da ängstlich. Denke daran, was ich noch alles in mein Haus investieren muss, was die Kinder kosten, wenn sie später studieren und so weiter.

Nach Weihnachten fuhr Julia zurück ins Saarland, aus der Gegend kommt sie. Sie hatte vor, im nächsten Jahr zwar schwanger zu werden, wollte aber um keinen Preis mit ihrem Freund zusammenbleiben. »Wie tickst du denn?«, fragte ich verblüfft. Julias direkte Art hat mir trotzdem gefallen. Eine Frau mit klarer Strategie. Ich fand das mutig.

Als Julia schwanger war, zog sie in unser Dorf und suchte sich eine Arbeit als Friseurin. Dieser Entschluss war nicht meine Idee gewesen, aber ich habe auch nicht Nein gesagt. Julia und ich an einem Ort, ganz eng zusammen! Ich fand die Vorstellung zunehmend großartig. Natürlich hoffte sie auf meine Unterstützung. Ich hatte bereits zwei kleine Kinder. Und ich freute mich! Ich würde ihre Schwangerschaft betreuen, bei der Geburt dabei sein, unendlich viel Nähe und Freundschaft genießen. Überwältigt von dem bevorstehenden Glück wollte ich hundertprozentig für sie da sein und redete mir ein: Ein Kind mehr oder weniger, das macht jetzt auch nichts aus. Ich schaffe das schon. Als beste Freundin sowieso.

Es kam anders. Nach kurzer Zeit spürte ich, wie mir alles zu viel wurde. Ich hatte mich komplett überschätzt. Der Job, meine Kinder, Julias Erwartungen. Dazu mein eigener Anspruch, ich müsste doch alles locker packen. Zunehmend wurde ich nervös.

»Wo bist du?«, rief Julia mich an, als die Wehen einsetzten. Ich war in Stuttgart bei einem Vortrag. Und fühlte mich als Versagerin. Jetzt konnte ich nicht mal mein Versprechen einhalten. Ich war enttäuscht von mir. Julia wohl offensichtlich auch. Aber wir sprachen nicht darüber. Einen Tag später hielt ich sie und ihren kleinen Sohn im Arm. Ich wollte nur noch Freude empfinden, nie mehr das Gefühl von Schuld und Überforderung.

An das Muttersein musste sich Julia natürlich erst gewöhnen. Ich spürte, wie ich ungeduldig mit ihr wurde. Wie kann man mit einem Baby derart überfordert sein?, fragte ich mich. Ich habe das doppelte Kinderprogramm und bringe alles unter einen Hut. Leise begann ich zu werten und vergaß, dass jeder nun mal seine eigenen Maßstäbe hat. Statt diese zu respektieren, bekam ich immer öfter schlechte Laune. Auch deshalb, weil Julia sich in meinen Exfreund, der inzwischen verheiratet war, verliebt hatte und mit ihrer Affäre ganz selbstverständlich bei mir am Küchentisch Platz nahm. Das geht jetzt gar nicht, dachte ich im Stillen und empfand die Situation als Zumutung. Doch wieder traute ich mich nicht, etwas zu sagen. Zu groß war die Angst, Julia würde meine Kritik in den falschen Hals bekommen, und ich könnte sie verlieren.

Wochen später fasste ich mir ein Herz. »Mir ist alles zu viel. Ich kann nicht so für dich da sein, wie du es erwartest.« Julia schien auch nicht besonders glücklich. Das Leben im Norden blieb ihr fremd. Wir waren zwar ihre gewählte Lieblingsfamilie, aber ihre eigene Familie setzte sie zunehmend unter Druck: »Das haben wir dir gleich gesagt. Wie soll das gut gehen? Komm zu uns zurück.« Nach zwei Jahren zog Julia zurück in ihre Heimat. Unsere Freundschaft bekam ihren ersten Knacks.

Nachdem Julia wieder im Saarland war, trennten uns Welten. Ich gehe nicht auf Schützenfeste und fahre nicht hundert Kilometer durch die Nacht, um irgendwo zu feiern. Sie macht so verrückte Sachen, ich bin dagegen der langweilige Spießer. Uns fehlten gemeinsame Themen, wenn wir telefonierten. Wir verloren den Faden. Gingen zwar sachlich und freundlich miteinander um, aber unsere Seelen berührten sich nicht mehr. Früher konnten wir alles bereden. *Gespräche mit Gott*, über dieses Buch haben wir stundenlang diskutiert. In der Küche, mit vielen Leuten. Bis Julia mitten im Satz aufstand und anfing zu tanzen! Dann sprach nur noch ihr Körper. Fantastisch!

Sie ist ein kluger, nachdenklicher Mensch. Doch in der Heimat veränderten sich ihre Themen. Der passende Vorhangstoff schien plötzlich wichtiger als meine bohrenden Fragen ans Leben. Unsere Telefonate wurden immer oberflächlicher. Aber keine traute sich, das anzusprechen. Irgendwann hörte sie mir nicht mehr zu. Wir wurden miteinander sprachlos.

Hätte ich meinen Frust äußern sollen? Ich fürchte, ihr Interesse wäre dann geheuchelt gewesen, nicht freiwillig und echt. Ich will in einer Freundschaft nichts einklagen müssen. Mein Wert ist Freiheit. Wenn ich spüre, ich werde bedürftig, ist das erstmal mein eigenes Thema. Das muss ich für mich klären. Wie sehr ich Julia brauchte, war mir nicht bewusst. Ich spürte nur, nach jedem Gespräch wurde ich trauriger. Ich hätte Julia mit direkten Fragen konfrontieren können: Wie geht es dir wirklich? Bist du glücklich, so, wie du jetzt lebst? Warum sind wir uns nicht mehr so nah wie früher? Dafür war ich zu feige. Hatte stattdessen den Traum, dass Julia meine Enttäuschung spürt. Das ist natürlich Quatsch. Wie sollte sie auch, wenn ich mich nicht zeige. Dieses stille Spiel von Erwartung und Enttäuschung ist so verbreitet.

Dann die Situation, als ich im Auto von einem langen Vortrag zurückfuhr. Ich hätte so gern mit jemandem geredet, mir fehlte ein Partner, und ich fühlte mich auf der Fahrt verflixt allein. Plötzlich rief Julia an. Ich zuckte eine Sekunde: Gehe ich ran oder nicht? Freute mich dann aber doch und erhoffte mir ein offenes Ohr. »Hallo, Große, wie geht's dir?« Julia nannte mich so. Ich sei gerade total fertig, antwortete ich ihr. Wegen des Vortrags und überhaupt.

Ich gebe ungern Schwäche zu. Lieber verkrieche ich mich in die Nöte der anderen und lausche ihnen mit Engelsgeduld. Dass ich auch Sorgen habe, daran ist niemand in meinem Freundeskreis gewöhnt. Nach außen erscheine ich immer stark. Harriet hat so viel Kraft, denken viele. Ich werde oft falsch eingeschätzt. Bin auch viel verletzlicher, als ich wirke. Ich kann stundenlang weinen, wenn ein Vogel an die Scheibe fliegt. Das glaubt keiner, und das kann schon mal einsam machen. Ich bin eine Löwin, aber eine scheue. Viele kennen mich so nicht. Klar hat das vor allem mit mir selbst zu tun. Freunde sind keine Hellseher. Auch Julia nicht.

Jedenfalls meinte sie am anderen Ende der Leitung: »Der Vortrag hat dich angestrengt? Wie blöd für dich, meine Große. Aber stell dir vor, was *ich* für einen schlimmen Tag hatte!« Ich konnte meine Tränen nur mühsam zurückhalten. Wie sehr hätte ich Julia gerade jetzt gebraucht! Aber sie war nicht an mir interessiert. Und was tat ich? Ging wie immer brav auf sie ein. Statt zu sagen: »Julia, wenn du nicht zuhören kannst, werde ich das jetzt auch nicht«, ruderte ich zurück und konzentrierte mich voll auf ihr Thema. Während unseres Telefongesprächs rief meine Tochter an. Ich unterdrückte ihren Anruf, weil ich Julia in ihrem Redefluss nicht stören wollte. Noch heute könnte ich mich dafür ohrfeigen. Julia erzählte also weiter, bis sie sich selbst unterbrach, mitten im Satz: »Große, ich sehe auf der Straße gerade meine Heilpraktikerin. Mit der spreche ich jetzt mal über die Sache. Ich rufe dich später zurück.« Weg war sie. Ich saß im Auto und konnte es nicht glauben. Du erzählst immer dieselben Geschichten, dann legst du auf, weil dir jemand noch besser zuhören kann, heulte ich wütend vor mich hin. Ich fühlte, die Freundschaft mit Julia verliert ihren Sinn.

Am nächsten Tag musste ihr Anrufbeantworter dran glauben. Endlich machte ich meiner Enttäuschung Luft: Was mir an ihr nicht gefällt, was ich nicht mehr ertrage und nicht mehr will. Ob sie noch mit mir befreundet sein möchte oder nicht. Dass ich erstmal eine Pause brauche. Meine Ehrlichkeit empfand ich als Befreiung.

Julia hatte den Mut, sich wochenlang nicht zu melden. Vorher tauschten wir uns zwei- bis dreimal am Tag aus. Jetzt herrschte eisernes Schweigen. Aber ich kannte sie gut und wusste, sie ist nicht bockig, sondern überlegt ernsthaft, ob sie noch meine Freundin sein möchte. Ob das noch geht zwischen uns. Die Pause war zu diesem Zeitpunkt jedoch absolut richtig.

Ein Netzwerk von guten Freundinnen ist mir wichtig. Doch je selbstbewusster und erfolgreicher ich wurde, desto mehr Eifersucht bekam ich zu spüren. Die eine oder andere Freundschaft ging deshalb in die Brüche. Eine Freundin schrieb mir mal: »Ich habe nachgedacht und will dich nicht mehr zur Freundin haben.« Punkt für Punkt zählte sie auf, warum nicht. Das tat höllisch weh. Ich war schwer beleidigt, dann kam ich ins Nachdenken. Drei Wochen später schrieb ich zurück: »Du hast Recht, ich habe in vielen Punkten versagt, zu wenig Einsatz gebracht für unsere Freundschaft. Menschen, die ich liebe, vernachlässige ich leider oft. Das zieht sich bei mir durch wie ein roter Faden. Noch dazu bin ich beruflich viel unterwegs und am Abend oft zu müde, um zu telefonieren.« Ich konnte ihr das alles erzählen und erklären. Auf einmal hat sie mich verstanden, und wir haben unsere Freundschaft gerettet. Eine gute Erfahrung.

Nach Wochen rief Julia an, und wir fanden einen versöhnlichen Ton. Sie möchte mich nicht verlieren, und ich sie auch nicht. Unser Gespräch ist erst ein paar Monate her, seitdem telefonieren wir gelegentlich. Das Pflänzchen unserer neu erwachenden Freundschaft ist noch zart. Ich glaube, Julia spürt jetzt, wie sehr ich sie brauche. Dieses Gefühl habe ich ihr früher zu selten gegeben.

Durch unseren Konflikt lernte ich: Ich muss mich klarer verständlich machen und Freunden auch mal etwas abverlangen. Nicht erwarten, sie müssten mich doch kennen, sondern mich in meinen Wünschen zeigen, auch wenn ich mich dazu überwinden muss. Mag auch sein, dass ich manchmal überheblich wirke, bei meinem Lieblingsthema Neurowissenschaften etwa. Das fasziniert mich total, aber nicht jeden interessieren die Bücher, die ich dazu lese. Ich will aber nicht, dass sich jemand in meiner Gegenwart blöd oder uninformiert vorkommt. Vielleicht frage ich Julia, ob sie das nächste Mal zu einem Vortrag darüber mitfahren möchte. Das wäre eine Möglichkeit.

Seit dem Streit haben wir uns noch nicht wiedergesehen. Unser Wochenende steht an und eine Messe, zu der Julia mich begleiten will. Zwei feste Termine. Wahrscheinlich schleichen wir die ganze Zeit nervös umeinander herum. Völlig selbstverständlich wird es noch nicht werden. So wie früher, als wir ein Doppelzimmer teilen konnten, inklusive Badezimmer. Sie auf der Toilette, ich beim Zähneputzen. Julia war die Einzige, mit der das ging! Die Nähe mit ihr hat mich nie gestört. Das Vertrauen zwischen Julia und mir muss erst wieder wachsen. Die Übernachtungsfrage haben wir mal offengelassen.

Sicher weiß ich nur, wenn es Julia schlecht ginge, würde sie mich sofort anrufen und bitten: »Schieb den Himmel für mich hoch.« Das traut sie mir zu, und das würde ich tun. Heute noch. Und sie für mich. Julia ist mein Herzensmensch geblieben. Daran hat unser Krach nichts geändert. Sie ist meine beste Freundin. Unsere Liebe ist angeschossen, aber das Ego hat nicht gewonnen. Die Liebe muss immer größer sein als der Konflikt. So ist es bei Julia und mir.

Kapitel 6

Lass mich in Frieden!

*Über die Chancen und
das Glück der Pause*

Am Strand in Thailand, dem schönsten, den ich kenne, treffe ich eine bemerkenswerte Frau. Sie ist mir schon am Vortag aufgefallen, eine zierliche Person, in ihren späten Vierzigern und wunderschön. Im Haarknoten trug sie eine gelbe Feder. Ihre Haut schimmerte wie Bronze, also scheint sie schon länger hier zu sein. Barfuß wandert sie an diesem Abend am Meer entlang und strahlt eine beneidenswerte Ruhe aus. Ich frage, woher sie kommt, und sie erzählt mir ihre Geschichte. Hier, weit weg von zu Hause, öffnen sich die Seelen bereitwilliger als sonst.

Kate ist Engländerin. Anwältin, verheiratet, aber leider kinderlos geblieben, wie sie betont. Schnell kommt sie auf ihre Freundin Claire zu sprechen. Sie kennen sich aus der gemeinsamen Studentenzeit, Claire sei auch Anwältin und habe zwei Töchter und einen Sohn, Kates Patensohn. »Ich war sehr erfolgreich im Job, Claire holt jetzt auf. Deshalb bin ich hier.« Wie meint sie das?, frage ich erst mich und dann Kate. »Früher waren wir ebenbürtig. Claire die tolle Mutter, ich Partnerin in einer großen Kanzlei. Inzwischen sind

Über die Chancen und das Glück der Pause

Claires Kinder groß, und sie legt beruflich los. Kürzlich ergatterte sie einen hochbegehrten Job. Da hat es zwischen uns geknallt. Claire hat mir die Freundschaft gekündigt.« In Hamburg wäre mir das Gespräch an dieser Stelle zu persönlich geworden, ich hätte mich respektvoll zurückgezogen. Hier, an dem einsamen Strand und in der klösterlichen Stille dieser thailändischen Bucht, geht es um das Wesentliche. Für Kate ist es ihre zerbrochene Freundschaft mit Claire. Was ist euer Problem, will ich wissen. »Es ist mein Problem, nicht ihres. Ich dachte, mein beruflicher Erfolg könne meine Kinderlosigkeit ausgleichen. Seit Claire nun auch noch Karriere machte, fühlte ich mich wie eine doppelte Versagerin. Ich empfand sie als Konkurrentin und sah in ihr die Schuldige.« Kate erzählt, wie sie in eine Depression fiel, aus der sie nicht mehr herauskam. Wie sie ihr Leben plötzlich sinnlos fand und bei jeder Gelegenheit auf Claire eifersüchtig wurde. »Sie konnte machen, was sie wollte. Ich habe ihr nichts von allem gegönnt.«

Kate besprach sich mit ihrem Mann, kündigte den Job und nahm sich eine Auszeit. Ganze acht Wochen ist sie hier, in Kürze fliegt sie zurück nach London. Sie hat gemalt, mit anderen gesungen, sich die Traurigkeit aus der Seele getrommelt. Kate hat Kochkurse besucht, die japanische Kunst des Blumensteckens gelernt, gelesen und stundenlang aufs Meer geschaut. So lange, bis keine Tränen mehr kamen und die Gefühle ruhiger wurden. Irgendwann war ihr innerer Ozean still, erzählt Kate. Sie spüre jetzt eine Festigkeit in ihrer Seele wie schon lange nicht mehr. In der Distanz habe sie sich neu gefunden, erklärt sie mir. »Ich bin an mir gewachsen.« Natürlich hoffe sie auf einen neuen Anfang mit Claire, aber sie könne auch loslassen, sollte er misslingen. Die Erinnerung an die gute Zeit könne ihr ja niemand nehmen, die bleibe immer bestehen. »Gratitude, no attitude«, versichert sie und schaut mir in die Augen. Die englische Sprache bringt auf den Punkt, was Kate für mich ausstrahlt: Dankbarkeit, ohne Anmaßung. Die Begegnung mit Kate ist einer dieser Momente im Leben, die nachhaltig in Erinnerung bleiben, auch wenn sich ihre Spuren längst verloren haben. Wie es mit Kate und Claire weiterging, weiß ich nicht. »Nicht jede Freundschaft ist für ein Leben gemacht«, schreibt die Psychoanalytikerin Verena Kast. Wir wünschen es uns und müssen im Lauf der Jahre doch mit dem Kommen und Gehen vieler Freundinnen fertig werden. Mit einem ständigen Wandel, der viel mit unserer eigenen Entwicklung zu tun hat. Denn jede Freundin steht für ein Bedürfnis, das genau zum Zeitpunkt des Kennenlernens besondere Aufmerksamkeit braucht. Empfinde ich zu viel Druck auf meinen Schultern, zieht mich vielleicht jemand an, der Leichtigkeit und guten Humor ausstrahlt. Habe ich Liebeskummer, erhoffe ich mir Verständnis und Trost. In einer anderen Lebensphase fehlt mir die intellektuelle Anregung, die geistige Inspiration, jemand, der meinen Horizont erweitert. Keine Freundin gleicht der anderen, jede hat ihren Auftrag in unserem Leben, häufig unbewusst. Ist die konkrete Aufgabe erfüllt, stellt sich heraus, ob die Freundin mich für einen bestimmten Lebensabschnitt begleitet hat oder für immer an meiner Seite bleiben wird.

Zu jeder Entwicklung gehören Abschiede. Mal bedeuten sie Befreiung, mal lösen sie Schmerz aus. Wie auch immer, nach einer Trennung entsteht erstmal Leere. Wir befinden uns in einer Art Zwischenreich. Hier wartet die Chance, aus der Distanz den Blickwinkel zu ändern und sich dabei selbst neu zu formen. Bis die Leere in Freiheit übergeht. Darin liegt das Glück der Pause.

In der Distanz findet jede ihren Freiraum

Man muss nicht wie Kate nach Thailand fliegen, um Abstand von der Freundin zu gewinnen. Wenn eine Freundschaft in der Schieflage ist, kann es reichen, sich gegenseitig eine Zeit lang in Ruhe zu lassen. Das ist wichtig und sogar notwendig, um sich über die Ursachen der Unstimmigkeiten klar zu werden. In dieser Auszeit können wir üben, den möglichen Verlust der Freundschaft zu akzeptieren. Den Schmerz zuzulassen, den ein Schlussstrich nach sich zieht. Wir können traurig und zugleich zuversichtlich sein, weil wir spüren, dass uns Loslassen weiterbringt. Ein gutes Ende ist möglich, mit Empathie und Dankbarkeit für das, was wir aneinander hatten. Welche Erfahrungen wir mit der Freundin machen durften, was sie uns gezeigt hat, was wir durch sie über uns lernen konnten. Ruhe kann befrieden, Frieden ermöglichen mit mir selbst und mit der Freundin. Auch dann, wenn die Freundschaft vorbei ist. Ein gutes Ende bedeutet neben Verlust auch den Gewinn von mehr eigenem Raum. Es schließt die Chance ein, dass ehemalige Freundinnen einander neu begegnen. In einer anderen Lebensphase. Mit den Erfahrungen, an denen beide in der Zwischenzeit gewachsen sind. »In der Distanz findet jeder den Freiraum für sich, den er zur Regeneration benötigt«, so der Philosoph Wilhelm Schmid.

Eine Pause nicht einfach verstreichen zu lassen, sondern aktiv zu nutzen, darum geht es. Sonst bleibt die Freundin im Stand-by-Modus und als ständiger Energieverbraucher in unserem Leben. Wir ärgern uns dann weiter über sie, geraten in einen Ausnahmezustand, wenn wir sie zufällig treffen, analysieren ihren Charakter statt zu schlafen. Im Freundeskreis hören wir voneinander, ohne es zu wollen. Oder fragen andere nach der ehemaligen Freundin aus. Der Alltag dreht sich weiter, doch der Schmerz wird nicht weniger, und wir bleiben in der Verstrickung einer vergangenen Freundschaft hängen. Audrey Lobo-Drost: »Wer passiv die Zeit abwartet, schließt nicht wirklich ab. Gefühle verkapseln sich, aber lösen sich nicht auf.« Die frühere Freundin ist immer noch präsent und zieht Energie ab.

Um Kraftverlust zu verhindern und offen zu werden für neue Erfahrungen, sollte man die Zeit nach der Trennung aktiv gestalten. Was bedeutet das konkret? Die Verhaltenstherapeutin rät, sensibel und bewusst mit dem eigenen Gefühlsleben umzugehen. Aufmerksam zu sein, innezuhalten, in sich hineinzuhorchen und nicht ständig Ablenkung zu suchen oder womöglich nach einer anderen, besseren Freundin Ausschau zu halten. Sie vergleicht die Zeit nach einer Freundschaft mit der Trauerphase, die wir erleben, wenn ein geliebter Mensch stirbt. Aktiv sein heißt, alle Gefühle bewusst zu erleben und zu akzeptieren, die sich nach dem Bruch einstellen. »Die Zeit heilt Wunden, aber nur bei dem, der den Trauerprozess zulässt«, so Kast.

Der Verlust einer engen Frauenfreundschaft kann genauso schmerzhaft sein wie das Ende einer Liebe. Die Erinnerung an ein schönes gemeinsames Erlebnis, Wut und Enttäuschung, das gekränkte Ego und das elende Gefühl, von der ehemals liebsten Freundin wie abgeschnitten zu sein: Am Anfang tut einfach alles weh. Ganz gleich, ob man von sich aus gegangen ist oder verlassen wurde oder der Konflikt so unüberwindlich war, dass der einzige Ausweg für beide in der Trennung lag. Man fühlt sich verloren und wünscht sich die gute alte Zeit zurück. Jede kleinste Verletzung wird in dieser ersten Trauerphase wie unter einem Mikroskop sichtbar. Nichts bleibt verborgen, alles ist offen – doch nur so kann Heilung einsetzen. »Licht fällt in die Wunde« – ein Bild meiner Yogalehrerin Petra Algier, sehr zutreffend für diesen tiefen seelischen Prozess. Er dauert unterschiedlich lang, und es ist wichtig, ihn auszuhalten. Tröstlich ist die Erfahrung: Er ist irgendwann vorbei.

In der anschließenden Phase fühlt sich die Erinnerung schon nicht mehr so bitter an. Hin und wieder kann man an gemeinsame Erlebnisse denken, ohne sich emotionalen Wirbelstürmen auszuliefern. Die Wunde beginnt sich langsam zu schließen. Wir können zwischendurch liebevoll an die Vertrautheit von früher denken und sie so in uns bewahren.

»Eine Lösung kann darin bestehen, sich für eine Weile nicht mehr zu sehen und abzuwarten, ob die Unstimmigkeiten sich von selbst auflösen oder in milderem Licht erscheinen«, schreibt Wilhelm Schmid in seinem Buch über das Glück der Freundschaft. Dabei heißt abwarten nicht, unbeteiligt zu beobachten, wie sich die Dinge entwickeln. Sondern es ist ein aktives Warten, hinter dem ein mutiger, widersprüchlicher und turbulenter innerer Lernprozess steckt. Er führt aus der Verwicklung in eine neue Art von Verbundenheit.

Ein Beispiel dafür ist die Geschichte von Irmela und Marie. Als Ehefrau eines Stars der Musikszene war es nicht leicht für Irmela, echte Freundinnen zu finden. Die meisten interessierten sich mehr für die Nähe zur Prominenz als für sie. Mit Marie, der Assistentin ihres Mannes, war es anders. »Das ist Freundschaft«, dachte Irmela. Bis Marie sie enttäuschte: »Ich bin Angestellte deines Mannes. Wir können nicht befreundet sein.« Marie zog in eine andere Stadt, und beide verloren sich aus den Augen. Nach der Trennung von ihrem Mann meldete sich Irmela bei Marie. Der gute Draht von früher war sofort da, sie trafen sich und stießen auf ihre neue Freundschaft an. Alles lief harmonisch. Stress gab es

Lass mich in Frieden!

nur, wenn die attraktive Irmela von Männern umschwärmt wurde und mit ihnen flirtete. Das mochte Marie nicht. Mit Irmelas lockerer Art konnte sie nicht umgehen. Immer öfter sagte sie Verabredungen ab, ihre Ausreden wurden dünner und unglaubwürdiger. »Was ist los mit dir, sei ehrlich«, forderte Irmela die Freundin auf. Marie schwieg, die Freundschaft verknotete sich. Sie sahen sich nur noch selten. Bis Marie vier Jahre lang unerreichbar abtauchte.

Bei einer Beerdigung trafen sie sich wieder. Marie ging auf Irmela zu und wollte mit ihr reden. »Ich weiß nicht, ob ich das möchte. Du warst verschwunden, und ich habe keine Ahnung, warum«, versuchte Irmela abzuwiegeln. »Ich habe in der Zwischenzeit viel über uns nachgedacht«, erzählte Marie, »ich war damals nicht stark genug, um deine Freundin zu sein.« Irmela staunte, und aus Marie sprudelte es nur so heraus: Sie wäre am liebsten in Irmelas Welt aufgegangen. Hätte so gern Prinzessin gespielt, sich teuer und extravagant gekleidet, alle Aufmerksamkeit auf sich gezogen und wie Irmela jeden Mann mit Charme und Sexyness erobert. In den Jahren des Abstands habe sie gespürt, wie falsch die Vorstellung war, der sie hinterhergelaufen ist. Sie habe erkannt, dass sie ein ganz eigener Mensch sei und Irmelas Leben nicht führen möchte. Sie, Marie, müsse niemandem nacheifern, auch ihrer Freundin nicht. Intuitiv habe sie das immer gewusst. Doch früher wäre sie zu schwach, zu unentschieden gewesen, um danach zu handeln. Sie habe beim Jasagen eingeatmet und Nein gemeint. Heute könne sie zu sich stehen. Zu einem einfachen Leben mit Mann und Kind, das ihr, Marie, das ganz große Glück bedeute.

Irmela hörte zu und wurde immer ruhiger. Maries Entwicklung und die Klarheit, mit der sie ihre Gedanken äußern konnte, berührten sie. Ihr eigener Lebensplan war ein völlig anderer, und die Freundschaft war schon zweimal gescheitert. Ob sie je wieder aufleben würde, stand in den Sternen. Besonders jetzt, wo die Verschiedenheit zwischen ihnen so deutlich wurde wie noch nie. Irmela konnte Maries früheres Verhalten ohne Groll akzeptieren. Sie spürte eine neue, entspannte Verbundenheit, fern von dem Bedürfnis, wieder enge Freundinnen zu werden.

Aus der Verstrickung in eine neue Verbundenheit

Ich bin ich. Sie ist sie. Die Freundin als unabhängige Person wahrzunehmen und wertzuschätzen ist gerade in Frauenfreundschaften nicht selbstverständlich. Unsere Harmoniesucht und einige andere Klippen hindern uns oft daran. Im Abstand voneinander können wir das Bewusstsein für unsere eigenen Konturen und die der Freundin schärfen. In der Distanz ändert sich der Blick, er wird klarer und manchmal milder. Die Notwendigkeit, eine Freundschaft um jeden Preis erhalten zu müssen, löst sich eventuell auf und macht einem friedlichen Nebeneinander Platz. Ohne Forderungen und enttäuschte Erwartungen. Audrey Lobo-Drost: »Akzeptanz kann zu einer Verbundenheit führen, die länger hält als die Freundschaft.«

In einer Auszeit von der Freundschaft entsteht auf beiden Seiten kreatives Wachstum – verbunden damit sind Wachstumsschmerzen. Aus der Traumaforschung ist bekannt: Nicht die Verletzung selbst leitet eine nächste Entwicklungsstufe ein, sondern die Auseinandersetzung mit der neuen Realität. Wie erlebe ich mich ohne die Freundin? Welche Spuren hinterlässt sie? Wie gehe ich mit den Erfahrungen um, die ich mit ihr gemacht habe? Was sagt die zerbrochene

Freundschaft über mich und meine Wünsche ans Leben aus? Wofür bin ich meiner Freundin dankbar, weit über unsere Freundschaft hinaus?

In der Phase der Akzeptanzbewältigung, wie sie von Experten genannt wird, kann Spiritualität entstehen. Und zuversichtliche Gelassenheit. Mit dem Bruch einer engen Freundschaft verlieren wir die Illusion der Sicherheit, dass jemand beständig an unserer Seite ist. Doch wir spüren auch, dass wir nicht untergehen, sondern die Situation meistern können. Die letzte, tiefste Einsamkeit muss sowieso jeder für sich allein aushalten. Da hilft keine Liebe und auch keine beste Freundin. Sie ist das Geheimnis unserer Existenz. In Harmonie mit mir selbst zu sein – das ist die Kraft, die mich dabei von innen trägt, wenn alle vermeintlichen Sicherheiten bröckeln.

Durch die Erfahrung der eigenen Verletzlichkeit wächst das Gefühl der inneren Stärke, so die Erkenntnis aus der Resilienzforschung. Wenn wir uns gegenseitig in Ruhe lassen, können wir Souveränität lernen, auch und gerade im Umgang mit Kritik. Akzeptieren, dass es andere Ansichten neben den eigenen gibt, und die Inspiration entdecken, die eine Auseinandersetzung darüber freisetzt. Wir können hinterfragen, wie es um unsere Fähigkeit zum Kompromiss steht. Die Phase der Neuorientierung bietet die Chance, auszuloten, ob mehr Verständnis möglich ist. Ob wir auf die Freundin zugehen und diesen Schritt nicht als Schwäche, sondern im Gegenteil als Stärke erleben können. Das erfordert Mut und wird meistens belohnt. Wir können uns fragen, ob wir künftig in der Freundschaft einen Gang runterschalten und sie abschwächen wollen, damit sie überlebt. Das kann gelingen. Ich habe es selbst erfahren, in einer monatelangen Pause, die wir uns verordneten. Vorher glühte die

Freundschaft, bis wir beinahe aneinander verbrannten. Jetzt glimmt sie leise vor sich hin, aber meine Freundin und ich sind beide mit heiler Haut davongekommen. Das war das Glück unserer Pause.

Prioritäten ändern sich, wenn man voneinander Abschied nimmt. Vernachlässigte Freundschaften bekommen wieder Raum. Neue Aufgaben und Ziele entstehen, die innere Zufriedenheit steigt, fremde Menschen und interessante Erfahrungen kommen auf uns zu – und irgendwann auch neue Freundinnen. Das Ende jeder Freundschaft ist ein Neubeginn. Statt weiter mit der Vergangenheit zu kämpfen, können wir unsere Energie darauf konzentrieren, Platz zu schaffen für das, was sein wird. Ein Rosenstock auf dem Balkon oder im Garten muss auch beschnitten werden, damit junge Triebe nachwachsen können.

Neue Freundschaften entstehen in jedem Lebensalter. Ich habe es selbst erlebt. Eine späte Herzensfreundschaft, für die ich ganz besonders dankbar bin, beflügelt seit Kurzem mein Älterwerden. Und ich bin sicher, das meiner neuen Freundin auch. Schon deshalb, weil wir wie Mond und Sonne sind und so viel miteinander lachen.

Veränderung bejahen statt auf Vergangenes pochen

Freundinnen kommen und gehen. Wenige bleiben für immer. Jede ist einzigartig, keine von ihnen ist austauschbar. Die perfekte Verbindung gibt es nicht, genau das macht eine Frauenfreundschaft so lebendig.»... eigentlich träumen alle von der wahren Freundschaft, die fern von jedem Kalkül ist«, schreibt Wilhelm Schmid.

Der Kern einer wahren Freundschaft könnte sein, dass beide ein Auf und Ab der Gefühle zulassen und sogar schätzen. Dass sie Veränderung bejahen, statt auf die Vergangenheit zu pochen. Auf gute Zeiten folgen schlechtere und dann wieder bessere. Wandel zu akzeptieren und nicht zu blockieren ist vielleicht das Entscheidende bei einer wahren Freundschaft. Das ist meine Erfahrung mit einer innigen Freundin, die mich begleitet, seit unsere Kinder klein waren. Sie ist meine treue Seele, Zeitzeugin meines Lebens. Ich bin ihr für immer dankbar. Wir waren jung und werden alt zusammen, waren einmal an der Klippe und dann nie wieder. Jede von uns hat sich verändert und ging durch stürmische Zeiten. Sie haben uns nie auseinandergetrieben. Weil wir den Wandel zugelassen haben.

Eine Freundin bleibt nie die alte, die man in- und auswendig zu kennen glaubte. Sie erneuert sich, wie jede Zelle sich ständig erneuern muss. »Du hast dich gar nicht verändert!« Wie ich diese Bemerkung hasse! Sie schnürt mich ein und ist von vorneherein unwahr. Es stimmt schon, ich möchte nur noch Freundschaften, in denen ich mich zumuten darf. Für den Rest meines Lebens. Freundschaften ohne Bedingungen, die nicht aufrechnen, sondern Schwächen und Stärken liebevoll aufnehmen.

Während ich das schreibe, muss ich über mich lächeln. Weiß ich wirklich so genau, was ich möchte? Ein Zufall, nein, eine Gesprächspartnerin für dieses Buch hat mir die Adresse von Eva in die Hände gespielt. Der Freundin, die ich in einer Kantine kennenlernte und mit der die Freundschaft in einem handfesten Streit zerbrach. Worum es ging, weiß ich nicht mehr. Im ersten Kapitel habe ich unsere Geschichte kurz beschrieben. Über zwanzig Jahre sind eine ziemlich lange Pause. Viel Zeit, um Klarheit zu gewinnen. Das ist mir ehrlich gesagt nicht gelungen. Jetzt sitze ich da mit ihrer Adresse in der Hand, einem Zettel, den ich lange von einer Schreibtischecke in die andere schob, bis ich Eva als Kontakt im Handy speicherte. Da steht sie jetzt, mit Telefonnummer, Ort und Straße.

Ich könnte ihr einen ausführlichen Brief schreiben oder mich durch eine einzige Daumenbewegung mit ihr verbinden. Und dann? Ich spüre die Angst vor erneuter Zurückweisung. Sie sitzt mir wie gestern im Nacken. Keine Ahnung, wie Eva reagieren würde. Kenne ich sie überhaupt noch? Was will ich von ihr? Welches Ziel soll eine Annäherung haben? Es gibt schon lange kein Zurück mehr. Will ich Eva mit grauen Haaren und müden Gesichtszügen wiedersehen? Wahrscheinlich nicht. Ich will unsere Jugend konservieren und das unbeschwerte Gefühl von damals festhalten. Die Kraft, die uns einmal verbunden hat. Diese großartigen, wilden Momente, die wir geteilt haben. Dahin geht meine Sehnsucht.

Doch die Zeit von früher ist aus und vorbei, gemäß dem Titel dieses Buches. Mit einem Anruf bei Eva hole ich unsere Jahre nicht zurück. Das Leben ist über uns hinweggerollt. Aber ist es das wirklich? Gibt es nicht noch irgendwelche Gemeinsamkeiten, an die wir anknüpfen könnten? Immerhin waren wir mal beste Freundinnen. In einem der Gespräche für dieses Buch erzählte mir eine Interviewpartnerin von einer Karte, die sie ausgesucht, aber nicht geschrieben und abgeschickt hatte. Nach unserem Gespräch kam diese in den Postkasten. Warum kann ich das nicht? Was macht mich so unsicher?

Letztes Silvester, in einer vergnügten Runde, sollte sich jeder etwas wünschen. Eine Freundin wünschte sich Wohlwollen. Mit sich selbst, für andere und von anderen. Nichts als Wohlwollen, sagte sie mit fester Stimme. Wie lange hatte ich dieses Wort nicht gehört. Wohlwollen. Was für ein schöner Gedanke. Auch und erst recht am Ende einer Freundschaft. In der Leere, die entsteht, bevor sie in Freiheit und Dankbarkeit übergeht. Das Vergangene verabschieden, Wohl wollend. Die Gegenwart gestalten, Wohl wollend. Die Zukunft mitdenken, Wohl wollend. Ein gutes Ende finden. Sich in Frieden verabschieden und einander gehen lassen. Der Freundin Wohl wollen. Darum könnten wir uns bemühen. Frauenfreundschaften zum Vorbild machen für eine Gesellschaft, die sich immer stärker spaltet. »Wenn du anfangen willst, fang an«, sagt meine Yogalehrerin. Ich werde es versuchen. Fragen dürfen bleiben.

Mein Mann betrog mich mit meiner Freundin. Meine Freundin betrog mich mit meinem Mann. Ich habe gelitten und daraus viel gelernt

Nora und Liv

Meine Freundin Liv war blond wie ein Engel, ganz lange glatte Haare, groß, schlank und auffallend hübsch. Sie kam aus einer netten Familie und schrieb nur gute Noten. Lehrer, Mitschüler, alle an unserem Gymnasium in Zürich mochten sie. Liv, die strebsame Schülerin aus Dänemark, war überall beliebt. Die Lehrer mochten sie, die Schüler mochten sie. Sie war immer gern gesehen und rundum beliebt. Könnte ich doch mit ihr tauschen, dachte ich manchmal. Ich war schon äußerlich das totale Gegenteil. Dunkle Locken, schüchtern, anhänglich, unsicher, pummelig, und so ehrgeizig wie sie war ich auch nicht. Bei Liv schien alles perfekt zu sein. Sie verkörperte die heile Welt für mich. Viele Geschwister, glückliche Eltern, alles passte, alles war schön. Sogar, als ihr Vater überraschend erkrankte und seinen Job verlor, blieb das Bild unverändert. Ich habe Liv nie leiden sehen und mich gefragt, wie das wohl geht. Vielleicht legte ich mir auch eine Wunschwelt zurecht. Denn diese Vollkommenheit existierte ja gar nicht, obwohl – das wusste ich damals noch nicht.

Liv hatte diese verführerische Art, sanft und etwas hilflos zu wirken. Komm her, erklär mir, wie das geht, aber komm mir nicht zu nah, lautete ihre nonverbale Botschaft. Diese Unerreichbarkeit machte sie noch anziehender. Liv war nur mit den Beliebtesten in der Schule unterwegs. Ich war stolz, als sie mich zu ihrer Freundin erkor. Wenn wir gemeinsam weggingen, drehten sich alle um und schauten ihr nach. Ich freute mich etwas abzubekommen, auch wenn die Blicke nicht mir galten. Was soll's, mein Status war erhöht. Vielleicht färbt etwas auf mich ab. Wir gingen zusammen in die Disko und schminkten uns vorher gegenseitig, quatschten viel über die Mädels und Burschen in der Schule, erzählten uns unsere Geheimnisse und schwärmten von unserer Lieblingsband. Manchmal gab es in der Schule Tanzpartys. Wir trafen uns regelmäßig in der Toilette, um uns mit den kleinen Geheimnissen zu füttern.

Liv kam oft zu mir nach Hause. Manchmal hat sie auch bei mir übernachtet. Erst im Nachhinein fiel mir auf, dass ich nie bei ihr eingeladen wurde. Überhaupt, die Ambivalenz meiner Gefühle, dieses Hin- und Hergerissensein, habe ich erst später entdeckt. Ich erinnere mich, dass ich Liv alles erzählte und ihr gleichzeitig nicht ganz vertraute. Ich war wohl unsicher, ob meine tiefsten Geheimnisse bei ihr an einem guten Platz sind.

Wenn ich zurückschaue, hat Liv schon früh in mein Leben eingegriffen. Sie war mein Idol und ließ mich so meine unendliche Sehnsucht spüren, von ihr gemocht zu werden. Ich wollte einen Platz neben ihr haben, an ihrer Seite sein, auch wenn es manchmal bedeutete zu lächeln, obwohl mir zum Heulen war, zuzustimmen, obwohl ich innerlich einen Ärger verspürte. Ich war unbewusst bereit, mich zu verleugnen, um sie als Freundin zu haben. Meine Eltern waren geschieden, mein Vater lebte mit seiner neuen Frau in London, und es gab für mich kein Zuhause. Meine Mutter musste arbeiten, um uns zu ernähren und zu versorgen, und ich wurde rasch zum Schlüsselkind. Ich war einsam, verloren und immer traurig. Liv brachte Leben in meinen Alltag.

Nach dem Abitur ging meine Mutter mit mir ins Ausland, und Liv und ich verloren unsere Freundschaft aus den Augen. Wir sahen uns erst bei einem Klassentreffen in Zürich wieder, das sie organisiert hatte. Inzwischen waren wir beide Mütter von etwa gleichaltrigen Kindern. Ich hatte mich auf das Wiedersehen gefreut. War gespannt, was wohl aus ihr geworden ist. Welcher Mensch da nach fünfzehn Jahren zum Vorschein kommen würde. Ob sie nahbarer und zugänglicher sein würde als früher. Mit mehr Tiefe, die ich früher manchmal vermisst hatte. Wir haben uns an diesem Abend gut verstanden. Es war eine fröhliche Runde, alle unterhielten sich, Liv sprach viel und angeregt mit meinem Mann, der neben ihr saß.

Obwohl wir nun beide wieder in Zürich lebten, vergingen nach diesem Wiedersehen Monate ohne Kontakt. Irgendwann kam mein Mann mit der Idee, aus der Mietwohnung auszuziehen und ein eigenes Haus zu bauen. Er hatte bereits das perfekte Grundstück. Mein Vater, der uns damals finanziell unterstützte, war strikt dagegen. »Finger weg von diesem Projekt«, riet er mir. Ich kann mich, erinnern, dass ich mich auf der Toilette eingesperrt und geweint habe. Ich war so zerrissen. Sein Nein quälte mich, und den Druck meines Mannes, ich möge doch endlich zustimmen, hielt ich kaum aus. Es würde ihn so glücklich machen, sagte er immer wieder. Schließlich habe ich unterschrieben und war zunächst einmal diesen einen Druck los. Erst im Nachhinein – viel später – fiel mir auf, dass mich mein Mann nie gefragt hatte, was

Lass mich in Frieden!

ich eigentlich möchte. Das musste ich Jahre später erst erlernen, die selbstverständlichste Frage der Welt: Was will ich? Kurz darauf kam überraschend ein Anruf von Liv. »Stell dir vor, wir geben unsere Wohnung auf und werden ein Haus bauen«, erzählte sie aufgeregt. »Wir bauen auch gerade«, erwiderte ich fröhlich. »Wo zieht ihr hin?« Es stellte sich heraus: Liv und ihr Mann bauten unmittelbar in der Nachbarschaft. »Das ist ja unglaublich«, rief ich ins Telefon. Ich war so erstaunt, freudig und ahnungslos. »So was Verrücktes!« Die Gleichzeitigkeit der Ereignisse speicherte ich damals als Zufall ab.

Unsere Familien zogen ziemlich zeitgleich ein. Wir wohnten nun Haus an Haus. Liv war fast täglich bei mir, unsere vier Kinder freundeten sich an, sie waren alle im gleichen Alter, zwischen neun und dreizehn Jahren. Ich war damals häufig bei Fortbildungen. Wenn ich zu Hause anrief, war Liv oft bei uns oder gerade wieder weggegangen. Entweder war ihre Waschmaschine kaputt oder ein Lebensmittel ausgegangen, solche Gründe. Komisch, dachte ich mir, das passierte nie, wenn ich im Haus bin. Ich beschloss, etwas besser hinzuschauen und bemerkte, dass Liv bei ihren Besuchen viel Zeit mitbrachte, um sich angeregt mit meinem Mann zu unterhalten. Liv hatte mir von den Konflikten in ihrer Ehe erzählt, von dem Mangel, unter dem sie leide, und ich erzählte ihr meine Schwierigkeiten und empfand dabei eine große Nähe mit ihr in unserer Leidensverbundenheit.

Doch meine Vermutungen bedrängten mich immer stärker. Ich wusste nicht, was mich so unruhig machte, lebte wie auf einem Beobachtungsposten. In dieser Zeit erkrankte meine Mutter, und ich war sehr oft bei ihr. Manchmal musste ich länger bei ihr bleiben, um sie zu pflegen, und ich fühlte mich komplett kraftlos. Wo ist in dieser Situation mein Mann?, fragte ich mich. Er war entweder im Büro oder bei unserer Nachbarin – Liv kam mit dem Computer nicht zurecht, er musste ihr ständig helfen. Mal war es die Technik, mal die Programme, mal irgendeine Statistik. Ununterbrochen war er im Nachbarhaus. Ich fühlte diese entsetzliche Kränkung in mir, sprach aber mit niemandem darüber. Die Luft zwischen uns war irgendwann zum Schneiden dick. Dieses Schweigen knisterte wie mit Strom beladen. Ich beschloss, meinen Mann im Büro aufzusuchen, um ein Gespräch zu führen. Das Schweigen zu brechen. Da er oft das Büro verließ, ohne seiner Sekretärin zu sagen, wann er wiederkommt, wartete ich in seinem Zimmer. Nach langem Warten ging ich zum Telefon und betätigte die Wiederholungstaste. Am anderen Ende war Liv. Ich legte auf. Von diesem Moment an war mir alles klar. Trotzdem wusste ich nicht, wie ich ihn konfrontieren sollte.

So kann ich nicht weiterleben, dachte ich nur. Ich muss Ordnung und Klarheit in mir schaffen, meine Seele retten. »Ich brauche mehr Ruhe und Zeit, um für mich Klarheit zu finden«, sagte ich zu meinem Mann, und ich mietete eine kleine Wohnung um die Ecke. Liv half mir, meine Kleider in Kartons zu packen. Dabei tat sie unschuldig und fragte mich: »Hast du keine Angst, dass sich dein Mann in eine andere verliebt, wenn du nicht da bist?« Ich weiß noch genau meine Antwort: »Wenn das passieren sollte, liebt er mich sowieso nicht. Dann ist er innerlich schon woanders.« Obwohl mir zum Heulen zumute war, wollte ich wie eine großzügige und besonders kluge Frau erscheinen. Jetzt bloß keine Schwäche zeigen.

Ich bezog die möblierte Wohnung, fühlte mich aber hundeelend dabei. Nach der Schule sah ich meine Kinder in unserem Haus, kochte für sie und verabschiedete mich, wenn mein Mann von der Arbeit kam. Eines Abends rief mich meine Tochter an, sie war allein und ängstigte sich. Ihr Vater war nicht zu Hause. Ich wollte anschließend Liv anrufen, aber ihr Mann erklärte, sie sei mit Freunden unterwegs. Am nächsten Morgen konfrontierte ich meinen Mann, er erklärte seine Abwesenheit am gestrigen Abend mit einem wichtigen Geschäftsessen. Ich lud Liv auf einen Kaffee ein. »Freundinnen erzählen sich doch alles, oder nicht?« So versuchte ich sie auszutricksen. Schließlich gab sie zu, dass sie mit meinem Mann ausgegangen war und dass etwas zwischen ihnen lief. Jetzt war die Sache auf dem Tisch. Mein Mann musste die Affäre zugeben. Ich war verzweifelt. »Warum hast du mich derart angelogen?«, fragte ich ihn. »Ich konnte dir nicht antun, dich so zu verletzen«, war seine Antwort. Seitdem habe ich mir geschworen, wenn ich je einen Mann treffe, der sagt, »Ich möchte dich nicht verletzen«, dann nehme ich die Beine in die Hand und renne weg! Das ist die größte Feigheit: das eigene Selbstbild aufrechtzuerhalten unter dem Vorwand, den anderen zu schonen. Ein einziger Betrug!

Meine Welt brach zusammen. Und die unserer Kinder. Ich wollte ihnen ihr Heimatgefühl nicht nehmen und ihre Freundschaft mit den Nachbarkindern nicht gefährden. Ich wusste, ich war diejenige, die gehen musste. Meine Kinder in ihrem Haus zu lassen und mich selbst auffangen zu müssen war das Schlimmste, was ich mir vorstellen konnte. Und ich tat es aus Mangel an Alternativen. Ich sprach mit meinem Mann. Fragte ihn, ob wir es nicht nochmal miteinander versuchen könnten und die Ehe zu retten. Doch er meinte nur: »Wieso? Mir geht es prächtig, so wie es ist.«

Inzwischen war auch der Mann von Liv misstrauisch geworden. »Was geht da ab?«, fragte er mich. »Du musst mit deiner Frau sprechen«, redete ich mich heraus. Noch immer wollte ich meinem Mann gefallen, in der Hoffnung, er besinne sich wieder. Weil er kein Gerede mochte, hielt ich den Mund. Doch plötzlich überrollte mich die Wut. Ich rief Livs Mann an und erzählte ihm alles. Er wollte sofort einen Privatdetektiv einschalten. Das Paar trennte sich kurz darauf, die gemeinsamen Kinder waren mehr oder weniger flügge, das Nachbarhaus wurde verkauft, und Liv zog zu meinem Mann und meinen Kindern in unser Haus.

Drei Jahre wohnte ich in meinem Apartment und versuchte, die Kinder so oft wie möglich bei mir zu haben. Nicht so einfach in der kleinen Wohnung. Eine Freundin brach den Kontakt zu mir ab, weil sie meinte, man verlässt die Familie nicht, unter keinen Umständen. Heute denke ich, sie hat mir eher sagen wollen: »Du machst etwas, was ich mich nicht traue. Wie kannst du mir das antun?« Meine Mutter, die noch schmerzlich in ihren Wunden hing, war auch gegen die Trennung.

Ich fühlte mich unglaublich einsam, hatte noch nie zuvor alleine gelebt. Jetzt, im Alter von vierzig Jahren, war alle vermeintliche Sicherheit weggebrochen. Eine schreckliche Zeit. Mein Mann betrog mich mit meiner Freundin und sie mich mit ihm! Ein unbeschreiblicher Schmerz! Tag und Nacht musste ich weinen. Ich erinnere mich an heftige Panikattacken, beim Autofahren, im Kino und sogar in geselliger Runde. Ich wollte stark sein und habe mich doch zu Tode gefürchtet.

Trotz meiner niedergeschlagenen Gemütslage wurde mir allmählich klar, dass ich mir eine eigene Zukunft bauen musste. Ich begann, neue Wege zu suchen, machte verschiedene Ausbildungen in Biofeedback und Lymphdrainage und lernte neue Menschen kennen, die mich inspirierten. Ich ließ mich zur Heilmasseurin ausbilden, der Beruf, in dem ich heute arbeite und der mein Zuhause geworden ist. Ich habe die Kränkung überstanden. Doch es hat Jahre gedauert, bis ich mich in meinem neuen Leben zurechtgefunden habe. Einmal traf ich Liv beim Geburtstag meiner Schwiegermutter, die mich eingeladen hatte. Als ich in die Wohnung kam, saß Liv am Tisch. Auf meinem Platz. Es mag zwar klingen wie das Märchen von der Bärenfamilie, aber dieser Platz hatte eine besondere Bedeutung. All die Jahre saß ich da, links und rechts von mir die kleinen Kinder, die ich fütterte. Es tat wieder so weh. So einfach bin ich also zu ersetzen? Ich bat meine Kinder ins Nebenzimmer und erklärte ihnen, dass ich gehen müsse. Sie mögen mir verzeihen, aber ich würde das seelisch nicht schaffen und wolle die Feier nicht trüben. Ich rannte aus der Wohnung, mein Mann rief mir nach, warum ich so kleinlich und spießig sei, und meine Schwiegermutter jammerte, es ist doch ihr Geburtstag.

Viele Jahre beschäftigte mich das Thema »Wie viel Eigenständigkeit oder Individualität verträgt eine Gruppe oder eine Gemeinschaft?«. Wie viel meines Denkens muss ich an der Garderobe abgeben, um Teil einer Gemeinschaft zu sein? Wie groß ist die Gefahr in Zeiten der Orientierungslosigkeit, sich in einer Gruppe zu verlieren und sich nie wiederzufinden?

Das Leben bringt manchmal Überraschungen. Livs Bruder wohnte wieder in der Stadt. Wir trafen uns zufällig im selben Freundeskreis. Er erzählte mir, dass er lange im Ausland gelebt habe und erst jetzt wieder Kontakt zu Liv habe. Er erzählte auch, dass sie in ihrer neuen Ehe sehr leide. Ihr Partner – mein Exmann – sei chaotisch, trinke zu viel und scheitere im Beruf, wegen Fehleinschätzungen. Sie sei verzweifelt.

Es war ein bitterer Triumph für mich. Die heile Welt von Liv war entzaubert. Als Liv erfuhr, dass ich mit ihrem Bruder gesprochen hatte, tobte sie. Sosehr sie versuchte, mit Gewalt etwas darzustellen, sei es durch ihre vielen akademischen Titel, sei es durch ihren Krieg gegen das Altern mittels plastisch-chirurgischer Eingriffe, ihre heile Welt zerbröselte. Die Masken fallen eben.

Eine Freundschaft beinhaltet einen prozesshaften Verlauf. Wir verändern uns und werden ständig neu. Basiert die ursprünglich kindliche Freundschaft auf Mangel und auf Bestätigung der blinden Flecken, so gründet eine erwachsene Freundschaft in der Freude über den anderen. Vom Mangel und gegenseitigem Benutztwerden hin zur Fülle und Freude am Beisammensein.

Man kann aus allem lernen, auch aus dem Schrecklichen. Liv bin ich nicht dankbar, nein, wirklich nicht, aber der bitteren Erfahrung und den vielen Erkenntnissen schon. Ich bin mir selbst dankbar. Dass ich es geschafft habe, mich zu entdecken. Dass ich klarer, stärker und klüger geworden bin und aus manchen Fehlern lernen durfte. Ich habe mehr Selbstbewusstsein gewonnen, obwohl ich mich gern noch stärker zur Wehr setzen würde. Da geht noch mehr. Oft traue ich mich nicht, obwohl ich eine tiefe Bewunderung für mutige Menschen hege. Eine Freundin hat neulich erlebt, wie eine Frau in einem vornehmen Restaurant aufstand, zu einem anderen Tisch ging, einer Dame Olivenöl über den Kopf goss, ihrem männlichen Gegenüber den Wein ins Gesicht schüttete und wortlos das Lokal verließ. Die beiden hatten eine Affäre. Nun ja, so weit würde ich nie gehen. Das ist ja auch eine Form der Hilflosigkeit. Aber ich möchte zu meinen Gefühlen, auch zu meinen Schmerzen, stehen können.

Ich habe keinen Mucks von mir gegeben, als ich meine Kinder gebar. So bin ich erzogen worden. Heute möchte ich mich nicht mehr verstecken und disziplinieren müssen.

Meine neuen Freunde helfen mir dabei. Und mein Beruf natürlich. Das Vertrauen in andere wird immer größer und geht Hand in Hand mit dem wachsenden Vertrauen zu mir und meinen Gefühlen. Ich bin viel offener geworden und versuche, so gut ich kann den inneren Dialog mit mir nicht zu verlieren, um irgendwo wieder dazugehören zu wollen. Wie kostbar Freundschaften sein können, habe ich erst entdeckt, als Liv aus meinem Leben verschwand. Freundschaften haben in jedem Alter eine andere Bedeutung. Der Wunsch nach Verbindung, Austausch, nach Akzeptanz und Wertschätzung begleitet uns lebenslang. Wir sind die erste Generation, die etwas ausleben darf, was unsere Mütter nicht ausleben konnten. In unseren Freundschaften kann viel Neues entstehen. Es gibt ein Miteinander, es gibt Herzensmenschen. Die Sache mit Liv musste passieren, damit ich vieles verstehen konnte. Ich habe nicht fortgesetzt, was mir bereits vertraut war, sondern bin in ein neues, eigenes Leben aufgebrochen. Die existenzielle Einsamkeit nimmt einem niemand ab, auch kein Partner. Aber ich kann eine Freundin anrufen und sagen, ich fühle mich allein. Einfach so, ohne einen Anspruch an sie zu stellen. Das tut gut. In einer ehrlichen Freundschaft ist das möglich.

Ich wünsche dir alles Gute

Abschiedsbrief an eine Freundin

Liebe Katja,
letzten Sonntag waren wir seit Langem mal wieder bei Chez Maurice. Ganz wie früher haben wir gebratene Leber mit Apfelstücken gegessen und dazu zu viel von dem Hauswein getrunken, der so wunderbare Kopfschmerzen macht. Du hattest den Ort ausgesucht, weil du mir etwas Wichtiges sagen wolltest. Noch bevor die Vorspeise auf den Tisch kam, hast du mich gefragt, ob ich deine Trauzeugin werden möchte.
Ich freue mich für euch, dass ihr heiratet. Es ist romantisch, dass ihr nach so vielen Jahren, nach so vielen Aufs und Abs eurer Liebe und den drei Kindern heiratet. Denn ihr müsst es nicht tun. Das Leben, eure Kinder und die vielen Jahre haben euch mehr verbunden und zusammengeschweißt, als es eine Standesbeamtin, zwei Ringe und zwei Unterschriften je tun könnten. Ich weiß, dass du dir dieses Fest immer gewünscht hast und du auf jeden Fall eine Braut ohne graue Haarsträhnen sein wolltest. Dieser Traum wird nun für dich in Erfüllung gehen, und das ist schön.
Es tut mir leid, dass ich dir statt einer Glückwunschkarte heute diesen Brief schreibe. Und dass ich dich mit diesen Zeilen bestimmt enorm verletze. Meine Worte – eine lange Zündschnur, am Ende eine Bombe.

Am Sonntag habe ich deine Trauzeuginnen-Frage mit »Ja« beantwortet, und wir haben mehrmals darauf angestoßen und uns ausgemalt, was wir als Braut und Schleier-Assistentin alles gemeinsam vorhaben. Ein Brautkleidwochenende ohne Kinder, der Junggesellinnenabschied in Stockholm und natürlich ein ausführliches Prickelgetränketesten den ganzen Sommer lang.

Leider war das ein großer Fehler von mir. Ich habe am Sonntag nicht genügend Mut aufgebracht, um dir zu sagen, dass ich nicht deine Trauzeugin sein möchte.

Puh, das ist jetzt ein großer kalter Stein, den ich dir und euch in den Weg schleudere, und trotzdem möchte ich dir die ungeschönte Wahrheit über mich und meine Gefühle schreiben. Und all die Dinge, die ich mich nicht getraut habe auszusprechen, als du als angehende Braut so voller Vorfreude vor mir gesessen hast. Ich wollte dich nicht enttäuschen. Wie immer.

Vor unserem Abend bei Chez Maurice haben wir uns mehrere Monate nicht gesehen. Klar, unsere Leben sind mit den Kindern, alt werdenden Eltern, Freunden, Beruf und Reisen fast bis zum Überlaufen gefüllt, und es ist schwierig, sich füreinander Zeit zu nehmen. Manchmal vergehen Wochen und Monate, ohne dass man sich über den Weg läuft, obwohl man um die Ecke wohnt.

Schon vor langer Zeit habe ich festgestellt, dass mir unsere Treffen in den Monaten und Wochen dazwischen gar nicht so fehlen und sie mir immer mehr wie eine Verpflichtung vorkamen. Unsere Freundschaft hat sich über die Jahre verändert, und ich fühle mich seit Langem nicht mehr wohl darin. Irgendwann habe ich aufgehört, unser Pflänzchen zu gießen und habe unsere Freundschaft von meiner Seite aus innerlich vertrocknen lassen.

Und das obwohl ich weiß, wie sehr du mich magst und immer an mir und unserer Freundschaft festgehalten hast.

So war es von Anfang an. Ich erinnere mich noch genau daran, wie wir uns vor elf Jahren das erste Mal gesehen haben. Ich war die Neue. Zu allem Übel auch noch die, für die Sascha deine beste Freundin verlassen hatte.

Wir waren auf einen Kaffee bei Christian verabredet, und ich hätte alles dafür getan, um diese Tasse in seiner Küche stehen zu lassen und ganz weit wegzulaufen. Castrop-Rauxel, Kirgisistan, alles außer dieser Küche. Doch dafür waren unsere Liebsten Sascha und Christian zu gut befreundet. Sie wollten, dass wir uns kennenlernen.

Ich werde dir nie vergessen, mit welcher Herzlichkeit du mich damals empfangen hast. Statt in eine Schlangengrube zu springen, bekam ich Zitronentörtchen serviert. Dabei musstest du meinetwegen in den Wochen davor mehrere Nachtdienste mit Taschentüchern und Schnaps einlegen, um deine beste Freundin zu trösten.

Es gab also allen Grund, mich zu hassen und keinen, mich zu mögen. Du hast dich aber für die zweite Option entschieden, obwohl alles dagegensprach.

Dafür bin ich dir bis heute dankbar. Dass du mich mit offenen Armen und unsere Freundschaft mit allen Schwierigkeiten auf dich genommen hast. Obwohl deine beste Freundin Laura nach der Trennung bei dir eingezogen war. Das war alles andere als leicht für dich. Sie saß mit gebrochenem Herzen in deiner Wohnung, während du mit den beiden Personen, die daran schuld waren, eine tolle Zeit hattest. Das war mutig von dir. Denn am Ende ist sie über Nacht ausgezogen und hat nie wieder mit dir geredet.

Und was für eine tolle Zeit wir hatten! Für einige Wochen waren wir ein unzertrennliches Quartett. Unsere Gespräche endeten nie vor Sonnenaufgang, wir tanzten einen Sommer lang durch die Berliner Clubs. Nächtelang träumten wir davon, auf ungenutzten Brachflächen eine mobile Rollschuhdisco zu eröffnen, die »Rocky Beach« heißen sollte. Wir teilten die Liebe zu Frankreich, zu französischen Filmen und Golden Age Hip-Hop. Die Sonntagnachmittage durchforsteten wir die Flohmärkte nach Vintage-Cazal-Brillen und altem französischem Porzellan.

In diesem Sommer war alles möglich. Wir waren frei, eine kleine ungebundene Einheit. Unsere Wohnungen trugen noch Raufasertapete, und in keiner konnte man barfuß laufen, ohne sich einen Holzsplitter im Fuß einzufangen. Wir wussten nicht, wo wir landen würden und noch nicht mal, wo wir mal landen wollten. Heiraten, Kinder, Eigentumswohnung, Karriereleitern – interessierte uns kein bisschen. Du hast viel gelacht, und dann hat sich deine Nase immer so schön gekräuselt.

Bei einem unserer Flohmarktbesuche kauften wir uns eine alte Postkartensammlung und wollten alle Orte abreisen, aus denen Familie Lieske Karten geschickt bekam. Am Ende wurden es nur zwei, aber so verbrachten wir ein nebliges Herbstwochenende im Hotel Tiffany in Kassel und eine Nacht auf einem geisterhaften Campingplatz auf Amrum. Ich denke gerne an diese Zeit.

Und dann war da noch unser Urlaub in Nizza im Jahr nach unserem Kennenlernen. Zwei Wochen südfranzösische Sonne, ein kleines Hotel am Meer mit dem Charme verblichener Eleganz, vier Freunde und der dottergelbe Renault Clio, den wir uns gemietet hatten.

Und ehrlich gesagt und leider nun viel zu spät zugegeben zogen für mich schon damals die ersten Wolken in unserer Freundschaft auf. Denn ich erinnere mich nicht nur an Pastis auf Eis und das beste Coq au Vin meines Lebens, sondern auch an deine dauernde Unzufriedenheit. Du warst eingeschnappt, weil wir uns nur einen Clio und kein Cabrio leisten konnten. Der Strand war dir zu steinig und die ersten Tage warst du aus unersichtlichen Gründen gereizt. Beim ersten Abendessen bist du noch vor dem Dessert ohne Begründung aufgestanden und aufs Zimmer verschwunden. Als Christian nicht sofort nachkam, hast du ihm per SMS befohlen, dir zu folgen.

Diese Arie ging ein paar Tage, bis wir dir endlich den Grund für deine schlechte Laune entlocken konnten: Du warst dir sicher, dass wir das schönere und bessere Zimmer im Hotel bezogen hätten. Für Sascha und mich war kein Unterschied zu erkennen, aber um deine Laune besorgt, tauschten wir das Zimmer umgehend.

Du fragst dich jetzt bestimmt, wieso ich nach so vielen Jahren mit dieser alten Urlaubsgeschichte um die Ecke komme, die schon so verblasst ist wie die alten Postkarten von Familie Lieske.

Ich erwähne sie, weil ich versucht habe zu verstehen, warum ich mich in unserer Freundschaft nicht wohlfühle und wie lange das schon so ist. Ohne es damals zu realisieren, liegen die Wurzeln meiner Distanz bereits in diesem Urlaub. Obwohl er mittlerweile zehn Jahre her ist.

Es blieb nicht nur beim Tausch der vermeintlich unterschiedlichen Hotelzimmer. Das Gefühl, dass du benachteiligt wirst, war ein ständiger Begleiter in unserer Freundschaft. Deine Unzufriedenheit wurde zu unserem Diktator: Sie bestimmte, was wir unternehmen, mit wem und wie oft. Wir haben dir nie etwas entgegengesetzt. Und mit dir immer wieder deine Welt vermessen, in der du überall zu kurz kamst.

Und da ist noch etwas, das in Nizza begann und das ich mich in all den Jahren nie getraut habe, dir gegenüber auszusprechen. Sascha hatte mir zu meinem Geburtstag einen Gutschein für einen Bikini geschenkt, und ich entdeckte diesen fantastischen Laden, in dem ich mir einen dunkelblauen Bikini mit bunten Sonnenschirmen aussuchte. Dazu gab es ein passendes Haarband und ein Kleid in demselben Stoff. Ob Dinge glücklich machen können? Diese Kombi war ein wasserfester Beweis für mich. Es wäre einfacher für mich gewesen, wenn du gesagt hättest, das muss ich alles auch haben. Umso komischer war es, als ich dich zu Hause zufällig am Badesee in meinem kompletten Geburtstagsoutfit traf. Das ungute Gefühl wiederholte sich, als ich das nachgekaufte Kleid meines 30. Geburtstags aus Versehen auf deiner Wäscheleine entdeckte und natürlich die unzähligen Schuhe, Taschen und später dann Kinderklamotten, wenn wir uns ungeplant über den Weg gelaufen sind.

Ich habe keinen Alleinanspruch auf meine Dinge, aber doch gab es ein paar Geschenke und Anschaffungen, die für mich persönliche Schätze waren. Erinnerungen zum Anfassen, mein Stil, ein Versuch, meine Persönlichkeit auszudrücken. Warum hast du alles nachgekauft? Hast du mir die Sachen nicht gegönnt? Hattest du auch hier wieder das Gefühl, zu kurz zu kommen?

Und warum im Geheimen? Wolltest du mir damit näher rücken, als ich mich zunehmend von dir entfernte? Und warum hast du meinen Kindern lieber heimlich aufs Kleiderschildchen geschaut, wenn du meintest, ich würde es nicht sehen, als mich zu fragen, wo ich den Pullover herhatte? Und steht die ständige Fixierung auf Dinge vielleicht für etwas ganz anderes?

Mit der Zeit fühlte ich mich mehr und mehr von dir beobachtet und abgescannt. Wenn ihr bei uns zu Besuch wart, hatte ich das Gefühl, du hättest es am liebsten wie im Möbelhaus, wo an allen Dingen laminierte Schilder mit Preis und Hersteller hängen. Ständig schweifte dein Blick umher wie in einem großen Schaufenster, um zu sehen, was bei uns neu war. Oft dachte ich, du hörtest mir gar nicht mehr zu, sondern suchtest lieber nach Sachen, die du auch gerne hättest. Der Tag, als ich dich mit meinem Verlobungsring beim Bäcker traf, war für mich dann der Höhepunkt. Und ein Tiefpunkt, der noch heute mein Adrenalin in den Adern rauschen lässt. Ihr wart nie verlobt, und das hat dich immer verletzt. Sich einen Ring zu kaufen und so zu tun als ob, mag eine Lösung sein. Aber musste es genau meiner sein? Ich verstehe das nicht.

Das wirklich Verrückte an dieser Sache ist, dass wir kein einziges Mal über diesen Irrsinn gesprochen haben. Wir hätten aushandeln müssen, was für mich geht und was nicht. So habe ich mir meinen Teil einfach gedacht. Und der war nicht gerade nett.

An dem Tag, als ich dich mit meinem Verlobungsring beim Bäcker traf, ist mein Haltbarkeitsdatum für unsere Freundschaft abgelaufen. Die Freundschaft begann unter der glatten Oberfläche ziemlich schal zu werden.

Klar, ich hätte mit der Sprache rausrücken müssen. Warum habe ich das nicht getan? Ich habe viel darüber nachgedacht und verstehe es bis heute nicht ganz. Es ist wohl eine Schwäche von mir. Ich sage Leuten nicht gerne, wo's langgeht. Meine Mitarbeiter will ich nicht darauf aufmerksam machen, dass sie unpünktlich sind oder dass sie ihre Layouts nicht rechtzeitig abgeben. Es ist mir unangenehm, weil die Dinge doch so klar sind. Ich bekomme Schweißausbrüche, wenn ich Menschen auf Offensichtliches hinweisen muss. Weil ich denke, das müssen sie doch selber wissen. Ein Dialog mit meinem inneren Küchenpsychologen ergab, dass es sich dabei um eine Urangst handelt. Dass ich mit meiner Kritik niemand enttäuschen möchte. Weil ich fürchte, als Konsequenz nicht mehr geliebt zu werden.

Wie auch immer. Die Bikini-Affäre und die lange Liste bis zum Verlobungsring kamen mir so unglaublich schräg vor. Ich dachte, das musst du doch selbst merken. Das alles muss dir so was von peinlich sein, dass ich dich nicht darauf ansprechen kann. Aber ich hoffte auch, dass es irgendwann einmal aufhört.

Heimlich nachgekaufte Dinge sind für mich kein Trennungsgrund, natürlich nicht, aber einen Teil der Strecke meiner Distanz zu dir haben sie schon ausgemacht. Und so enden wohl Freundschaften, man entfernt sich mehr und mehr, bis die ganze Freundschaft keine echten Kontaktpunkte mehr hat.

Elf Jahre Freundschaft, das ist eine Strecke. Wir sind zusammen erwachsen geworden. Der erste Job, die erste Wohnung als Paar, ein, zwei und drei Kinder.

Eigentlich vorauszusehen, dass es dabei in einer Freundschaft tektonische Verschiebungen und Verwerfungen geben kann. Bei uns haben diese Veränderungen jedoch zu immer größeren Rissen geführt.

Und so schrecklich es ist, am Ende ist meine Liebe für dich durch diese Löcher und Spalten hindurchgeflutscht. Unsere Freundschaft konnte die Hürde des Erwachsenwerdens nicht nehmen.

Ich empfand dich zunehmend als einen neidischen und statusfixierten Menschen. Die Wohnung, in der ich dich kennen und lieben gelernt habe, wäre heute dein schlimmster

Albtraum. Du hast die Kinderarztpraxis gewechselt, weil dir angeblich zu viele Vietnamesen im Wartezimmer waren. Das hat mich getroffen.

Es hat mich verletzt, dass du die großen Momente in meinem Leben nicht geteilt hast. Als Sascha einen Film gedreht hatte, bist du weder zur Premiere gekommen, noch hast du dir den Film bis heute angeschaut. Als ich einen Hochzeitsantrag bekam, hast du vor lauter Wut wochenlang nicht mit mir gesprochen. Als ich schwer erkrankt war, hast du mich nicht einmal im Krankenhaus besucht. Immer wieder habe ich mich gefragt, warum du trotzdem meine Freundin sein willst. So ganz ohne Mitgefühl.

Best female friends – das wolltest du immer. Wir sollten unzertrennliche Freunde sein wie in jenem unvergesslichen Sommer. Aber diesen Begriff muss man doch mit irgendetwas füllen.

Meiner Meinung nach war der Zauber unserer Freundschaft längst verblasst. Der Gründungsmythos komplett überstrapaziert. Wir haben es nicht geschafft, gemeinsam neue Legenden zu erleben, die eine langjährige Freundschaft zum Atmen braucht. Nie wieder haben wir etwas zusammen unternommen, woraus später ein lächelndes »Weißt du noch?« werden kann. Hip-Hop haben wir lange nicht mehr gehört, und statt um Gästelisten für Partys ging es bei unseren Treffen jetzt um Kaltmietenquadratmeterpreise. Ihr fühltet euch von allem abgehängt und angegriffen. Um halb zehn habt ihr angefangen zu gähnen, und deine vor Lachen gekräuselte Nase habe ich immer seltener gesehen.

Auch ich habe bei unseren Verabredungen innerlich schon längst die Augen geschlossen und meine unbekümmerte Freundin vermisst, mit der man so gut in den Tag hineinleben und sich kopfüber in die Nacht stürzen konnte.

Ich wünsche dir alles Gute

Wo war meine Freundin mit der essbaren Bonbonkette um den Hals, die mit mir in der Probezeit blaugemacht hat, um in der Sonne Tretboot zu fahren? Die Freundin, die dem Vater ihres Exfreundes einmal die Flasche Schnaps zugeschickt hat, die sie ihm vor vielen Jahren aus dem Schrank geklaut hat? Die Freundin, die sich im Club einfach die Jeans auszog, wenn ihr beim Tanzen zu heiß wurde? Diese Freundin fehlt mir. Aber ich glaube auch, es gab sie in Wirklichkeit nur einen Sommer lang.

Wir können die Zeit nicht mehr zurückdrehen. Ich kann meine Verletzungen und mein Unverständnis über dich nicht mehr löschen. Ich habe es so lange versucht. Wollte dir aufrichtig verzeihen. Wollte wieder Vertrauen zu dir aufzubauen. Und das, obwohl du mein Geheimnis mit der Kinderwunschbehandlung und so vieles andere nicht für dich behalten konntest.

Ich wollte dir so gerne eine Freundin sein. Jahrelang, mit Ach und Krach. Ich fühlte mich schrecklich schuldig, dich nicht genug zurückzulieben und deinem Wunsch nach Freundschaft nicht mehr nachkommen zu können. Als Freundin versagt zu haben. Ich teile deine Sehnsucht nach einer langen Freundschaft. Nach einem selbstverständlichen Zuhause, in das man immer wieder zurückkehren kann. Einem Ort, an dem man sich ohne Worte versteht und sich aufeinander verlassen kann. Einer Dauermarmelade des Lebens, die alles im Inneren zusammenhält.

Unsere Freundschaft heute aufzulösen jagt mir eine Riesenangst ein. Ich habe keine Erfahrung darin, eine Freundin zu verlassen. Und das hier ist kein Facebook, aus dem ich dich einfach entfernen kann.

Wären wir in einer Beziehung gewesen, hätte ich schon viel früher Schluss machen müssen. Es wäre schneller offensichtlich gewesen, dass zwischen uns nichts mehr läuft. Bei uns hatte ich die leise Hoffnung, dass wir unsere rostende Freundschaft auf eine Bekanntenebene retten können.

Mit allen Mitteln versuchte ich die zeitlichen Abstände zwischen unseren Treffen zu dehnen wie einen langen Kaugummifaden und hoffte insgeheim, dass die ausgekaute Schnur reißt. Aber du wolltest ihn partout nicht abtrennen lassen. Bist unserer Freundschaft unermüdlich auf den Fersen geblieben. Hast mit meinem Lieblingswein spontan an der Türe geklingelt, dich in meinem Sportstudio angemeldet und mich monatelang nach meinen Geburtstagswünschen gefragt.

Statt dir einmal die Wahrheit zu sagen, habe ich lieber nach Ausreden gesucht, warum wir uns wieder nicht treffen können. Ich habe Kinderkrankheiten vorgetäuscht, runde Geburtstage erfunden und meinen Terminkalender mit Fantasieterminen gefüllt. Lieber meinen Geburtstag ausfallen lassen, als ihn mit euch zu feiern.

Alles war besser, als dir zu sagen, dass ich mich innerlich schon so lange von dir verabschiedet habe. Dass ich eine wahnsinnige Leere empfinde, wenn wir uns über biologisch abbaubare Schulranzen und dänische Kindersandalen unterhalten, weil unsere Gespräche es nicht mehr in die Tiefe schaffen.

Katja, ich wollte mich eigentlich auf leisen Sohlen davonschleichen und beende unsere Freundschaft heute mit einem lauten Knall.

Ich möchte nicht mehr. Es tut mir leid.

Ich wünsche dir von Herzen alles Gute. Dass alle deine Wünsche in Erfüllung gehen und dass wir mit diesem Schlussstrich beide gut leben können.

Unsere gemeinsame Zeit wird immer in meinem Herzen bleiben, und ich danke dir für alles Schöne, das wir zusammen erleben durften. Und dafür, dass du immer an mir festgehalten hast.

»No matter where life takes me. Find me with a smile« – Mac Miller

Deine Susanne

Nachwort

Ich habe versucht, mit Audreys Unterstützung, mich an die Bruchstellen in Frauenfreundschaften heranzutasten – ohne Anspruch auf Vollständigkeit. Der eine oder andere Aspekt mag fehlen, manche Fragen mögen unbeantwortet bleiben.

In Audreys Praxis entdeckte ich eine Postkarte, die mir gefällt und auf der steht: »Ich bin übrigens nicht perfekt und arbeite auch nicht daran.« Unsere Freundschaften sind so komplex, so verquer, so liebenswert und so wenig perfekt wie wir selbst. Sie zu durchschauen ist fast unmöglich. Sicher ist nur, dass sie eine wesentlich größere Rolle in unserem Leben spielen, als ich vor dem Schreiben ahnte.

Manchmal hatten Audrey und ich das Gefühl, das echte Leben mit klugen Worten nicht erfassen zu können. In der Theorie leuchtet vieles ein. Und trotzdem läuft es anders. Die Bilder und Stimmen, die im Kopf spuken, sobald man etwas wagen oder sagen möchte, sind wie Geister aus der Vergangenheit. Sie lassen sich nicht per Knopfdruck in ihre Grenzen weisen.

Was können wir tun, damit eine gute Freundschaft Bestand hat? Vielleicht uns etwas weniger von unseren Gefühlen auffressen lassen und etwas mehr Distanz halten. Einer Freundschaft Zeit und Raum geben. Erwachsener mit ihr umgehen. Und ja, sprechen wir es aus, etwas männlicher agieren. Zusammenhalten, ohne sich gegenseitig die Luft ab-

Nachwort

zuschnüren. Männer verbrüdern sich, werden zu Buddys. Frauen verschwestern sich nicht, sie observieren sich. Elena Ferrante, die von mir für jede Zeile bewunderte Schriftstellerin, sagte in einem Interview über ihre Bücher: »Ich hoffe, dass die Texte vermitteln, wie dringend notwendig Solidarität unter Frauen ist.« In vier dicken Bänden beschreibt sie die krisengebeutelte Freundschaft zweier Frauen. Am Ende, und das macht Hoffnung, geht es einzig und allein um Liebe.

Mein Dank

Ich danke Audrey Lobo-Drost für ihr Wissen, ihre Lebensfreude und ihre Zugewandtheit.

Wir beide danken unseren Matchmakerinnen, meiner Freundin Regina Först und Audreys Freundin Gaby Lüeße dafür, dass sie uns zusammenbrachten.

Ich danke meinem Mann, der mich liebend begleitete und dem beim Thema Frauenfreundschaften bisweilen die Spucke wegblieb.

Ich danke meiner Tochter Sophie, die das Buch mit guten Gedanken und einem berührenden Brief aus ihrem Freundeskreis bereicherte.

Ich danke an dieser Stelle erneut meinen wunderbaren, ehrlichen Gesprächspartnerinnen, die mir spannende Einblicke in ihr Leben schenkten.

Ich danke allen Freundinnen – den alten und neuen, treuen und untreuen, den vertrauten wie den verlorenen – für die Inspiration, mit der sie mich erfüllen. Ohne sie wäre mein Vorhaben hoffnungslos gescheitert.

Ich danke dem Kailash Verlag. Stefanie Taverna und Caroline Colsman für die Anfrage, ein weiteres Buch zu schreiben, und für das Vertrauen, das sie in mich setzen. Ich danke meiner Lektorin Dr. Antje Korsmeier für ihre außergewöhnliche Wertschätzung. Ich danke Dr. Silke Bromm sowie Carin Sackermann für ihre verlässliche Unterstützung.

Mein Dank

Ich danke dem Literatur- und Pressebüro Politycki & Partner, besonders Birgit Politycki und Stefanie Endres, für die sichtbare Freude und das kreative Engagement, mit der sie sich an die Pressearbeit machten.

danke dem Fotografen und Freund Sebastian Fuchs für entspannte Stunden am offenen Fenster.

Ich danke meinen Yogalehrerinnen: Petra Algier für das Jahr des ausgestreckten Beins, Anna Rech für den bewussten Beginn jeder neuen Woche.

Ich danke Gabriele Kurz für die kontinuierliche Ermunterung, dranzubleiben an dem, was mir Spaß macht. Also (auch) am Schreiben.

Dorothee Röhrig

Literatur / Zitate

F. Diane Barth, I know how you feel. The Joy and Heartbreak of Friendship in Women's Lives, Houghton Mifflin Harcourt, Boston / New York 2018

Kapitel 1
»Das Verbundenheitsgefühl ist der Schlüssel für alle Frauenfreundschaften.« S. 105.
»Wir sind trainiert auf Selbstzweifel und die Notwendigkeit zu gefallen. Weil wir in dem Gefühl leben, nichts zu haben, worum wir zu beneiden wären.« S. 127.

Kapitel 2
»Der Wunsch nach Gleichheit kann das gesunde Streben nach persönlicher Identität zerstören.« S. 9.
»Ich kann eine gute Freundin sein, ohne meine Autonomie aufzugeben. Ich muss nur ich selbst sein.« S. 36.

Kapitel 3
»Fähig zu sein, Rat zu geben und anzunehmen ohne zu kontrollieren und sich kontrolliert zu fühlen ist möglicherweise der Schlüssel zu einer gesunden, erfüllten, dauerhaften Freundschaft.« S. 109.

Literatur / Zitate

Elena Ferrante, »Wie wir Frauen vorankommen«, Gespräch, Süddeutsche Zeitung, 30.1.2019

Nachwort
»Ich hoffe, dass die Texte vermitteln, wie dringend notwendig Solidarität unter Frauen ist.« S. 9.

Oskar Holzberg, »Der hohe Anspruch«, Brigitte.de/woman, 20.4.2008

Kapitel 2
»Ein Kardinalfehler ist die Zwillingsfantasie: Du bist wie ich. Wir müssen Grenzen anerkennen, Erwartungen überprüfen, einen autarken Bereich für uns entwickeln.«

Verena Kast, Die beste Freundin. Was Frauen aneinander haben, Kreuz Verlag, Stuttgart 1992

Kapitel 1
»Dadurch, dass es beste Freundinnen gibt, ist weniger Angst im Leben.« S. 34.
»Die beste Freundin scheint die zu sein, die einem im Moment besonders guttut und die Lebensbedürfnisse oder die Entwicklungsbedürfnisse, die man hat, am besten abdeckt.« S. 20.

Kapitel 2
»Die Identifikation mit einer Freundin ist dann besonders groß, wenn noch Bedürfnisse nach einer Mutter auf die Freundin übertragen werden.« S. 41.

Kapitel 5
»Sich verlassen und sich wieder neu einlassen muss als Bewegung auch in guten Beziehungen verstanden werden.« S. 206.

Wilhelm Schmid, Vom Glück der Freundschaft, Insel Verlag, Berlin 2014

Kapitel 4
»Mit der Zuwendung zu sich wird ein Mensch zur Zuwendung zu Anderen erst fähig.« S. 14.
»Selbstbesinnung dient dazu, Sinn im eigenen Selbst zu finden.« S. 78 f.
»Jeder kann ein Anderer werden im Umgang mit dem Anderen« S. 50.

Kapitel 5
»Die Freundschaft kann, wenn sie nicht gepflegt wird, einfach einschlafen, ohne ganz verschwinden zu müssen – im Schlaf kann sie sich vielmehr erhalten und erholen.« S. 72.

Kapitel 6
»In der Distanz findet jeder den Freiraum für sich, den er zur Regeneration benötigt.« S. 54.
»... eigentlich träumen alle von der wahren Freundschaft, die fern von jedem Kalkül ist ...« S. 12.
»Eine Lösung kann darin bestehen, sich für eine Weile nicht mehr zu sehen und abzuwarten, ob die Unstimmigkeiten sich von selbst auflösen oder in milderem Licht erscheinen.« S. 59.

Literatur / Zitate

Susann Sitzler, Freundinnen. Was Frauen einander bedeuten, Klett-Cotta, Stuttgart 2017

Kapitel 2
»Freundinnen können uns bestärken wie kaum ein anderer Mensch. Doch sie können uns auch Schmerzen zufügen wie kaum ein anderer Mensch und uns manchmal fast zerstören ... Diese Abhängigkeiten können in uns extreme Ängste auslösen. Sie können existenziell werden, weil es soziale Ängste sind. S. 161.

Kapitel 4
»Häufiger trägt man zur Verwüstung selbst vieles bei. Indem man wiederkehrende Spannungen überspielt, statt sie anzusprechen. Seltsame Gereiztheit verdrängt, statt ihr auf den Grund zu gehen. Indem man Angriffe ignoriert und kleinredet, statt sie sich zu verbitten. Indem man Situationen akzeptiert, in denen man sich mit der anderen unbehaglich fühlt. Indem man schweigt, um die Freundschaft nicht zu gefährden. Indem man selbst unklar in seinen Zielen ist und andere für Zwecke einspannt, die vielleicht nicht uneigennützig sind.« S. 155.

Kapitel 5
»Freundschaft ist freiwillig. Sie kann jederzeit und ohne Erklärung enden.« S. 190.

Eva Wlodarek, Vertage nicht dein Glück, ändere dein Leben, Herder Verlag, Freiburg 2018

Kapitel 5
»Wenn eine Beziehung keine neue Nahrung erhält, schläft sie meist ein.« S. 178.

Unsere Leseempfehlung

256 Seiten
Auch als E-Book erhältlich

Oft sind es nur wenige Sekunden, in denen die Weichen im Leben neu gestellt werden – Momente, die uns kristallklar erkennen lassen, welcher Lebensabschnitt beendet ist oder gerade beginnt, Aussichtspunkte, an denen wir mehr begreifen und intensiver wahrnehmen als sonst. Wie aber können wir solche Augenblicke erkennen und sie für das eigene Leben nutzen?

Dorothee Röhrig nähert sich dem Geheimnis der magischen Momente im Dialog mit Experten aus Psychologie, Philosophie, Neurowissenschaft und Biografieforschung. Mit Beiträgen von Barbara Schöneberger, Ina Müller, Marianne Sägebrecht u.v.m.

www.goldmann-verlag.de
www.facebook.com/goldmannverlag

Der Ratgeber zu
Generation beziehungsunfähig

320 Seiten. ISBN 978-3-424-63139-5

»Eine glückliche Liebesbeziehung ist keine Glückssache, sondern eine Frage der persönlichen Entscheidung.«

Stefanie Stahl

Überzeugend und lebensnah zeigt Stefanie Stahl mithilfe des inneren Kindes, wie das möglich ist. Vor allen Dingen gilt es den Selbstwert zu stärken sowie die Balance zwischen Anpassung und Selbstbehauptung zu finden. Wenn wir diese Mechanismen verstehen, müssen wir nicht mehr darauf warten, dass sich unser Partner verändert oder Mr oder Mrs Right anklopft, sondern können unser Glück selbst in die Hand nehmen.

Überall, wo es Bücher gibt, und unter www.kailash-verlag.de

Sei nachsichtig mit dir selbst!

384 Seiten. ISBN 978-3-424-63055-8

Je mehr wir unser Selbstwertgefühl von Erfolgen abhängig machen, umso verletzbarer werden wir. Es gibt einen heilsamen Weg aus der Falle der Selbstkritik: Selbstmitgefühl. Kristin Neff lehrt, Herausforderungen mit einem klugen, akzeptierenden Herzen zu bewältigen. Wir schließen Freundschaft mit dem wichtigsten Menschen in unserem Leben: uns selbst.

Überall, wo es Bücher gibt, und unter www.kailash-verlag.de